Estereotipos femeninos desde la antigüedad clásica hasta el siglo XVI

Estereotipos femeninos desde la antigüedad clásica hasta el siglo XVI

Editado por
Dulce María González Doreste y
Francisca del Mar Plaza Picón

DE GRUYTER

Vicerrectorado de Investigación,
Transferencia y Campus Santa Cruz y Sur
Universidad de La Laguna

Departamento de Filología Clásica,
Francesa, Árabe y Románica
Universidad de La Laguna

ISBN 978-3-11-135828-4
e-ISBN (PDF) 978-3-11-075602-9
e-ISBN (EPUB) 978-3-11-075622-7
DOI https://doi.org/10.1515/ 9783110756029

This work is licensed under the Creative Commons Attribution-NonCommercial-NoDerivatives 4.0 International License. For details go to: https://creativecommons.org/licenses/by-nc-nd/4.0/.

Library of Congress Control Number: 2021952040

Bibliographic information published by the Deutsche Nationalbibliothek
The Deutsche Nationalbibliothek lists this publication in the Deutsche Nationalbibliografie; detailed bibliographic data are available on the Internet at http://dnb.dnb.de.

© 2023 with the authors, editing © 2022 Dulce María González Doreste and Francisca del Mar Plaza Picón, published by Walter de Gruyter GmbH, Berlin/Boston.
This volume is text- and page-identical with the hardback published in 2022.
The book is published with open access at www.degruyter.com.

Cover illustration: Horae ad usum Romanum, dites Grandes Heures d'Anne de Bretagne, XVIe siècle (vers 1503–1508). Sainte Catherine. Enluminure de Jean Bourdichon. BNF Ms. Latin 9474, Folio 203v. ©BNF
Typesetting: Integra Software Services Pvt. Ltd.
Printing and binding: CPI books GmbH, Leck

www.degruyter.com

Tabla de contenido

Dulce Mª González Doreste, Francisca del Mar Plaza Picón
Introducción —— 1

Andrés Pociña
Reivindicación de Clitemnestra, la asesina de su marido Agamenón —— 5

Aurora López
La oradora romana Hortensia, un preludio de feminismo en tiempos de Cicerón —— 27

José Luis Canet Vallés
Hacia la configuración de un nuevo prototipo de mujer a fines de la Edad Media —— 41

Esther Corral Díaz
Modelos de reinas en relación con la lírica gallego-portuguesa: el mecenazgo de Leonor Plantagenet y Berenguela de Barcelona —— 59

María del Pilar Mendoza-Ramos
Las viudas en *La Nef des dames vertueuses* de Symphorien Champier —— 75

M.ª del Pilar Lojendio Quintero
El criterio de autoridad de los autores grecolatinos en el capítulo dos de *La Nef des dames vertueuses* de Symphorien Champier —— 93

Francisca del Mar Plaza Picón
De las sibilas de Lactancio a las de Symphorien Champier —— 105

María José Martínez Benavides
Symphorien Champier: las damas virtuosas y el amor verdadero —— 125

Miguel Ángel Rábade Navarro
Traducción, recreación y adaptación textual: del *De mulieribus claris* de Boccaccio a *La Nef des dames vertueuses* de Champier —— 141

César Chaparro Gómez
Modelos y ejemplos de mujer en la obra de Cornelio Agrippa
De nobilitate et praecellentia foeminei sexus —— 159

Dulce Mª González Doreste
La ambigüedad de Semíramis en los repertorios de *Vies des femmes illustres* de los siglos XV y XVI —— 179

Índice onomástico —— 201

Dulce Mª González Doreste, Francisca del Mar Plaza Picón
Introducción

Este volumen reúne una serie de trabajos realizados en el marco del proyecto de investigación titulado *Arquetipos femeninos en los tratados medievales franceses para la educación de las mujeres: origen, evolución, función y léxico* (FFI2016-76165-P) y llevado a cabo en el Instituto de Estudios Medievales y Renacentistas de la Universidad de La Laguna. El libro comprende once estudios sobre los orígenes, la evolución y la función que se les atribuyen a los modelos femeninos, siguiendo una línea común desde los textos latinos hasta los medievales y renacentistas. Constituyen una pequeña muestra del tipo de trabajos que se han desarrollado a lo largo de la realización de este proyecto.

Los trabajos se han ordenado con un criterio temático y cronológico, para mayor claridad y coherencia: En un primer lugar se abordan dos modelos femeninos grecorromanos. Andrés Pociña ofrece una visión reivindicativa del personaje de Clitemnestra, estereotipo tradicional de la terrible uxoricida, por haber dado muerte a su marido Agamenón, analizándolo desde una perspectiva feminista. Por su parte, Aurora López se ocupa de destacar la relevancia del discurso de la oradora romana Hortensia, una de las tres únicas oradoras que hubo en Roma, siguiendo su pista a través de diferentes textos e insistiendo en sus claros planteamientos feministas a tantos siglos de distancia de nuestro tiempo.

Dando paso a la época medieval, el texto de José Luis Canet realiza una introducción general sobre la consideración de la mujer en el Medievo, prestando especial atención a la península ibérica, donde convergen diversas tradiciones: griega, romana y cristiana a partir del emperador Constantino. Se subraya cómo estas corrientes evidencian la inferioridad de la mujer, rayando frecuentemente con la misoginia, si bien la constitución de las nuevas monarquías europeas dará pie a una nueva filosofía cortesana que conlleva una visión más halagadora de la mujer y la aparición de una serie de modelos femeninos a imitar. Esther Corral Díaz se refiere precisamente a la posición de privilegio que mantuvieron las reinas en la sociedad medieval, desempeñando diferentes papeles en su actuación, por medio de las figuras de Leonor Plantagenet y Berenguela de Barcelona. Ambas ejercieron una relevante función de protectoras y mecenas en torno a sus círculos, convirtiendo sus espacios en centros de producción literaria en los que se acogían a agentes culturales diversos (trovadores, juglares, etc.).

Dulce Mª González Doreste, Francisca del Mar Plaza Picón, Instituto de Estudios Medievales y Renacentistas de la Universidad de La Laguna

Open Access. © 2022 Dulce Mª González Doreste et al., published by De Gruyter. This work is licensed under the Creative Commons Attribution-NonCommercial-NoDerivatives 4.0 International License.
https://doi.org/10.1515/9783110756029-001

Surgida en los primeros años del siglo XVI, la obra de Symphorien Champier, *La Nef des Dames Vertueuses* (1503), será abordada desde los distintos aspectos temáticos que ofrece. De esta manera, dentro del catálogo de mujeres que se presenta en el libro I, Mª del Pilar Mendoza se ocupa de los ejemplos de las viudas (tomadas de la tradición pagana y cristiana), relacionadas con grandes virtudes, como la fidelidad y la castidad, consecuencia del amor sin límites que profesan a sus maridos fallecidos. Atendiendo a sus características, las agrupa en varias categorías, destacando los puntos comunes que dan la imagen del estereotipo de viuda que Champier promueve en su obra. El trabajo de Pilar Lojendio Quintero, basado en el libro II, mostrará la vigencia del pensamiento grecolatino en la concepción de la obra a través de las referencias en latín anotadas al margen en los fragmentos destinados a tratar cuestiones médicas. Estas anotaciones desvelan las autoridades –paganas y cristianas–, así como otras fuentes más cercanas, sobre las que el autor se apoya para sustentar sus argumentos. En el libro I, Champier incluye a las sibilas entre las mujeres ilustres y virtuosas, y en el libro III se ocupa de sus profecías. Francisca del Mar Plaza Picón aborda el estudio del tratamiento que Champier brinda de estas figuras, contrapartida femenina de los profetas de Cristo, como arquetipo de mujeres sabias. Asimismo, atiende a la dependencia que muestra de sus fuentes y al análisis de las profecías, expresión del pensamiento divino, que, junto a su versión de las de Lactancio, ofrece en este libro. María José Martínez Benavides, tomando como referencia el libro IV, titulado "Le livre de vraye amour", se interesa por la concepción del amor que, según Champier corresponde a las damas, atendiendo no solo a la exposición de las ideas que éste selecciona del *Comentario al Banquete de Platón* de Marsilio Ficino, sino también al análisis de las historias extraídas de autores como Aulo Gelio, Platón o Boccaccio. El estudio de Miguel Ángel Rábade Navarro indaga sobre la línea de traslación e influencias entre los distintos tratados sobre mujeres publicados en Francia y en Italia desde la publicación de la obra de Boccaccio hasta la de Champier. Analiza, además de las obras de estos dos autores, la traducción al francés de *De mulieribus claris*, *Des cleres et nobles femmes*, atribuida erróneamente a Lauren de Premierfait, la *Cité des dames* de Cristina de Pizán y el *De plurimis claris selectisque mulieribus* (1497) de Filippo Foresti.

El tratado latino *De nobilitate et praecellentia foeminei sexus* de Cornelio Agrippa es analizado por César Chaparro que destaca cómo Agrippa establece como tesis principal de esta popular obra el hecho de que Dios creó al hombre y a la mujer iguales e incluso la mujer supera al hombre en los demás constituyentes del ser humano, afirmación que probará mediante los testimonios de fuentes autorizadas, evidencias históricas y argumentos bíblicos y legales y a través de numerosos ejemplos paradigmáticos, sacados de la Biblia y de la historia pagana, que serán estudiados por el autor del trabajo.

Dulce Mª González Doreste tratará el caso de la controvertida reina Semíramis en un amplio corpus de Vidas Ilustres que parten desde la Edad Media hasta mediados del siglo XVI. Mostrará cómo los autores, seleccionando y manipulando datos de su legendaria biografía, utilizan la versatilidad del modelo para ilustrar una serie de virtudes o vicios inherentes a la mujer, acordes con su ideología.

No queremos terminar esta breve introducción sin expresar nuestro sincero agradecimiento a los investigadores e investigadoras de otras universidades que colaboran en este volumen, cuyos trabajos provienen de su participación en dos seminarios organizados por el equipo de investigación del proyecto: "Arquetipos Femeninos: de la Antigüedad Clásica hasta la Edad Media. Estudio y Perspectivas de Análisis" (diciembre 2018) y Seminario de Investigación "Perversas, virtuosas y ficticias en la Edad Media y el Renacimiento" (noviembre 2019). Queremos también agradecer al Departamento de Filología Clásica, Francesa Árabe y Románica y al Vicerrectorado de Investigación y Transferencia, ambos de la Universidad de La Laguna, su generosa contribución.

Andrés Pociña
Reivindicación de Clitemnestra, la asesina de su marido Agamenón

1 ¿Reivindicar a los personajes antiguos desde nuestro tiempo y circunstancias?

Faltaría a la sinceridad si no reconociese que me ha planteado profundas dudas la generosa invitación que me han hecho mis queridas amigas de la Universidad de La Laguna las catedráticas Dulce María González Doreste y Francisca del Mar Plaza Picón, para que colabore en un libro colectivo que, en principio, se planteó sobre estereotipos femeninos desde la Antigüedad clásica hasta el siglo XVI. El adjetivo 'femeninos' me precisaba bien el objeto de estudio, pero el término 'estereotipos' propiciaba diferentes interpretaciones, sobre las que era preciso decidirse antes de empezar la tarea. En principio, suelen entenderse los estereotipos como ideas, imágenes o conceptos preconcebidos, por tanto de objetividad sospechosa, que se tienen sobre tipos determinados de personas o sobre personas concretas; con frecuencia se usan de manera despectiva, hostil, incluso insultante. En mi muy larga vida académica, ha ocupado siempre un puesto muy destacado el estudio del teatro romano, también el griego, con una especial atención a los personajes femeninos; por lo tanto, ¿debería orientar mi atención en la aproximación a una figura dramática femenina, que de alguna manera pudiese calificarse como un estereotipo? ¿O sería preferible ocuparme de una mujer real, histórica?

En el año 2008, en el ámbito de unos cursillos que organizábamos en la S.E.E.C. de Granada, en la serie titulada "En Grecia y Roma", asistimos a veintiséis conferencias seleccionadas bajo el título general de *Mujeres reales y ficticias*, luego objeto de un precioso libro colectivo (Pociña Pérez y García González 2009). Mi aportación versó sobre una mujer real, pero no libre de múltiples interpretaciones ficticias, la gran madre de la poesía femenina Safo de Lesbos, uno de los personajes de la Antigüedad más queridos y admirados por mí. Pensando en mi colaboración al presente volumen, consideré una vez más la posibilidad de volver a Safo, que aparece en varias de mis publicaciones. Pero en una vida tan ajetreada como resultaba ser la mía de aquellos años, a veces los temas de estudio venían determinados por su proximidad a otros contemporáneos: en abril de 2008, celebramos en la Universidad de Coimbra el "Colóquio Internacional Aga-

Andrés Pociña, Universidad de Granada

Open Access. © 2022 Andrés Pociña, published by De Gruyter. This work is licensed under the Creative Commons Attribution-NonCommercial-NoDerivatives 4.0 International License.
https://doi.org/10.1515/9783110756029-002

mémnon, senhor da casa, senhor da guerra"; en él se me confió, bastante a mi pesar, la conferencia inaugural, que desarrollé, en portugués, con el título "Agamémnon, o mais trágico dos heróis trágicos", debiendo ocuparme de uno de los personajes míticos que más me disgustaron siempre. Curiosamente, con motivo de mi jubilación, y al año siguiente la jubilación de Aurora López, un grupo de helenistas de las Universidades de Valencia, Foggia, Bari y Coimbra, nos dedicaron un precioso libro, *Clitemnestra o la desgracia de ser mujer en un mundo de hombres* (De Martino 2017). Las autoras y autores que colaboraron en el volumen conocían bien la manera, sin duda muy personal y bastante peculiar, que teníamos ambos, Aurora y yo, de enfocar la figura de Clitemnestra, la terrible uxoricida de la tradición.

Disculpándome por esta ya excesiva introducción autobiográfica, quería poner de relieve el hecho de que, hace más de una década, tenía a mi disposición un estupendo personaje ficticio, Clitemnestra, estimada un verdadero estereotipo a lo largo de los tiempos, la asesina de su marido antes y por encima de cualquier otra consideración relativa a su leyenda.

Pero mi relación con Clitemnestra no se acababa por aquellos años. En 2018, escribí la cuarta de mis obras teatrales, titulada *Rendición de cuentas*, que hasta el momento ha tenido una historia corta, pero muy particular: por primera vez fue objeto de una lectura escenificada en el Coloquio internacional "La mujer en la literatura grecolatina: imágenes y discursos", en la Facultad de Humanidades y Artes de Rosario (Argentina), el 2 de noviembre de 2018; en el mes siguiente, traducida al italiano por Mariapia Ciaghi, con el título *Resa dei conti*, fue objeto de una lectura escenificada, dirigida por Corrado Veneziano, actuando Francesca Desantis, Gennaro Momo, Gabriele Tuccimei, Margherita Vicario, en el Salone monumentale de la Biblioteca Casanatense de Roma, el 19 de diciembre de 2018. Al fin se estrenó en su versión original, *Rendición de cuentas*, interviniendo en el reparto Remedios Higueras, Miguel Ortiz, Andrés Pociña, Aurora López, en el Teatro Municipal Cervantes de Gójar (Granada), el 21 de enero de 2020, y después en el Aula Magna de la Facultad de Filosofía y Letras, de la Universidad de Granada, el 26 de febrero de 2020, y por último en el Aula Magna de Las Lagunillas, de la Universidad de Jaén, el 11 de marzo de 2020. La explosión de la pandemia de la covid-19 anuló otras representaciones que estaban anunciadas. Por el momento, el texto de esta obra está publicado exclusivamente en una bella edición italiana (Pociña 2018).

Todas estas explicaciones no carecen de motivo. En este trabajo, de forma bastante más breve de lo que me habría gustado, tendré que ocuparme de la figura de Clitemnestra a juicio de escritores griegos y latinos, que la consideran de forma unánime como estereotipo de mujer, definida fundamentalmente por una acción tan terrible como haber dado muerte a su marido Agamenón a su regreso de Troya. Pero los juicios sobre un personaje, sea real, histórico, sea ficticio, dependen profundamente de la persona o del grupo social que los formula, y por supuesto del momento histórico en que surgen. En este sentido mi trabajo intentará servir de ejemplo de cómo, con jueces distintos y en épocas distintas, Clitemnestra puede ser considerada un estereotipo de mujer detestable, pero también encontrar un apoyo decidido, incluso a pesar de haber asesinado siempre a su marido, desde una visión actual diferente, por ejemplo una de índole obviamente feminista, como es la que resulta en Mónica, la protagonista de mi obra *Rendición de cuentas*.

2 El sacrificio de una hija nos aproxima a su madre

Decir, de buenas a primeras, que uno puede albergar indudable simpatía hacia una heroína a la que hemos visto tantas veces blandiendo el hacha con la que ha asesinado a su marido, sin duda no es cosa fácil de explicar ni de comprender. Yo he tenido incontables veces que defender mi profunda simpatía por Medea, la estereotípica asesina de sus hijos, que está en la base de mi monólogo *Medea en Camariñas*, sin duda la obra de creación dramática más importante de cuantas he escrito; si ahora añado mi simpatía por Clitemnestra, la asesina de su marido, es fácil presuponer la imagen que de mí mismo estoy ofreciendo. Pero, en fin, ya estoy acostumbrado a tener que argumentar y justificar mi rebatible defensa de Medea.

En realidad esa simpatía mía por Clitemnestra no parte de ella misma, sino de la inmensa atracción que, desde hace incontables años, despertó en mí su hija Ifigenia, por obra de uno de los relatos breves más hermosos que he leído en mi vida, el sacrificio de la joven hija de Clitemnestra y de Agamenón, escrito con infinito amor por Lucrecio en los comienzos de su *De rerum natura* (I 80–101). Bien conocidos son el texto y su contexto, de modo que voy a resumirlos lo más rápidamente posible. Nada más comenzar su gran poema épico sobre la victoria de Epicuro sobre las falsas creencias, Lucrecio nos brinda la invocación a Venus, diosa de la naturaleza, para que lo auxilie en su empresa (vv. 1–61); pasa a continuación a la alabanza de Epicuro, el héroe de su poema (vv. 62–79); y entonces, en esta sucesión precipitada de aspectos tratados con profundísima inspiración poética, incluye su primera autodefensa ante quienes puedan tachar de sacrilegio lo que pretende hacer en su obra, presentando en solo veintidós versos (vv. 80–101), un auténtico ejemplo de sacrilegio, la utilización política de falsas creencias para cometer un crimen abominable, consistente en el sacrificio de Ifigenia, para la que, al modo de su gran modelo Homero, resucita el antiguo nombre de Ἰφιάνασσα (*Il.* 9, 145). Reproduzco el texto latino de Lucrecio, que he tenido la inmensa suerte de tener que leer y comentar incontables veces con mis alumnas y mis alumnos a lo largo de muchos cursos en la Universidad de Granada:

> 80 *Illud in his rebus uereor, ne forte rearis*
> *impia te rationis inire elementa uiamque*
> *indugredi sceleris. quod contra saepius illa*
> *religio peperit scelerosa atque impia facta.*
> *Aulide quo pacto Triuiai uirginis aram*
> 85 *Iphianassai turparunt sanguine foede*
> *ductores Danaum delecti, prima uirorum.*
> *cui simul infula uirgineos circumdata comptus*
> *ex utraque pari malarum parte profusast,*
> *et maestum simul ante aras adstare parentem*
> 90 *sensit et hunc propter ferrum celare ministros*
> *aspectuque suo lacrimas effundere ciuis,*
> *muta metu terram genibus summissa petebat.*
> *nec miserae prodesse in tali tempore quibat*
> *quod patrio princeps donarat nomine regem.*
> 95 *nam sublata uirum manibus tremibundaque ad aras*
> *deductast, non ut sollemni more sacrorum*
> *perfecto posset claro comitari Hymenaeo,*
> *sed casta inceste nubendi tempore in ipso*
> *hostia concideret mactatu maesta parentis,*
> 100 *exitus ut classi felix faustusque daretur.*
> *tantum religio potuit suadere malorum* (Bailey [Lucrecio 1982]).

Comentar de nuevo este texto, uno de los más bellos de la poesía épica latina de cualquier tiempo o autor, sería impropio de esta ocasión, aunque reconozco que no me disgustaría hacerlo. Sin embargo dejo que se comente por sí mismo, con la ayuda de su versión al español por ese ilustre maestro que fue Agustín García Calvo, poco conocida,[1] pero que admiro profundamente:

> Algo hay que temo a propósito tal, no creas acaso
> que estás a principios de impía razón viniendo y entrando
> por vía de crimen. Que bien a menudo fue ella, al contrario,
> la Religión, la que hechos impíos y crímenes trajo;

---

[1] Traducción tomada de la edición muy particular, pero de escasa difusión, recepción y comentario, de Agustín García Calvo (1997: 56).

fue en Áulide así, que el altar de la virgen Trívïa santo
con sangre de Ifianasa afrentosamente mancharon
los héroes guía de hueste escogida, flor de los dánaos:
que, apenas la cinta de ofrenda sus virginales tocados
ciñó a la una y la otra mejilla igualmente colgando
y junto al altar al padre sintió callándose amargo
parar y oficiantes al pie el sagrado hierro celando
y al verla llegar derramarse sus gentes todas en llanto,
muda de miedo, de hinojos caía a tierra rodando;
ni nada a la pobre podía valerle en el trance aciago
que al rey la primera con nombre de padre hubiera llamado;
no, que por manos de hombres se vio levantada y temblando
traída al altar, no ya para que, cumpliéndose el sacro
rito nupcial, la llevara el cortejo en cántico claro,
sino a que, pura, en impura pasión, en edad de noviazgo
víctima triste cayese ante el padre, herida a su mano,
a fin que la armada un viento tuviese próspero y fausto.
Tanto la Religión pudo ser autora de espantos.

Sin entrar en muchos otros detalles, quiero llamar la atención hacia el conmovedor hexámetro que cierra el conjunto: *tantum religio potuit suadere malorum*. No voy a pretender mejorar la admirable versión de García Calvo, "Tanto la Religión pudo ser autora de espantos", pero, entre el original latino y la traducción española, quiero traer a nuestra presencia el sentimiento y la voluntad de Lucrecio, conmovido, indignado, por el poder (*potuit*) que tiene el manejo de las creencias (*religio*), sirviéndose de su capacidad de persuasión (*suadere*), para producir daños de tamaño tan ingente (*tantum . . . malorum*), como el sangriento sacrificio de la inocente muchacha, que con indudable amor acaba de relatarnos el poeta-filósofo. Obvia resulta la indignación de Lucrecio contra la *religio*, las creencias utilizadas artera y políticamente, y contra el poderoso que le consiente vía libre, ese Agamenón al que alude obviamente, pero cuyo nombre omite. El sacrificio de Ifianasa en Lucrecio es un enfrentamiento total a la *religio* y una condena despiadada del poderoso que la permite y la practica. En última instancia, una condena de Agamenón.

Naturalmente, no voy a pretender sacar la absurda conclusión de que, en su indudable condena de Agamenón, podría subyacer una reivindicación de Clitemnestra, madre de Ifigenia, que no figura para nada en el sentido relato. Pero cuando vayamos a otras fuentes antiguas, en las que aparecen Agamenón y Clitemnestra, veremos que el sacrificio de Ifigenia por su padre y el asesinato de Agamenón por su esposa son hechos que guardan una relación profunda, de la que no puede prescindirse.

Sin pretender ni remotamente emular en nada a Lucrecio, el autor latino de la Antigüedad que más he admirado siempre, en la base de mi *Rendición de cuentas* está la condena del sacrificio de Ifigenia, poniendo en escena con indudable benevolencia a la madre de la heroína, Clitemnestra (Mónica), y con dura acritud al más próximo responsable de su asesinato, Agamenón (Armando).

3 El más indeseable de los maridos

La necesidad de aproximarse a la interesante, más bien inquietante, figura de Agamenón, desde Grecia hasta nuestros días, sugiere de forma inmediata en nuestras mentes tres fuentes clásicas primordiales, la poesía homérica, con la presencia fundamental de Agamenón en *Ilíada* y su recuerdo frecuente na *Odisea*, el *Agamenón* de Esquilo y el *Agamenón* de Séneca; a su lado, o mejor dicho entre estas tres piezas básicas, aparecen otras de menor relieve, pero que van perfilando revisiones, lecturas poéticas, dramáticas, narrativas, distintas en torno al Atrida, desde los tiempos homéricos hasta la actualidad. Fuera de nuestro ambiente, esta afirmación podría parecer un tanto exagerada a muchas personas; nosotros sabemos que no es así, y es suficiente un dato bibliográfico para confirmarla: en el año 2003, en la Universidad de Murcia se publica la tesis doctoral de Diana de Paco Serrano, *La tragedia de Agamenón en el teatro español del siglo XX* (De Paco 2003), un libro extenso, en el que se estudia el número notable de once obras dramáticas, más o menos importantes, pero ninguna desdeñable, sobre la figura de Agamenón, sin salirse del marco cronológico indicado en el título, el siglo pasado, y contemplando exclusivamente obras dramáticas escritas por autores de nacionalidad española y redactadas en castellano; sin contar las aportaciones en lengua catalana y en lengua gallega, que las hay, ni las realizadas en castellano en los países de América, que también las hay, el libro de Diana de Paco certifica estupendamente la vigencia del tema de Agamenón en nuestro tiempo.

Por mi parte yo, más por obligación que por gusto obligado a enfrentarme a la figura de Agamenón, me formulo una serie de dudas: ¿De verdad era tan interesante este Agamenón como para inquietar a tantos escritores del mundo antiguo, y todavía a tantos escritores y escritoras de nuestros días? ¿No es más bien un héroe sombrío, víctima lastimera de una inmensa tragedia? ¿Resulta llamativo por sí mismo, o quizá más bien por los grandes aconteceres míticos en que se desenvuelve su historia personal? ¿Atrae realmente su protagonismo personal, o más bien queda relegado a un segundo plano por otras figuras, en principio deuteragonistas, como son su hija Ifigenia, sus compañeros de armas, Aquiles y Ulises, su esposa Clitemnestra, su esclava Casandra, su hijo Orestes y su hija Electra?

Son preguntas que se han hecho mil veces y se seguirán haciendo, pues el tema es inagotable y las lecturas múltiples, divergentes a menudo, encontradas, enfrentadas, pero siempre valiosas. Agamenón, protagonista o deuteragonista, ocupa, según dije, un lugar esencial en los dos géneros principales de la poesía greco-romana, la épica y la tragedia, y llega hasta nuestros días en las literaturas herederas suyas. Recordémoslo a través de las cuatro obras fundamentales antes señaladas.

En Homero, Agamenón no es el gran protagonista ni del poema de la guerra de Troya, la *Ilíada*, ni del *nostos* de mayor relieve de todos los escritos, la *Odisea*. Ni el primero ni el segundo consagran para la eternidad en sus títulos el nombre de nuestro héroe, como hace la *Odisea* con el del astuto rey de Ítaca, o en la épica latina la *Eneida* con el de Eneas.

En la *Ilíada* Agamenón aparece como un militar de indudable valor, que además interviene en la campaña contra Troya como comandante en jefe de las variadas tropas que en ella toman parte; ese valor queda incuestionablemente puesto de manifiesto en el Canto XI, hasta que resulta herido por Coón, el mayor de los hijos de Antenor. Sin embargo, no es el protagonista del gran poema: el verso inicial elimina toda duda al respecto, cuando se invoca a la Musa para cantar "la cólera de Aquiles el Pelida", cólera que proviene precisamente de su enfrentamiento con Agamenón. Por lo demás, el desarrollo del poema, en el que el Atrida aparecerá en los tres primeros cantos, tendrá un protagonismo claro en el undécimo, retirándose a continuación por la herida que recibe, hasta comparecer de nuevo en el décimo noveno, en el que, siempre herido, hace las paces con Aquiles, pone bien de manifiesto que el máximo responsable de las tropas griegas no es el héroe supremo del poema, cuyo protagonismo ocupa de forma incuestionable Aquiles. De modo que, para resumir, la *Ilíada* hubiera podido titularse la *Aquileida*: no por nada, a finales del siglo I d. C., el poeta latino Estacio dio el nombre de *Aquileida* a su inconcluso poema sobre el héroe de la guerra de Troya, durante la composición de cuyo libro II la muerte sorprendió al escritor.

Así pues, nunca nadie, en Grecia o en Roma, escribió una **Agamemnoneida*. No hay por qué buscar razones para algo que nunca ocurrió, es decir, para un poema épico que nadie escribió. De todas formas, no hubiera sido fácil escribir una epopeya de Agamenón en un mundo literariamente determinado por el gran poema épico de Aquiles: en efecto, por más que el Atrida apareciese, según ya he señalado, como guerrero valeroso y presentado siempre de forma majestuosa, con admiración y respeto, sin embargo la imagen que de él ofrece la *Ilíada* deja un tanto que desear para su presentación como un héroe, debido a su comportamiento a veces vacilante, irresoluto, indeciso, arbitrario. Y, en mi opinión al menos, la figura de Agamenón nunca debió de recuperarse de la comparación con la mucho más airosa de Aquiles, ni menos aún de los ultrajes que éste le dedica en el libro I, no sólo en los muy duros versos 149-171, sino sobre todo en 225-244; recordemos los primeros de éstos:

> ¡Cargado de vino, que tienes cara de perro y corazón de ciervo! Jamás has tenido en tu corazón el valor de armarte con tus huestes para la guerra e ir a una emboscada con los caudillos de los Aqueos: ¡eso te parece ser la muerte! ¡Cuánto más fácil es ir arrebatando por el ancho ejército de los Aqueos los dones de todo el que habla contra ti! Rey devorador del pueblo, porque reinas sobre gentes de nada; que, de no ser así, Atrida, hoy me insultarías por última vez... (Homero [1986: 48]. Trad. C. Rodríguez Alonso).

Y tampoco hubo un *nostos* de Agamenón, porque nada hay menos heroico que su regreso de Troya, que se recuerda en varias ocasiones en la *Odisea* (1, 32-43; 3, 140-200; 3, 262-275; 4, 520-547; 11, 405-434), haciéndole morir de forma vil y deshonrosa a manos de Egisto, un oscuro primo suyo, hijo de Tiestes, que ni siquiera ha ido a Troya, y ha ocupado el lecho de su esposa Clitemnestra durante su larga ausencia. Dentro de las versiones, variantes en el detalle (en una, de origen jonio, es Egisto el único responsable del magnicidio; en otra, de origen dorio, es también el asesino, pero instigado por Clitemnestra), recordemos la más conmovedora, la que narra el propio Agamenón a Ulises en su descenso a los infiernos, en el libro XI:

> Hijo de Laertes, de linaje divino, Ulises rico en ardides, no me ha sometido Poseidón en las naves levantando inmenso soplo de crueles vientos ni me hirieron en tierra hombres enemigos, sino que Egisto me urdió la muerte y el destino, y me asesinó en compañía de mi funesta esposa, invitándome a entrar en casa, recibiéndome al banquete, como el que mata a un novillo junto al pesebre. Así perecí con la muerte más miserable, y en torno mío eran asesinados cruelmente otros compañeros, como los jabalíes albidentes que son sacrificados en las nupcias de un poderoso o en un banquete a escote o en un abundante festín. Tú has intervenido en la matanza de muchos hombres muertos en combate individual o en la poderosa batalla, pero te habrías compadecido mucho más si hubieras visto cómo estábamos tirados en torno a la crátera y las mesas repletas en nuestro palacio, y todo el pavimento humeaba con la sangre. También pude oír la voz desgraciada de la hija de Príamo, de Casandra, a la que estaba matando la tramposa Clitemnestra a mi lado..." (Homero [2002: 11, 405-422]. Trad. J. L. Calvo).

Si no resultase demasiado atrevido, como resultado de mi lectura de los poemas homéricos calificaría a Agamenón como un héroe más, de cierta importancia, sin lugar a dudas, pero nunca "el más heroico de los héroes épicos". Y añado: de la visión de Agamenón que se encuentra en Homero dependen, en mayor o menor grado, todas las posteriores.

Cuando llegamos a la *Orestía* de Esquilo y nos adentramos en la tragedia *Agamenón*, surge nítida la constatación de que el argumento se desarrolla en torno a la figura de Clitemnestra, que no en vano, a diferencia de lo que leemos en la *Odisea*, es autora exclusiva del asesinato del Atrida, de forma si se quiere más cruel y más espectacular, aunque de acuerdo con la convención dramática, ocurra *extra scaenam*. Igualmente claro resulta que una de las notas más sorprendentes de la trama sea precisamente este hecho, el que una mujer lleve a cabo el magnicidio, y no Egisto, como sería de esperar. Y entonces surge una primera interrogante: ¿por qué Esquilo no tituló su tragedia *Clitemnestra*? La cuestión no es gratuita, pues una tragedia con ese título escribió Sófocles, y otra más, ya en el siglo II a. C., Polemón de Efeso, según puede verse en el excelente trabajo de Francesco De Martino (2001) sobre los personajes femeninos en las tragedias griegas, dándose en Sófocles la curiosa coincidencia de que, al igual que había respondido al primer *Hipólito* de Eurípides con una *Fedra*, respondía posiblemente al *Agamenón* de Esquilo con una *Clitemnestra*. Por otra parte en la tragedia latina la relegación del nombre del Atrida en el título de las tragedias que se ocupaban de su historia resulta clara: sendas tragedias de título *Aegisthus* escribieron Livio Andronico y Lucio Acio, componiendo éste además una *Clutemestra*, no constando en todo el desarrollo del género más *Agamemno* que la famosa tragedia de Séneca, de que hablaré más adelante. Sin embargo, volviendo a la cuestión de por qué Esquilo no dio a su tragedia el nombre de la asesina de Agamenón, la respuesta puede residir en el hecho de que el nombre del rey resulta más adecuado para la primera tragedia de una trilogía que obviamente gira a su alrededor, aunque sea exclusivamente en torno a su asesinato la primera pieza, en torno a su tumba y a la venganza de su asesinato la segunda, en torno a la purificación del vengador y a la solución a esta cadena de asesinatos la tercera; Gilbert Murray (1955: 161) lo resumía magistralmente en muy pocas palabras, definiendo la *Orestía* como "una trama que culmina en un asesinato, una venganza y un juicio".

Todo gira, pues, en la *Orestía* alrededor de Agamenón, o, para decirlo con más precisión, en torno al desgraciado final del *nostos* de Agamenón, asesinado al llegar a su reino por su infiel esposa, Clitemnestra. Sin embargo, insisto, en ninguna de las tres tragedias que forman la trilogía Agamenón resulta ser el protagonista. En el *Agamémnon* hay un dato que yo creo que conviene tener siempre muy presente, tal como hace por ejemplo Albin Lesky (1968: 284): esta tragedia es, con mucho, la más larga de las siete que conservamos de Esquilo, siendo así que en nuestras ediciones consta de 1673 versos, frente a un número muy inferior en las demás, que oscila entre 1004 versos (*Siete contra Tebas*) y 1093 versos (*Prometeo encadenado*); pues bien, a pesar de tan larga extensión, Agamenón tan sólo pronuncia en ella 81 versos, y, lo que resulta más llamativo todavía, tan sólo aparece en escena en el tercer episodio, a la altura del verso 810 de la tragedia, en el que tiene tres intervenciones y un corto diálogo esticomítico con Clitemnestra (vv. 931-943); cuando abandona la escena (v. 957), todavía transcurrirá el tercer estásimo (vv. 975-1034), y la prolongada intervención de Casandra, más extensa que la del rey, en el cuarto episodio, hasta que al fin escuchemos su voz desde el interior, en dos versos, herido de muerte (vv. 1343 y 1345); pero muerto y todo, la tragedia todavía continuará algo más de trescientos versos. Brevísima es, pues, la presencia de Agamenón en el transcurso de su tragedia homónima, pero la suficiente para el propósito de Esquilo: con razón escribe María de Fátima Silva (2004: 98), "Um tempo curto que é apenas o necessário para transformar um vencedor numa vítima justamente condenada".

Es mínima, pues, la presencia en escena, la actuación personal de Agamenón, su palabra directa. Pero su presencia trágica lo llena todo, y todos los personajes del drama, el Vigía, el Coro de ancianos, el Mensajero, Clitemnestra, Casandra, el mismo Agamenón, presentarán al rey, de forma muy insistente a lo largo de toda la tragedia, como culpable, con independencia de que su culpabilidad sea o no fruto de la herencia unas veces, fruto de la *ananke* otras, fruto de su propia manera de ser otras; él debe pagar el hecho de ser Atrida, hijo del Atreo que hace comer a su hermano Tiestes a sus propios hijos, pero que a su vez ha sido víctima del adulterio cometido por éste; él debe pagar por haber sacrificado a su hija Ifigenia, que le impone la necesidad, pero que de todas formas él elige; él debe pagar como responsable último de la destrucción de Troya, de la pérdida de tantas vidas, no sólo de troyanos, sino también de aqueos... En esa deuda de Agamenón se impone no sólo la insoslayable dicotomía de la culpa y el castigo, sino, por encima de ellas, la fuerza inevitable de la justicia, la *Diké* divina omnipresente en Esquilo.

Una simple estrofa del canto del Coro en la párodo, puede ser suficiente para comprobar lo que piensa Esquilo, a través de las palabras de los ancianos, sobre el sacrificio de Ifigenia:

> Y, una vez se vistiera el arnés del destino,
> levantóse en su espíritu un vendaval contrario,
> impío, sacrílego, a cuyo embate
> mudó de sentimientos hasta atreverse a todo.
> Que instiga a los mortales
> obtusa consejera,
> una infausta demencia,
> hontanar primigenio de criminales actos.
> Osó, en fin, convertirse de su hija
> en el inmolador
> –fomentando una guerra iniciada
> para vengar el rapto de una hembra,
> propiciatoria ofrenda de una armada (Esquilo [1983: vv. 218–227]; Trad. J. Alsina).

Y más adelante, en el primer estásimo, de nuevo será el Coro quien insistirá en sus juicios sobre lo ocurrido en Troya, sin olvidar que todo el desastre fue provocado por la criminal audacia de Helena . . . De todo ello, a la larga, hay un responsable principal: nuestro Agamenón.

Ahora, mejor que después de la lectura de los poemas homéricos, va quedando más justificado el título que he dado a Agamenón, como "el más trágico de los héroes trágicos". Más trágico porque así resultan las circunstancias que conducen a su castigo, al cumplimiento en su persona de las exigencias de la *Diké* divina; pero más trágico todavía por el modo en que paga esa pena, víctima él, el general en jefe de todos los ejércitos aqueos ante Troya, de las heridas que le causa su infiel esposa, en una bañera, en su propia casa: como escribe María de Fátima Silva (2005: 115), "Clitemnestra elimina, de forma ignóbil, o guerreiro, que escapou vivo ao combate glorioso para cair indefeso, dentro das paredes do lar, às mãos de uma mulher. À morte soma-se o opróbio que inflige aos ideais masculinos uma tremenda desonra"; el héroe más trágico, en fin, desde una consideración puramente literaria, porque siendo la base y núcleo central de toda una trilogía, la única conservada del total de la tragedia griega, ocupa como personaje un puesto de mínimo relieve en la pieza a la que da nombre.

Llegamos, a fuerza de inevitables saltos, a la tragedia *Agamémnon* de Séneca y nos encontramos con un drama absolutamente distinto, completamente original; ni mejor, ni peor: diferente. No voy a malgastar razonamientos para repetir una vez más que las tragedias homónimas de Esquilo y de Séneca sobre el final del más famoso de los hijos de Atreo son dos obras completamente distintas, que en poco más coinciden que en su núcleo argumental en torno al terrible asesinato del protagonista. No podía ser de otra forma, si pensamos que entre Esquilo y Séneca median cinco siglos de diferencia, en los que no han dejado de producir excelentes frutos la literatura griega y la literatura latina. Para el autor del *Agamémnon* griego, representado victoriosamente junto con las otras dos tragedias y el drama satírico que componían la *Orestía* en el año 458 a. C., recuerdo las palabras introductorias de Carlos Miralles (1993: IX): "Esquilo es, si no el alborear mismo de la tragedia griega, sí su mañana, nítida y rica de matices limpios. Para nosotros, y aunque sólo sea porque de sus predecesores no nos han llegado sino escasísimos fragmentos, Esquilo es el primer poeta de Occidente en cuya obra cobra forma la tragedia". Para Séneca, el autor del *Agamenón* latino, que con toda probabilidad nunca fue representado en su presencia, sigue siendo magistral la opinión de Augusto Rostagni (1964: 511) sobre el valor esencial de su obra dramática: "Queste tragedie, intessute su temi leggendari usitatissimi, recano per opera del filosofo di Cordova un'impronta profondamente personale, e attuale: d'una personalità e d'una attualità, che non restringe, anzi accresce ed intensifica il loro significato poetico universale".

Dissimilia non sunt comparanda! Al comienzo de la tragedia greco-romana está Esquilo, al final Séneca; ambos escriben un drama que se titula *Agamémnon*, el uno en griego, el otro en latín. Pero entre ambos ha habido numerosas tragedias griegas que, con otros títulos, se han ocupado, con mayor o menor atención y detalle, de la persona del Atrida, no sólo en el momento de su asesinato, sino en otros avatares de su vida; incluso han existido otras tragedias de igual título, como el *Agamémnon* de Ion de Quíos, obra perdida en su práctica totalidad, lo que no impidió que se haya intentado ver algún influjo de la misma en la de Séneca (Stackmann 1949: 219); y, por lo demás, el Atrida nunca dejó de ser tema poético. Por su parte en el teatro latino aparece desde sus albores en la escena, por obra ya del inaugurador de la tragedia mitológica en los escenarios romanos, Livio Andronico, autor de un *Aegithus*, y más tarde por parte del tercer componente de la gran tríada de tragediógrafos de Roma, Lucio Acio, autor de un nuevo *Aegisthus* y de una *Clutemestra*. Son dramas que se recuerdan casi siempre que se toca el problemático tema de las fuentes del *Agamémnon* de Séneca. Y aunque no es mi intención entrar aquí en tan largamente debatido asunto, quiero recordar un dato que no suele tenerse en cuenta: como estudié hace muchos años en mi monografía *El tragediógrafo latino Lucio Acio* (Pociña 1984), diversos momentos y pormenores de la saga lacedemonia fueron vertidos en numerosas tragedias por Acio, siendo así que la truculenta historia de los descendientes de Tántalo era motivo, central o importante, de sus tragedias *Oenomaus, Chrysippus, Atreus, Pelopidae, Clutemestra, Aegisthus, Agamemnonidae, Erígona*; en todas ellas, en mayor o menor medida, estaría presente o sería aludida la figura central de Agamenón. Si a ello sumamos las tragedias dedicadas a otras figuras directamente relacionadas con la del Atrida (Tiestes, Ifigenia, Orestes, Electra . . .), y sus tratamientos en otros tipos de poesía no dramática, resulta claro que la originalidad del *Agamémnon* de Séneca, sus llamativas diferencias en comparación con la tragedia homónima de Esquilo, pueden deberse a muy diversas fuentes, por supuesto, pero por encima de todo a una interpretación personal del filósofo de Córdoba.

Pero al margen de esas divergencias múltiples y esenciales, que afectan a personajes, composición de los coros, motivos, secuencia argumental, estructura dramática, y un largo etcétera, existe un aspecto en que el comportamiento de Esquilo y el de Séneca resulta muy semejante, a saber, la escasa relevancia del papel asignado al que debía ser protagonista de la pieza en ambos dramaturgos. En el caso de Séneca, Agamenón no aparece en escena hasta el verso 782, a la mitad de lo que suele considerarse el acto IV de la tragedia, puesto muy cercano al final si consideramos que la obra tiene 1012 versos; allí ofrece una pequeña intervención de veintiséis versos, nueve de ellos en diálogo con Casandra. Eso es todo, y llama nuestra atención que Séneca, en cuyas tragedias se ha insistido con mucha frecuencia en señalar como característica muy notable la preocupación por el retrato psíquico y físico de los personajes, deje por completo sumida en la penumbra la imagen del que debía ser protagonista. ¿No resulta sorprendente que, apenas entrado en escena Agamenón, después de esa breve intervención y entrecortada conversación con Casandra, presente Séneca al Coro de argivas cantando, en nada menos que 58 versos, un elogio de Hércules y sus trabajos, cuya relación con el tema de la tragedia que nos ocupa resulta bastante lejana?

Si en mi referencia a la tragedia de Esquilo argumentaba que hubiera debido ostentar en el título el nombre de Clitemnestra, con mayor razón debería sostener lo mismo en el caso de la tragedia de Séneca, donde la figura de la reina infiel ocupa un lugar destacado a lo largo de todo su desarrollo, además de ofrecer un personaje de personalidad mucho más rica y mejor perfilada que en el *Agamémnon* de Esquilo. Aurora López (1995) ha estudiado la figura de Clitemnestra, al lado de las de Helena, Medea y Fedra, como tres ejemplos acabados de mujeres anti-prototipo en las tragedias de Séneca; por su parte Zélia de Almeida Cardoso (2005: 35), al subrayar que Séneca pone especial cuidado en la composición de los personajes femeninos, aduce como ejemplos las figuras de Mégara, Hécuba, Andrómaca, Medea, Fedra, Yocasta, Antígona, Deyanira y, ¿cómo no?, Clitemnestra, "mulheres inesquecíveis, cada uma com seus atributos próprios, seus contornos peculiares e sua força de construção". Es decir, Séneca trata la figura de la heroína con el detalle y atención que hubiéramos esperado para la construcción del personaje de Agamenón, epónimo de nuestra tragedia.

Estas pocas obras básicas sobre la figura de Agamenón que he recordado muy por encima coinciden en presentarnos a un personaje especialmente trágico, probablemente el más trágico de los héroes griegos, porque, del mismo modo que cuando se piensa en Medea surge inevitablemente la imagen de la filicida, el simple nombre de Agamenón evoca antes que cualquier otro momento o motivo de su biografía el terrible asesinato a su regreso de Troya, sea a manos de Egisto, sea a manos de Clitemnestra, sea por obra de ambos. Pero la tragedia de Agamenón ni comienza con él, ni acaba con él. En sus antecedentes trágicos está toda la terrible historia de su padre Atreo y de su tío Tiestes, y después, en la partida para Troya, el sacrificio de su propia hija Ifigenia; a continuación de su asesinato, serán Egisto, Clitemnestra, Orestes, Electra, sufridores de tragedias en cuya base está la suya propia. Todo, pues, en torno a él se vuelve tragedia.

Pienso que ni Esquilo en su Ἀγαμέμνων ni Séneca en su *Agamémnon* tributaron al Atrida el puesto de protagonista que en principio le correspondería. Aquí he tratado tan sólo de poner de relieve los aspectos negativos de su imagen que contribuyen a un acercamiento lo más objetivo posible a la consideración y juicio de su relación con su compañera principal, Clitemnestra, tradicionalmente considerada su estereotípica asesina, después de muchos años de haber sufrido sus maltratos y ultrajes.

4 Clitemnestra, una esposa siempre maltratada

Aunque las variantes mitográficas sobre particularidades y detalles de la leyenda de Clitemnestra son muy abundantes, resumiré aquí la versión más frecuente señalando que Clitemnestra era hija de Tindáreo y Leda, de quienes son hijas también Timandra y Filónoe. De la unión de Leda con Zeus nacieron su hermana más famosa, Helena, y los Dioscuros, Cástor y Pólux. Nuestra reina tuvo como primer marido a Tántalo, hijo de Tiestes, y ocurre su primera relación con Agamenón, que asesina a Tántalo y a los hijos del matrimonio. Los Dioscuros persiguieron a Agamenón y lo obligaron a casarse con Clitemestra, unión que ella no deseaba de ningún modo. Tres hijas y un hijo nacieron de la nueva pareja: Crisótemis, Laódice (Electra), Ifianasa (Ifigenia) y Orestes (Grimal 1966). Menos variación existe a propósito de los avatares futuros de Clitemnestra y Agamenón, cuando, después de marchar éste a la guerra de Troya, y regresar al cabo de diez años, es asesinado por Clitemnestra, que mantenía una relación adúltera con Egisto, siendo castigada a su vez ella con la muerte por su hijo Orestes.

Clitemnestra tiene una presencia fundamental en la literatura griega, en pequeña medida en los dos poemas homéricos, pero de importancia muy significativa (Morenilla y Llagüerri Pubill 2017), y de forma más precisa en los textos trágicos griegos y latinos que ya hemos recordado para referirnos a Agamenón.

Al comienzo de estas páginas he recordado el precioso libro, *Clitemnestra o la desgracia de ser mujer en un mundo de hombres* (De Martino 2017), que nos dedicaron, con motivo de nuestras jubilaciones consecutivas, a mí y a Aurora López, un grupo de helenistas de las Universidades de Valencia, Foggia, Bari y Coímbra. El título por sí solo resulta sumamente significativo, y sus cerca de cuatrocientas páginas son un excelente estudio que se ocupa, desde perspectivas múltiples, de las pesadillas de Clitemnestra, ejemplo sobresaliente de mujer y de esposa maltratada por su marido en el ámbito de la literatura griega antigua. En el mes de diciembre de 2020 se publicó nuestro trabajo "Agamenón y sus mujeres en Séneca" (López y Pociña 2020), también en un homenaje de jubilación, en este caso de la prestigiosa latinista de la Universidad de Tucumán, profesora Mirta Estela Assis; si algo ponemos allí de relieve es de qué manera, en los textos de Séneca, Clitemnestra resulta ejemplo conspicuo de esposa ultrajada, ahora en opinión de un escritor latino.

Clitemnestra, sintetizando de forma exagerada su desgraciada vida, comienza su relación con Agamenón cuando este siempre orgulloso y altivo individuo asesina a Tántalo, el primer marido de nuestra heroína, y con él a los hijos de ambos. Los hermanos de Clitemnestra, los Dioscuros, la obligan a casarse con Agamenón, lo cual puede parecer una compensación y una venganza por la afrenta sufrida, pero sólo desde la perspectiva de consideraciones familiares o sociales, pues la ultrajada rechazaba el matrimonio. Clitemnestra tiene descendencia con Agamenón, pero justamente la más querida de sus hijas, Ifigenia, es víctima de un cruel holocausto, consentido, es decir, ordenado por su propio padre, de quien el sensible filósofo-poeta Lucrecio señala que era la hija primogénita. Clitemnestra es abandonada largos años por Agamenón, que tiene que dedicar una inacabable lejana ausencia en Troya, para vengar la afrenta marital aparentemente sufrida por su hermano Menelao. Al fin, concluida la guerra, regresa Agamenón a su patria, y no tiene el menor reparo en hacerse acompañar por Casandra, obviamente una concubina más joven que Clitemnestra. La esposa, que mantiene una larga relación con Egisto, recibe a Agamenón y no pierde horas para darle sangrienta muerte.

¿Un estereotipo de mujer execrable? Quien esté libre de toda culpa, tire la primera piedra a esta esposa tremendamente ultrajada durante toda su existencia por su marido.

5 Osadía sin límites: mi obra *Rendición de cuentas* (2018)

Hace más de dos años, cuando empecé a abrigar la idea de escribir una pieza teatral sobre una mujer moderna semejante a Clitemnestra, evité leer de nuevo los textos clásicos a ella concernientes, para obviar en la medida de lo posible un influjo demasiado cercano, excesivamente próximo en el tiempo. No creo, en consecuencia, que resulte productiva la comparación lineal de las fuentes clásicas con mi obra, comparación que solamente resultaría en grave detrimento de ésta y sin resultados importantes al final. Todo el influjo, grande sin duda, de las fuentes en mi *Rendición de cuentas* habría que plantearlo, cosa bien difícil de hacer, en el análisis de las causas de que la figura de Clitemnestra, una heroína tradicionalmente denostada, presentada como señala Aurora López (1995) como ejemplo de matrona antiprototípica, adúltera, asesina de su marido, odiada por sus hijos Electra y Orestes, pase a convertirse en mi subconsciente paulatinamente en lo que la propia Aurora calificó como "una esposa ultrajada",[2] susci-

---

[2] En una conferencia titulada "Clitemestra, una esposa ultrajada", dictada el día 6 de abril de 2010 en la Universidad Internacional de Andalucía, Sede La Cartuja de Sevilla, con motivo del cursillo "Perfiles de Mujer. Clitemnestra, Medea, Electra".

tando en mí la sincera simpatía que por ella siento, motivo de esta obra mía que trato de explicaros.

Esta obra es mi quinta composición en forma de obra teatral, y es la segunda que transcurre por completo en tiempo actual, mezclando en esta ocasión, por primera vez, ambientación totalmente moderna sobre un tema evidentemente clásico, un argumento semejante a la leyenda de Clitemnestra y Agamenón, Sin embargo, no aparece en ella ninguna referencia abierta al mundo antiguo, si exceptuamos el hecho de que una persona, clave en el desarrollo argumental, pero que no aparece en el reparto, se llama Ifigenia, evocando obviamente a la joven hija de los reyes de Micenas.

Los personajes de *Rendición de cuentas* aparecen muy escuetamente presentados al comienzo con estas apalabras:

Personajes (por orden de aparición)

> Mónica, mujer madura, guapa, elegante
> Eusebio, hombre maduro, normal, bastante retraído
> Isabel, empleada doméstica, de bastante edad
> Armando, hombre maduro, atractivo, muy presuntuoso

No hago una descripción más pormenorizada de cada uno de ellos y ellas de acuerdo con mi planteamiento de que un dramaturgo debe dejar abierto, en el mayor grado posible, a la dirección y a los intérpretes la capacidad de intervenir en la lectura final del texto, introduciendo sus ideas y visiones propias, a fin de hacerlo lo más suyo posible. Considero que no es una buena concepción del papel del dramaturgo la de quienes quieren ser no sólo autores del texto literario, sino que pretenden desde él asumir el papel de directores, e incluso, cosa bastante frecuente, determinar las actuaciones de los intérpretes.

Revisando mi texto a la luz de los hipotextos clásicos, comentaré que Mónica, la protagonista del drama, tiene cuatro hijos, igual que la griega Clitemnestra, e incluso con el caso de la reina de Micenas coincide el hecho de que sean tres mujeres y un hombre, llamándose además la mayor Ifigenia, nueva coincidencia. Lleva varios años separada de su marido, Armando, que se ha ido a vivir hace diez años a Rio de Janeiro. Durante una buena parte de esa separación, desde un tiempo que no aparece claramente especificado, vive Mónica en relación no oculta con Eusebio.

Eusebio desempeña un papel que, si bien no sería lícito clasificarlo a la ligera como secundario, no resulta ni muy importante para el desarrollo de la trama, ni muy atractivo para el actor que deba asumirlo. Evidentemente toda persona que tenga un ligero conocimiento de la leyenda clásica, lo identificará en seguida con Egisto sin mayor dificultad. Pero una vez que releí la obra ya concluida, me di cuenta de que, sin habérmelo propuesto, en mi concepción del personaje no existió en absoluto la duda de si intervino o no en el asesinato de Agamenón en la tragedia clásica, en la de Armando en mi versión. No: resulta claro, y al volver sobre la obra me doy perfecta cuenta de que la culpa del asesinado, si se considera digno de culpa, o el mérito del mismo, si se prefiere tenerlo por un mérito, en mi reescritura es responsabilidad exclusiva de Mónica. Por ello, igual que en el *Hipólito* de Eurípides, Fedra desaparece aproximadamente a la mitad de la tragedia, para que a nadie le pudiese quedar la duda de que el protagonista, el centro de interés y de atención primordial del tragediógrafo era Hipólito, en modo alguno Fedra, en mi *Rendición de cuentas*, y espero que me perdonaréis la osadía de tomar como referente, no como comparación, un modelo tan egregio, Eusebio desaparece muy pronto de escena, sin haber hecho referencia alguna que pueda servir para presuponer el final trágico al que vamos a asistir, sino más bien un desenlace bastante más admisible.

Isabel, una empleada doméstica entrada en años, que lleva mucho tiempo al servicio de Mónica, es un papel sin ninguna trascendencia, del que podría prescindirse perfectamente; resulta impropio, por lo tanto, intentar ver en ella una heredera lejana de las notables nodrizas de tantas tragedias grecolatinas, con las que he evitado a consciencia cualquier tipo de semejanza. La he incluido en el reparto quizá porque tres personajes exclusivamente me parecían demasiado pocos, aunque a sabiendas he tratado de que al final no resultasen muchos, cosa que en las circunstancias actuales obviamente dificulta cada vez más la puesta en escena de obras teatrales con reparto numeroso.

Armando he pretendido que fuese un Agamenón redivivo; aparece en su casa de Madrid, en que la habitan actualmente Mónica y Eusebio, a su regreso de Rio de Janeiro, la fabulosa ciudad brasileira donde ha vivido durante diez años, fundando allí una floreciente empresa de joyería. Si bien en circunstancias absolutamente diferentes del fin clásico de Ifigenia, Mónica hace responsable a Armando de la muerte de la muchacha, de forma muy trágica, en la ciudad carioca. Muchos son los detalles de este personaje que nos hacen recordar a su precedente en los hipotextos clásicos: como aquél, es altanero, arrogante, machista, mujeriego; igual que Agamenón tenía el arrojo de regresar a su palacio con Casandra, Armando se ha traído con él a Madrid a Mila, una atractiva mulata con la que tiene relaciones, sin ocultar ese golpe de arrogancia para nada, puesto que Mónica está enterada del asunto.

Acabaré con unas indicaciones breves sobre dramaturgia. Más o menos siguiendo las indicaciones que hago al comienzo, la pieza se desarrolla en toda su extensión en una sala de estar grande, moderna, lujosa, con el mobiliario elegante que parezca oportuno. Si me tocase a mí diseñar esa sala, le pondría, con toda la mala idea posible, una pequeña biblioteca, sin excesivos libros, demasiado bien colocados, como esas que hay en casas en las que se pretende aparentar una cultura literaria de la que se carece. Al fondo hay dos puertas practicables, que conducen a otras estancias; una de ellas debe dar a un pasillo que comienza en la puerta principal de la casa, la otra a la cocina y varias estancias. Me he atrevido a sugerir al posible diseñador de este espacio escénico que intente que resulte "todo muy elegante, muy caro, pero muy frío".

La obra puede desarrollarse, según parezca preferible, en una secuencia ininterrumpida, en la que coinciden prácticamente el tiempo dramático y el real; también sería posible dividirla en dos actos, comenzando el segundo con la llegada a la casa y la aparición en escena de Armando. Personalmente, me parece preferible la solución primera.

Publicada hasta el presente tan sólo en la magnífica versión italiana de Mariapia Ciaghi (Pociña 2018), presento aquí la parte final de la obra para que sea posible enjuiciarla:

MÓNICA.– A ver si conseguimos tranquilizarnos un poco. Lo que te juro que desconozco por completo es cómo fue el final, lo del hospital, lo que hizo . . .

ARMANDO (*visiblemente afligido*).– Lo del hospital fue exactamente como te lo conté: una noche la recogió la policía en una callejuela de muy mala fama, en el barrio de Santa Teresa; la encontraron tirada en el suelo, sin sentido, con una sobredosis clara, con las ropas destrozadas y con señales claras de violencia. Llevaba en el hospital casi dos días cuando consiguieron dar conmigo. Estaba muy mal, esa es la verdad.

MÓNICA (*llorando abiertamente*).– ¿Y la dejaste allí, de esa forma?

ARMANDO.– No, no la abandoné, si es eso lo que pretendes insinuar. Por la noche me echaron del hospital, diciendo que no había ya peligro alguno, que mejor que fuera a dormir a mi casa, que al día siguiente le tomaría declaración la policía y le darían el alta. Y fue esa noche cuando se ahorcó, en el cuarto de baño.

MÓNICA (*como enloquecida. Armando trata de cogerle una mano, pero ella la retira violentamente contra su cuerpo*).– Pues ya está dicho todo.

ARMANDO. – Desgraciadamente sí.

MÓNICA (*sigue como enajenada. Lo mira con odio*). –¿Quieres saber una cosa que he pensado siempre?

ARMANDO.– Tú me dirás.

MÓNICA.– Pues es que nunca creí que las cenizas que me mandaste tuviesen nada que ver con Ifigenia. Ni siquiera que fuesen cenizas humanas. En cualquier caso, estoy segura de que no eran suyas. Así que las arrojé al cubo de la basura.

Sale de la sala precipitadamente. Armando se queda lívido, como si las cenizas en cuestión fueran las de Ifigenia. Después, se sirve un güisqui y enciende un cigarrillo. Reaparece Mónica.

ARMANDO.– ¿Y ahora qué podemos hacer, Mónica? ¿Qué va a ser de nuestras vidas?

MÓNICA.– De la tuya, tú sabrás. De la mía no te interesa nada: mi maldita relación contigo está llegando a su final en estos momentos.

ARMANDO (*sumiso, conciliador*).– ¿No te parece que ya hemos sufrido bastante, que ya nos hemos hecho bastante daño, que no podemos seguir así?

MÓNICA.– Tienes toda la razón. Cuanto antes pongamos término a esta porquería insoportable, mejor.

ARMANDO.– No venía yo con semejante intención.

MÓNICA (*aparentando sorpresa*).– ¡Ah!, ¿no? ¿Pues cuál era tu intención? ¿Que nos diéramos un beso, con toda la alegría del mundo, y entrásemos al dormitorio a echar un polvo, tan felices, y aquí no ha pasado nada?

ARMANDO.– Creo que no va a ser posible que me escuches.

MÓNICA (*irónica*).– Sí, hombre, sí. Claro que te escucho. ¡Faltaría más! Tomamos otro traguito, que buena falta nos hace. Y te escucho. Claro que te escucho. Espera un segundo, que voy por unas aceitunas, o unas patatas fritas, o unos anacardos muy ricos que compré ayer. (*Sale en dirección a la cocina, secándose los ojos. Vuelve pronto, con una bandeja con los aperitivos*).

MÓNICA.– Venga, ahora tus proyectos. Pero, por favor, sin demasiados detalles. Quiero irme pronto.

ARMANDO.– Pues eso es lo que yo no quiero, que te vayas. Tenemos toda un una vida todavía por delante, para olvidar todo lo ocurrido en estos años. Yo vengo con la intención de traer mis joyerías a Madrid, una, otra a Barcelona, otra quizá a Sevilla. No quiero regresar a Rio. Como mucho exclusivamente para liquidar bien las cosas de allí.

MÓNICA.– Todo perfectamente calculado. Eres único para los negocios– ¿Y qué pintamos nosotros dos en eso?

ARMANDO.– Nosotros tenemos a Julián, a Alicia, a Lisa. Julián tiene ya experiencia suficiente para decidir si prefiere seguir en tus negocios, o si le apetece dirigir la joyería central que pondré en Madrid. Ya tengo medio apalabrado un local magnífico, en la calle Serrano. A Alicia hay que empujarla a que pongan un poco de orden en esas fantasías juveniles, y más ahora, cuando van a tener el niño. Y a Lisa tienes que ayudarme a que me gane su afecto.

MÓNICA (*muy irónica*).– Los negocios, en vías de solución. La familia, en perspectiva de arreglo. ¿Y nosotros, Armando? ¿Con nosotros, qué se te ha ocurrido como solución?

ARMANDO.– Nosotros tendríamos que intentar recuperar el amor que nos tuvimos tanto tiempo.

MÓNICA (*no cree estar oyendo lo que escucha. Habla aparentando seriedad*).– Estupendo proyecto. Sensato. Bien pensado. Inmejorable. Y olvidar todo lo pasado.

ARMANDO.– Sí, olvidarlo todo.

MÓNICA.– ¿De verdad crees que sería posible?

ARMANDO.– Sí, claro que sí. Estoy seguro de que es posible.

MÓNICA (*da otro manotazo en la mesa*).– ¡Qué grandísimo hijo de puta eres! Todo como si nada. ¡Volver a empezar! ¿Y para eso te has traído contigo a tu puta mulata de Brasil?

ARMANDO.– Yo me deshago de ella sin ningún problema. Se la puedo pasar a Julián, que ya sé que es un mujeriego y un salido enorme. Mila, hay que reconocerlo, está francamente buena. No hay problema para colocarla. (*Habla seriamente. Mónica no da crédito a lo que escucha*). Pero claro, también tú tienes que despachar a Eusebio. Tampoco creo que te cueste mucho trabajo.
    Mónica mira el reloj. Está pensando algo. De repente echa a hablar, con toda naturalidad.

MÓNICA.– Mira, a lo mejor no es una barbaridad completa todo eso que propones. Vamos a pensarlo con tranquilidad, con calma, sin precipitarnos. ¿Te parece bien que vayamos a comer algo, a un restaurante que hay aquí al lado?

ARMANDO (*con una sonrisa triunfal*).– Me parece estupendo. Será un buen comienzo para hacer la paz y trazar planes.

MÓNICA.– Pero yo necesito darme una ducha rápida. Con cinco minutos me llega. Me voy al baño del dormitorio grande. (*Como si se le acabase de ocurrir*) ¿No te gustaría hacer lo mismo? Venga, anímate; te sentará estupendamente, después de tanta discusión. En el cuarto de baño general tienes toallas limpias, y todos los geles que quieras. Pero cinco minutos sólo, ¿eh? Tengo un hambre feroz.
    Armando sale por la puerta que da a la entrada. Mónica comienza a dirigirse a la otra, pero vuelve atrás, abre un cajón del aparador, coge unos guantes, se los pone con todo cuidado, coge una pistola que estaba envuelta en un paño, la observa, comprueba que está cargada. Sale por la misma puerta por donde se ha ido Armando. Se oye un disparo fuerte. Se apagan las luces o se cierra el telón.

Bibliografía

Cardoso, Zélia de Almeida. 2005. *Estudos sobre as tragédias de Séneca*. São Paulo: Alameda Casa Editorial.
De Martino, Francesco. 2002. Donne da copertina. En Francesco De Martino y Carmen Morenilla (eds.). *El perfil de les ombres*, 111–136. Bari: Levante Editori.
De Martino, Francesco; Morenilla, Carmen; Fialho, Maria do Céu; Silva, Maria Fátima; De Martino, Delio y Navarro, Andrea (eds.). 2017. *Clitemnestra o la desgracia de ser mujer en un mundo de hombres. Homenaje a los Profesores Doctores Aurora López López y Andrés Pociña Pérez*. Bari: Levante editori.
Esquilo. 1983. *Tragedias completas*. Ed. y trad. de José Alsina Clota. Madrid: Ediciones Cátedra.
Esquilo. 1993. *Tragedias Completas*. Ed. de Carlos Miralles. Barcelona: Editorial Planeta.
Grimal, Pierre. 1966. *Diccionario de la mitología griega y romana*. Trad. de Francisco Payarols. Barcelona: Editorial Labor.
Homero. 1986. *La Ilíada*. Edición de Cristóbal Rodríguez Alonso. Torrejón de Ardoz: Ediciones Akal.
Homero. 2002. *Odisea*. Edición de José Luis Calvo. Madrid: Ediciones Cátedra.
Lesky, Albin. 1968. *Historia de la literatura griega*. Versión esp. de José M.ª Díaz Regañón y Beatriz Romero. Madrid: Editorial Gredos.
López, Aurora. 1995. Las heroínas míticas en las Tragedias de Séneca. En María Luisa Lobato y Aurelia Ruiz Sola (eds.). *Mito y personaje. III y IV Jornadas de Teatro. Universidad de Burgos*, 73–90. Burgos: Excmo. Ayuntamiento de Burgos.
López, Aurora y Pociña, Andrés. 2020. Agamenón y sus mujeres en Séneca. En Claudia Elizabeth Lobo y Rolando Jesús Rocha, (eds.). *Magisterium. Studia in honorem Mirta Estela Assis*, 272–294. Tucumán: Editorial Humanitas.
Lucrecio. 1982. *Lucreti De rerum natura libri sex*. Ed. de Cyrillus Bailey. Oxonii: E Typographeo Clarendoniano.
Lucrecio. 1997. *De la realidad*. Ed. crítica y versión rítmica de Agustín García Calvo, Zamora: Editorial Lucina.
Morenilla, Carmen y Llagüeri Pubill, Núria. 2017. Κλυταιμνήστρη δολόμητις (*Od*. 11.422). En De Martino, Francesco et al. *Clitemnestra o la desgracia de ser mujer*. 285–300.
Murray, Gilbert. 1955. *Esquilo el creador de la tragedia*. Versión castellana de León Mirlas. Buenos Aires: Espasa-Calpe Argentina.
Pociña, Andrés. 1984. *El tragediógrafo latino Lucio Acio*. Granada: Universidad.
Pociña, Andrés. 2018. *Resa dei conti*. Opera drammatica, Traduzione in italiano Mariapia Ciaghi. Roma: Il Sextante.
Pociña Pérez, Andrés y García González, Jesús M.ª (eds.). 2009. *En Grecia y Roma, III. Mujeres reales y ficticias*. Granada: Editorial Universidad de Granada.
Rostagni, Augusto. 1964. *Storia della letteratura latina. II. L' Impero. Parte prima: da Augusto a Nerone*. Torino: Unione Ttipografico-editrice Torinese.
Silva, Maria de Fátima. 2005. *Ésquilo. O primeiro dramaturgo europeu*. Coimbra: Imprensa da Universidade.
Stackmann, Karl. 1949. Senecas Agamemnon. Untersuchungen zur Geschichte des Agamemnon-Stoffes nach Aischylos, *Classica y Mediaevalia* 11. 180–221.

Aurora López
La oradora romana Hortensia, un preludio de feminismo en tiempos de Cicerón

De la oradora romana Hortensia me he ocupado a lo largo de más de cuarenta años de mis investigaciones sobre mujeres de Roma, de Grecia y de las diversas culturas posteriores que cultivaron de algún modo la literatura, a partir de mi trabajo inicial "Escritoras latinas: las prosistas" (López 1980), ampliado pocos años después, sobre todo por referencia a Hortensia, en un trabajo que supongo que tuvo escasa difusión, "La oratoria femenina en Roma a la luz de la actual" (López 1989). Mi interés por la insólita, curiosa y atractiva oradora, contemporánea de Cicerón, no dejó de crecer, sobre todo en el contexto de mi dedicación a los estudios de las escritoras romanas, consolidándose de manera especial en una versión más depurada en mi artículo "Hortensia, primera oradora romana" (López 1992); de allí pasó, siempre con puntualizaciones nuevas, a las dos ediciones de mi obra fundamental en este campo de estudios, *No sólo hilaron lana. Escritoras romanas en prosa y verso* (López 1994; López 2020).

Después de haber enumerado la notable cantidad de ocasiones y fechas en que me he ocupado de Hortensia, quien se acerque a estas páginas se preguntará qué puedo aportar de nuevo a lo anteriormente ya publicado, o tal vez qué pretendo al traer de nuevo aquí a la oradora romana. Mi justificación puede ser doble: en primer lugar, cuando mis queridas amigas y colegas de la Universidad de La Laguna, las profesoras Dulce María González Doreste, catedrática de Filología francesa, y Francisca del Mar Plaza Picón, catedrática de Filología latina, tuvieron la deferencia de invitarme a colaborar en un ambicioso volumen sobre estereotipos femeninos, pensé que era un lugar estupendo para dar un paso más en la recuperación del nombre de una mujer antigua que sin duda merece ser rescatada del olvido: Hortensia podría quedar muy bien situada en el libro resultante. Y por otra parte, entre las mujeres de la Roma antigua que no sólo hilaron lana, sino que también recurrieron, con mayor o menor frecuencia, a la escritura para hacerse oír (López 2020), Hortensia resulta ser, en mi opinión, la que de manera más clara utiliza argumentos de indudable matiz que hoy diríamos feminista, en defensa de una causa de injusticia a la que se pretendía someter a las matronas romanas por parte de los gobernantes, obviamente hombres en su totalidad. Por estas razones, después de muchos años de admirarla y estudiarla, pido permiso para traerla aquí de nuevo, insistiendo en

Aurora López, Universidad de Granada

el hecho de que, sorprendentemente, alguna vez consiguió, en tiempos pasados, librarse de las duras trabas del silencio histórico tradicional sobre mujeres.

La información clásica de rango primordial sobre la oradora Hortensia se encuentra en tres capítulos de la *Historia romana* de Apiano, que pueden perfilarse algo más con el auxilio del interesante apartado de los *Hechos y dichos memorables* en que Valerio Máximo habla de las tres oradoras romanas, así como con las alusiones, sólo pasajeras y muy puntuales, de Quintiliano y Jerónimo.[1]

Hortensia era hija de Quinto Hortensio Hórtalo, el orador de mayor prestigio en el período inmediatamente anterior al triunfo de Cicerón en el foro. El dato es importante en primer lugar por lo que se refiere a la formación de Hortensia, que como es lógico debió de recibir la educación esmerada que era de esperar en la hija de un famosísimo orador, que también hizo sus pinitos en el cultivo de la poesía y la historiografía, y que, además, poseía enormes riquezas; así lo retrata una autoridad en los estudios de Roma como Ronald Syme: "Hortensio, dominante en los tribunales de justicia y en el Senado, hacía alarde de lujo y de barroquismo lo mismo en su vida que en su oratoria. Dado al lujo, sin gusto ni medida, el abogado tuvo fama por su vida rumbosa y por sus ganancias deshonestas, por su bodega, por su coto de caza y por sus viveros de peces" (Syme 1989: 42). En la educación de Hortensia no debió faltar el influjo de tan curioso padre: Valerio Máximo señala que la oradora seguía tan de cerca el estilo de éste, que parecía hacerlo resucitar en su discurso:

> "Pareció entonces que Quinto Hortensio había revivido en su hija y que le inspiraba las palabras. Si sus sucesores de sexo masculino hubieran imitado estos vigorosos impulsos, la inmensa herencia de la elocuencia de Hortensio no habría terminado con este único discurso de una mujer".[2]

Por otra parte, F. Münzer plantea la posibilidad, si bien basada en una documentación muy restringida, de que Hortensia se hubiese casado con Quinto Servilio Cepión, padre adoptivo de Bruto; por ello, considera que estaba más que justificado que "Hortensia, como madre adoptiva de Bruto hubiera estado en la primera fila de las matronas que quisieron hacer valer sus derechos ante los triunviros" (Münzer 1913: cols. 2481-2484). Y, a su vez, es de lamentar que Ro-

---

[1] Información clásica: Quint. 1, 1, 6; Val. Max. 8, 3, 3; Iul. Parid. *Epit. Val. Max.* 8, 3, 3; Hier. *Epist.* 107, 4. Información sobre el proceso, con resumen del discurso de Hortensia, en griego: Appian. *Bell. civ.* 4, 12-13.

[2] Val. Max. 8, 3, 3: *Reuixit tum muliebri stirpe Q. Hortensius uerbisque filiae aspirauit, cuius si uirilis sexus posteri uim sequi uoluissent, Hortensianae eloquentiae tanta hereditas una feminae actione abscissa non esset.*

nald Syme, que también considera a nuestra oradora esposa del mismo Servilio Cepión (Syme 1989: 45), no explique qué razones le llevaron a calificarla como "una gran líder republicana", cosa que parece un tanto exagerado deducir del texto de Apiano que ha manejado el prestigioso historiador, y que comentaré más adelante.

En cualquier caso, es curioso que Valerio Máximo (8, 3, 3) se refiera a las mujeres sobre las que los triunviros quisieron hacer recaer un abusivo impuesto como un *ordo matronarum*, aspecto que sí llamó la atención de Claudine Herrmann, quien considera que el escritor parece estarlas parangonando, en su conjunto, a los órdenes establecidos para ciudadanos, como eran el de los caballeros y el de los senadores (Herrmann 1964: 115). Pues bien, dentro de ese *ordo matronarum* parece ocupar Hortensia el destacadísimo puesto que le confieren su ascendencia paterna, su matrimonio, sus indudables riquezas personales; nada de extraño tiene, por lo tanto, que sus cualidades oratorias la convirtieran ocasionalmente en portavoz de las demandas formuladas por las matronas romanas.

Por Apiano (*Bell. civ.* 4, 32) conocemos con todo detalle el momento y las circunstancias en que aconteció este hecho. En el año 42 a. C., encontrándose los triunviros con un déficit de doscientos millones de sestercios para cubrir las necesidades de la guerra, promulgaron un duro edicto, en virtud del cual requerían una contribución extraordinaria a las mil cuatrocientas mujeres más ricas de Roma. Ante las severas amenazas que se cernirían sobre ellas en caso de incumplimiento, intentaron las matronas afectadas una negociación con los triunviros, valiéndose de las mujeres de las familias de aquéllos, cosa que no lograron porque Fulvia, la mujer de Antonio, las arrojó de su casa. Enfurecidas entonces, las matronas se abrieron paso hasta el Foro, llegando a la tribuna de los triunviros, donde Hortensia pronunció un discurso en nombre de todas ellas.

En términos parecidos a éstos introduce Apiano lo que él presenta como discurso textual de Hortensia, el cual, sin embargo, no puede ser más que un breve resumen, puesto además en lengua griega, del realmente pronunciado; no obstante, parece fuera de sospecha que el historiador griego se haya basado para su síntesis realmente en el texto original de Hortensia, que, como luego veremos, había sido publicado.

Disculpaba nuestra oradora su intervención en el Foro, explicando que las circunstancias habían obligado a las mujeres a proceder de ese modo. Presentaba la defensa de sus intereses como un problema de enfrentamiento de hombres y mujeres, gobernantes aquéllos, sometidas éstas, empeñados en innecesarias guerras ellos, pacifistas a ultranza ellas. Por supuesto, las mujeres romanas estarían dispuestas a sacrificar una parte de sus bienes si se tratase de una guerra contra pueblos extranjeros, pero de ningún modo a hacerlo para contribuir a una guerra civil.

Éste es el texto completo del discurso que pone Apiano en labios de nuestra oradora, para el que utilizo aquí la versión española realizada por Antonio Sancho Royo:

> En aquello que correspondía a unas mujeres de nuestro rango solicitar de vosotros, recurrimos a vuestras mujeres, pero en lo que no estaba acorde, el ser ultrajadas por Fulvia, nos hemos visto empujadas a acudir, todas juntas, al foro, por su causa. Vosotros nos habéis arrebatado a nuestros padres, hijos, maridos y hermanos acusándolos de que habíais sufrido agravio por ellos; pero si, además, nos priváis también de nuestras propiedades, nos vais a reducir a una situación indigna de nuestro linaje, de nuestras costumbres y de nuestra condición femenina. Si afirmáis que habéis sufrido agravio de nosotras, igual que de nuestros esposos, proscribidnos también a nosotras como a aquéllos. Pero si las mujeres no os declaramos enemigos públicos a ninguno de vosotros, ni destruimos vuestras casas, ni aniquilamos vuestros ejércitos o condujimos otros contra vosotros o impedimos que obtuvierais magistraturas y honores, ¿por qué participaremos de los castigos, nosotras que no participamos en las ofensas?
>
> ¿Por qué hemos de pagar tributos nosotras que no tenemos participación en magistraturas, honores, generalatos, ni, en absoluto, en el gobierno de la cosa pública, por las cuales razones os enzarzáis en luchas personales que abocan en calamidades tan grandes? ¿Porque decís que estamos en guerra? ¿Y cuándo no hubo guerras? ¿Cuándo las mujeres han contribuido con tributos? A éstas su propia condición natural las exime de ello en toda la humanidad, y nuestras madres, por encima de su propio ser de mujeres, aportaron su tributo en cierta ocasión y por una sola vez, cuando estabais en peligro de perder todo el imperio e, incluso la misma ciudad, bajo el acoso cartaginés. Pero entonces realizaron una contribución voluntaria, y no a costa de sus tierras o campos, o dotes, o casas, sin las cuales cosas resulta imposible la vida para las mujeres libres, sino sólo con sus joyas personales, sin que éstas estuvieran sometidas a una tasación, ni bajo el miedo de delatores o acusadores, ni bajo coacción o violencia, y tan sólo lo que quisieron dar ellas mismas. Y, además, ¿qué miedo tenéis ahora por el imperio o por la patria? Venga, ciertamente, la guerra contra los galos o los partos y no seremos inferiores a nuestras madres en contribuir a su salvación, pero para luchas civiles no aportaríamos jamás nada ni os ayudaríamos a unos contra otros. Pues tampoco lo hicimos en época de César o Pompeyo, ni nos obligaron a ello Mario ni Cina, ni siquiera Sila, el que ejerció el poder absoluto sobre la patria, y vosotros afirmáis que estáis consolidando la República (Traducción de Sancho Royo [1985: 133-135]).

La corta extensión del texto griego impide seguir paso a paso el desarrollo del discurso de Hortensia, no siendo posible aventurar de qué modo se articulaban sus diversas partes. Sin embargo, incluso a través del escueto resumen de Apiano parecen percibirse algunos elementos de la retórica asiánica, que indudablemente adoptaría Hortensia si es cierto que debía parte de su educación a su padre y que trataba de emularlo. Así, en el primer párrafo, el pasaje "Vosotros nos habéis arrebatado a nuestros padres, hijos, maridos y hermanos" ofrece una fundamental antítesis inicial, un *uos / nos* en perfecta correspondencia con la oposición hombres / mujeres de todo el trozo; sigue una trabajada enumeración, en valoración decreciente desde el punto de vista típicamente romano (que en su original latino sería obviamente *patres et filios et uiros et fratres*, de acuerdo con Apiano, ὑμεῖς δ' ἡμᾶς ἀφείλεσθε μὲν ἤδη γονέας τε καὶ παῖδας καὶ ἄνδρας καὶ ἀδελφούς), todo ello en unión de un llamativo polisíndeton (que el traductor al español no ha tenido a bien reflejar en su versión), que proporciona mayor entidad a la enumeración de los entes queridos. Vemos, pues, que el texto, atribuido literalmente a nuestra oradora, podría ser muy bien una traducción literal al griego de un fragmento latino de un discurso en el más cuidado de los estilos de corte asiánico.

A continuación un prolongado pasaje encadena una serie de preguntas retóricas, a las que se añade también el recurso de la *anteoccupatio*, todo ello en una contraposición antitética del hombre y la mujer. Hay que destacar el trozo en que Hortensia sostiene que es una injusticia que deban pagar el impuesto que se les exige las mujeres, ya que en contrapartida no poseen ningún tipo de derechos políticos: "¿Por qué hemos de pagar tributos nosotras que no tenemos participación en magistraturas, honores, generalatos, ni, en absoluto, en el gobierno de la cosa pública, por las cuales razones os enzarzáis en luchas personales que abocan en calamidades tan grandes?" Es desde luego una lástima no poder saber de qué modo se expresaba esta protesta en el original latino. En cambio, sí es seguro que a continuación, y en más de una ocasión, Hortensia ponía a contribución, con encomiable sagacidad, uno de los recursos fundamentales de la mejor oratoria, la evocación de los hechos gloriosos del pasado nacional, la *memoria rerum Romanarum*.

Pese a esa brevedad que tantas veces he lamentado, el resumen de Apiano deja entrever un discurso articulado con gran pericia oratoria, redactado con mucha elegancia y admirable precisión de vocabulario, y lleno además de ideas interesantes, algunas sorprendentes por su modernidad al observarlas desde nuestro tiempo, hasta tal punto que yo me atrevería a definirlo como uno de los textos verdaderamente significativos en defensa de la mujer en el Mundo Antiguo.

Hortensia jamás habla por sí sola, sino por medio de un pronombre personal colectivo, bien sea para marcar su oposición a los triunviros (ὑμεῖς δ' ἡμᾶς, *vosotros a nosotras*), bien para parangonar a las mujeres con sus maridos (καὶ ἡμᾶς ὡς ἐκείνους, *y a nosotras como a aquéllos*). El elemento que las aglutina en sus demandas es su condición de mujeres, pertenecientes a un rango de especial relieve social, que explica su modo de ser y de comportarse, y, en consecuencia, exigen sus derechos debido a su condición femenina: φύσις γεναικεία. Este original concepto de la "naturaleza femenina" es repetido insistentemente por Hortensia: en primer lugar, lo considera un bien semejante a la posesión de un linaje y de unas buenas costumbres: "nos vais a reducir a una situación indigna de nuestro linaje, de nuestras costumbres y de nuestra condición femenina"; en su opinión, pues, el hecho de ser mujer es equiparable al de pertenecer a una *gens* importante o a la posesión de una rectitud de *mores*. Tal "naturaleza" exime a las mujeres en toda la humanidad de cualquier tipo de tributo obligatorio, dejando a su discreción el colaborar en las empresas militares sólo cuando y en la forma en que lo estimen oportuno ellas. A este propósito, Hortensia recuerda la aportación de las matronas con motivo de la guerra contra Cartago, y alude a otras donaciones cuando las guerras romanas contra los galos y los partos; tales donaciones se encuentran bien documentadas en diversos pasajes de la obra de Tito Livio, según he estudiado en otro lugar (López y Martínez 1988). Es de subrayar que estas aportaciones voluntarias consisten, según Hortensia, en sus joyas personales, pero no en sus tierras, sus campos, sus dotes o sus casas, que considera elementos indispensables para la vida de las mujeres libres, esto es, un derecho inherente a su condición de mujeres y, por ende, inalienables.

Hortensia admite incuestionablemente como cosa natural que las mujeres, incluso las pertenecientes al rango superior de las matronas, no participen ni en las magistraturas, ni en los honores, ni en los altos cargos militares, ni en el gobierno; ahora bien, en contrapartida reivindica la exención de impuestos, que deben recaer, como es lógico, sobre quienes tienen acceso a tales instrumentos y medios de poder, es decir, exclusivamente sobre los hombres.

Un elemento, en fin, que llama la atención es la declaración pública que hacía Hortensia de los principios pacifistas suyos y de sus compañeras, recordando que no habían contribuido para nada en los enfrentamientos recientes de César y Pompeyo, o en los más lejanos de Mario, Cina y Sila. Este recuerdo de las guerras civiles que asolaron a Roma en los primeros decenios del siglo I a. C. no entra tampoco en el campo de las actuaciones masculinas susceptible de recibir la aprobación de las mujeres, quienes, sin embargo, se avendrían a colaborar tan sólo en caso de guerras para defender a Roma contra otros pueblos.

El discurso de Hortensia fue todo un éxito, que merece la pena recordar, según el relato literal de Apiano:

> Mientras Hortensia pronunciaba tal discurso, los triunviros se irritaron de que unas mujeres, cuando los hombres permanecían en silencio, se atrevieran a hablar en la asamblea y a enjuiciar los actos de los magistrados y a negarse a contribuir con dinero, en tanto que los hombres servían en el ejército. Ordenaron a los lictores que las expulsaran del tribunal, pero, al producirse un clamor entre la multitud del exterior del recinto, los lictores desistieron de la labor y los triunviros anunciaron que el asunto se pospondría para el día siguiente. En este día confeccionaron una lista pública de cuatrocientas mujeres, en vez de las mil cuatrocientas que debían presentarles una evaluación de sus bienes y decretaron que cualquier hombre que tuviese más de cien mil dracmas, ciudadano o extranjero, libre o sacerdote y de cualquier nacionalidad, sin exclusión de nadie, debería prestar de

inmediato una cincuentava parte de su patrimonio y aportar para la guerra la renta de un año con igual temor a los castigos que a los delatores (Appian. *Bell. civ.* 4, 34, versión de Sancho Royo [1985]).

De este modo lo explicaba Apiano, y con razón estimaba Valerio Máximo que Hortensia *causam feminarum . . . et constanter et feliciter egit*.

Apiano narra la presentación de Hortensia en el Foro como un hecho precipitado, debido a las circunstancias, no planificado; sin embargo, su discurso, a juzgar por el mismo autor y por lo que de él indican todas las fuentes, no parece fruto de una mera improvisación. Resulta problemático saber de qué modo llegó por lo menos hasta el siglo II d. C., en que lo conoció el escritor griego; estimo que tiene razón el gran especialista en literatura latina fragmentaria Henry Bardon cuando escribe que "ou Hortensia la refit (la harangue) à loisir et la publia, ou elle fut notée à l'audition: l'étrangeté dramatique des circonstances rend vraisemblable cette dernière supposition; le discours survécut, parce qu'il fut admiré" (Bardon, 1952: 211).

De las fuentes antiguas, Apiano es el único que se ocupa de Hortensia por sí misma, sin necesidad de hacer referencia alguna a su ilustre padre, y también el único que, por fortuna, le permite hablar directamente, transmitiéndonos ese fragmento, traducción literal o paráfrasis, que acabo de comentar. Por el contrario los restantes autores, pocos, que la mencionan, parecen sentirse obligados a aludir a su padre, como si a él se debiese todo el mérito de la oradora.

Esta es la sensación que se percibe de modo muy especial en el primero que lo hace, Valerio Máximo. En su capítulo sobre las oradoras romanas, si bien es cierto que, como he señalado, alaba las dotes de nuestra autora, se refiere a su padre nada menos que cuatro veces en un corto texto de doce líneas, primero para indicar su genealogía (*Hortensia uero Q. Hortensi filia*), a continuación para sostener que su elocuencia le venía de su padre (*repraesentata enim patris facundia*); luego, y a la vista del éxito obtenido, para afirmar que Hortensio parecía haber revivido en el discurso de ella (*reuixit tum muliebri stirpe Q. Hortensius*), y por último, para señalar que era una lástima que esta emulación de la oratoria del famoso Hortensio hubiera sido obra exclusiva de su hija, una mujer, y no de sus hijos varones. El texto habla por sí solo de la consideración masculina de la tarea oratoria, y no precisa mayor comentario.

Quintiliano recordará a la oradora en un contexto en el que, a propósito de la educación de los niños, señala que no sólo los padres, sino también las madres, pueden colaborar a la formación de los futuros oradores; cita el caso de Cornelia, cuya forma de hablar influyó en la elocuencia de sus hijos más conocidos, Tiberio y Gayo Graco, y, en sentido contrario, los casos de Lelia y de Hortensia, como ejemplos del influjo de las de sus padres. De todas formas no deja de ser una gran alabanza para el discurso de Hortensia el hecho de que Quintiliano, uno de los mayores críticos de las letras romanas, afirme en su *Institutio oratoria* (1, 1, 6) que el discurso de Hortensia merece ser leído por sus propios méritos, y no como una simple galantería para con el sexo de su autora: *et Hortensiae Q. filiae oratio apud triumuiros habita legitur non tantum in sexum honorem.*

Por último, Jerónimo, en la carta que escribe a una de sus cultas discípulas,[3] Leta, sobre la manera en que debe educar a su hija, fechable hacia el año 400, y en la que claramente está recordando el pasaje de Quintiliano que acabo de comentar, es contundente al atribuir los méritos del discurso de Hortensia al influjo de su padre: "El discurso de Hortensia se gestó en el regazo paterno" (*Hortensiae oratio in sinu coaluit* [*Epist.* 107, 4]). Esta apreciación de Jerónimo recuerda tantas otras de cariz semejantes, y no sólo debidas a la pluma de escritores latinos, sino de muchos siglos después; a mí me ha hecho pensar en un ilustrativo pasaje del ensayo *Las literatas* de mi adorable Rosalía de Castro, escrito y editado en 1865:

> Pero es el caso, Eduarda, que los hombres miran a las literatas peor que mirarían al diablo, y este es el nuevo escollo que debes tener, tú, que no tienes dote. Únicamente alguno de verdadero talento pudiera, estimándote en lo que vales, despreciar necias y aun erradas preocupaciones, pero. . . ¡ay de ti entonces!, ya nada de cuanto escribes es tuyo, se acabó tu numen, tu marido es el que escribe y tú la que firmas (Rosalía de Castro, *Obras completas* [1977: 955-956])[4].

Me atrevo a decir que fue por fortuna que el orador Quinto Hortensio Hórtalo ya había muerto en el año 50 a. C., por lo tanto ocho antes del discurso de su hija; de no haber sido así, a buen seguro no habría faltado quien discutiera a Hortensia la autoría de su alabada pieza oratoria.

El caso de Hortensia alcanzó una cierta trascendencia en épocas posteriores, debido siempre y de forma exclusiva al comentario que a su inusual labor le había dedicado Valerio Máximo. En efecto, cuando hacia el año 1361, Giovanni Boccaccio escribe su interesantísima obra *De mulieribus claris*,[5] en palabras de don Marcelino Menéndez y Pelayo "la primera colección de biografías exclusivamente femeninas que registra la historia literaria", dedica a nuestra oradora el capítulo LXXXIV, titulado *De Hortensia Quinti Hortensii filia*, que, debido al gran

---

[3] Sobre la correspondencia de Jerónimo con algunas piadosas y cultas mujeres y, sobre todo, acerca de las cartas que ellas le enviaron, cf. uno de los trabajos míos, en el que me ocupo por primera vez también de Hortensia, "Escritoras latinas: las prosistas" (López 1980).
[4] El magnífico texto de Rosalía sobre la mujer y la literatura se publicó por primera vez a finales del año 1865, con el título *Las literatas. Carta a Eduarda*, en el *Almanaque de Galicia* del editor Soto Freire (Lugo) para el año 1866 (Cf. Pociña y López 2004: 70 s.).
[5] Utilizo la edición de Branca (1970), que debo a la gentil ayuda de mi muy querida amiga la helenista de la Universidad de Salamanca Profª. Francisca Pordomingo.

interés que reviste por sí mismo, me ha parecido conveniente reproducir en su lengua original:

> *Hortensia Quinti Hortensii egregii oratoris filia dignis extollenda laudibus est, cum non solum Hortensii patris facundiam vivaci pectore amplexa sit, sed eum etiam pronuntiandi vigorem servaverit quem oportunitas exquisivit, et qui sepissime in viris doctissimis deficere consuevit. Hec autem triumvirorum tempore, cum matronarum multitudo, exigente reipublice necessitate, intolerabili fere onere pecunie exsolvende gravata videretur, nec hominum inveniretur aliquis qui in rem tam incongruam prestare patrocinium auderet, sola ausa est constanti animo coram triumviris rem feminarum assummere eamque perorando tam efficaciter inexhausta facundia agere, ut maxima audientium admiratione mutato sexu redivivus Hortensius crederetur.*
>
> *Nec infeliciter opus tam egregium a femina sumptum et executum est, nam, uti nulla in parte fracta oratione aut laudabili sui iuris demonstratione defecerat, sic ne exoptato aliquid a triumviris diminutum est, quin imo concessum libere ut longe amplior pars iniuncte pecunie demeretur, arbitrati quantum sub matronali stola in publicum taciturnitas laudanda videatur, tantum, oportunitate exigente, ornatu suo decora sit extollenda loquacitas. Quo tandem facto, non absque maximo Hortensie fulgore, reliquum, quod minimum erat, a matronis facile exactum est.*
>
> *Quid dicam videsse tantum veteris prosapie spiritus in Hortensia afflavisse femina, nisi eam merito nomen Hortensie consecutam?* (Branca 1970: 332-332).[6]

El texto de Boccaccio resulta ser una clara paráfrasis del de Valerio Máximo, pero, como suele ocurrir en el *De mulieribus claris* del egregio humanista italiano, no carece de alguna pincelada personal que llama nuestra atención. En su capítulo dedicado a Hortensia quizá lo más significativo sea la consideración, referida a los hombres romanos contemporáneos de la oradora, sobre la conveniencia del silencio femenino en el ámbito público, cuya ruptura se le disculpa a Hortensia debido a que se la exigieron las circunstancias.

De la obra de Boccaccio se publicó una curiosa traducción castellana, de autor desconocido, en Zaragoza en el año 1494, con el título *De las ilustres mujeres / en romance / por Juan Boccaccio*.[7] Puesto que la considero un texto muy desconocido, y sin embargo, estimable en la historia de la pervivencia del conocimiento del discurso de Hortensia a lo largo de los tiempos, intención que anima el propósito básico de este artículo mío, me ha parecido oportuno incluir aquí igualmente el capítulo referido a nuestra oradora:

---

6 En estas páginas también puede consultarse la traducción italiana del texto, debida a Vittore Branca, editor de la obra.

7 Cf. Hurus (1494); existe una edición facsímil, publicada por la Real Academia Española de la Lengua en 1951. Un estudio muy detallado y útil sobre esta obra puede verse en Pascual Rodríguez y Fernández Murga (1975).

Capítulo lxxxiiij: De **Hortensia**, dueña romana, fija de **Quinto Hortensio**, claro orador, la qual tanto ygualó la virtud y costumbres del padre que parecía otro Hortensio.

Hortensia, fija de Quinto Hortensio, egregio orador, deve ser muy enxalçada, como no solamente abarcó la eloquencia de Hortensio, su padre, con vivo coraçón, mas ahun guardó y conservó aquel vigor de pronunciar, que la oportunidad busca el qual suele falleçer a los hombres doctos. Ésta, en el tiempo de los tres varones, como fuesse la muchedumbre de las dueñas –demandando y requiriéndolo la necessidad de la cosa pública– agraviada del cargo de haver y sacar dineros, y no se fallasse hombre que osasse ayudar en la tal cosa, ella sola osó con ánimo y coraçón muy constante delante de los Tres Varones tomar cargo de las mujeres, y rogándolas tan afincadamente las atraxo con su eloquencia que con gran maravilla de los oydores parecía mudado el sexo, haver Hortensio resuscitado. E non con mal agüero obra tan egregia fue emprendida por esta mujer o executada, ca assí como en ninguna parte quebrantada la oración, o en loable demostración de su derecho havía fallescido, assí agora por desseo algo fue diminuido por los Tres Varones, antes otorgado libremente, que mucho mayor parte del dinero que les havía estado impuesto les fuesse quitado, pensando que quanto es de loar en público el callar, según la scuela de las dueñas, tanto la oportunidad requiriéndolo se a de enxalçar el fablar arreado de su mismo ornamiento; por el qual fecho, no sin grande honra de Hortensia, el restante –que era mínimo– fue por las dueñas rafezmente pagado.

Qué diré después de haver visto el spíritu de la vieja prosapia haver infundido tanta eloquencia en esta mujer, sino que ella méritamente y con gran razón alcançó el nombre de Hortensia.

De finales del siglo XV es una alusión a Hortensia en una carta que escribió Laura Cereta en defensa de la educación liberal de las mujeres, según noticia que encuentro en el excelente libro de María Milagros Rivera Garretas (1990) sobre la mujer en la Edad Media.

Hortensia aparece por primera vez en las letras castellanas en el año 1446, de la mano de Don Álvaro de Luna, en su curioso *Libro de las virtuosas é claras mujeres*.[8] El autor dedica el capítulo XXVIII de su obra a las oradoras Mesia y Hortensia, señalando que utiliza como fuente a Valerio Máximo, tal como había hecho Boccaccio, que es el modelo fundamental del conjunto de su obra; ahora bien, a diferencia del italiano, no olvida la figura de Mesia, y sí, en cambio, la de Carfania, a la que difícilmente podría calificar como una "virtuosa é clara mujer". Reproduzco a continuación el texto referente a Hortensia, que nunca he visto citado a propósito de nuestra oradora, porque si bien es cierto que no aporta nada

---

8 Álvaro de Luna (1891); agradezco a mi compañera y querida amiga María Isabel Montoya Ramírez, Profesora de la Universidad de Granada, las orientaciones que me ha proporcionado sobre esta deliciosa obra de Álvaro de Luna.

nuevo para su conocimiento, es toda una muestra del sentir de una época, amén de recordarnos la pervivencia de la noticia sobre la oradora, por escasa que fuese:

> E la otra Dueña Ortensia fabla el dicho Valerio en el dicho libro, donde dice: que el Cauildo ó Cofradia de las Vestales de Roma fueron condenadas en gran suma de tributo por ciertos Juezes de la dicha Ciudad, los quales tenían un oficio de Juzgado, que se llamaba de los tres Varones; é dada la sentencia conta ellas, no fué osado ninguno de los Varones de Roma de abogar por ellas, nin las ayudar delante de aquellos Juezes, por lo qual esta Ortensia assí constantemente se puso á las defender, que mediante su razón muy suaue, en la qual bien representaba el muy alto fablar del dicho Quinto Ortensio, gran orador, padre suyo; é assí era honesto su gesto, é los mouimientos de su cuerpo, razonando, é defendiendo aquella causa de las dichas señoras ante los dichos Juezes; é assí respondían á su gesto las palabras muy dulces, é polidas de su bueno, é fermoso razonar, que non se podía hombre determinar quál cosa e más ploguiera, es á saber, ó auer gran sabor de oir sus palabras, ó de mirar su honestidad; é assí tan prudente, é suauemente se ovo en su decir, que mediante su muy polida, é discreta eloquencia, é buena fabla las señoras de Roma fueron libradas por aquellos Juezes, é les fué fecha remisión de la mayor parte de aquella pecunia, que les era impuesta que pagassen; en lo qual dice Valerio que esta Dueña Ortensia bien mostró que el dicho Orador su padre tornaba á viuir, é muerta esta Ortensia, por non quedar fijos della, fue acauada de su linaje la herencia de la buena, é polida fabla deste Orador su padre; pero fué traspasada al emperador Julio César, el qual después fué fallado ser heredero de su eloquencia, é fabla Ortensiana; quiere tanto decir que este Emperador siguió en la eloquencia á aquel Orador Quinto Ortensio, é tanto le semejaba en el polido fablar, que parecía ser heredero suyo quanto á la dicha eloquencia. ¡O fembras muy dignas! las quales sobrepujaron en tanta grandeza de corazón, é marauillosa manera de fablar, que yo pensaría la gloria dellas no ser menor que la gloria de Cicero. . . (Álvaro de Luna, 1891: 208-209).

Casi un siglo más tarde, Hortensia sigue resonando en el *De Institutione Feminae Christianae* de Juan Luis Vives:

> Hortensia, Hortensii Oratoris filia, patrem ita effinxit dicendo, ut honestissima et venerabilis femina, orationem ad Triumviros reipublicae constituendae habuerit pro sexu suo, quam posterior aetas non modo in admirationem et laudem muliebris facundiae, sed ad imitationem quoque legit, ut Ciceronis scripta, vel Demosthenis.

Parece indudable que hay bastante exageración tanto en la última consideración de Don Álvaro de Luna como en la de Juan Luis Vives. Ahora bien, no es menos cierto que, en contrapartida, resulta a todas luces injusto el silencio total que sobre la oratoria de Hortensia descubrimos en la mayoría de los tratados de literatura latina hasta nuestros días. El intento de silenciar la voz de las mujeres no fue obsesión exclusiva de los antiguos.

Bibliografía

Apiano. 1913. *Appian's Roman History*, ed. H. White, 4 vols. London – Cambridge Mass.: The Loeb Classical Library.
Apiano. 1985. *Historia romana*. Traducción de Antonio Sancho Royo, vols. II–III. Madrid: Editorial Gredos.
Bardon, Henry. 1952. *La littérature latine inconnue. Tome I. L'époque républicaine*. Paris: Librairie C. Klincksieck.
Boccaccio, Giovanni. 1970. *Tutte le opere di Giovanni Boccaccio* a cura di Vittore Branca. Milano: Arnoldo Mondadori Editore.
Boccaccio, Juan. 1951 [1494]. *De las mujeres ilustres en romance*. Zaragoza: Paulo Hurus. (ed. facs., Madrid: RAEL).
Herrmann, Claudine. 1964. *Le rôle judiciaire et politique des femmes sous la République romaine*. Bruxelles: Latomus.
Castro, Rosalía de. 1977. *Obras completas*, vol. II, Madrid: Editorial Aguilar.
Jerónimo. 1962. *Cartas de San Jerónimo*. Ed. bilingüe de Daniel Ruíz Bueno. Madrid: Biblioteca de Autores Cristianos.
López, Aurora. 1980. Escritoras latinas: las prosistas. En AA. VV., *Estudios de Filología latina en honor de la profesora Carmen Villanueva Rico*, 47–69. Granada: Universidad.
López, Aurora. 1989. La oratoria femenina en Roma a la luz de la actual. En AA. VV., *La oratoria en Grecia y Roma: su vigencia en la actualidad*, 97–115. Teruel: Universidad de Verano de Teruel.
López, Aurora. 1992. Hortensia, primera oradora romana, *Florentia Iliberritana* 3. 317–332.
López, Aurora. 1994. *No sólo hilaron lana. Escritoras romanas en prosa y verso*. Madrid: Ediciones Clásicas.
López, Aurora. 2020. *No sólo hilaron lana. Escritoras romanas en prosa y verso*. Segunda edición, revisada y muy ampliada. Zaragoza: Libros Pórtico.
López, Aurora y Cándida Martínez. 1988. Lujo y cuidado personal de la mujer en la República romana. Influencia en la sociedad de su tiempo. En Jesús García González, y Andrés Pociña Pérez (eds.). *Studia Graecolatina Carmen Sanmillán in memoriam dicata*, 261–275. Granada: Universidad.
Luna, Álvaro de. 1891. *Libro de las virtuosas é claras mujeres* el qual fizo é compuso el Condestable Don Álvaro de Luna . . . Madrid: Edición de la Sociedad de Bibliófilos Españoles.
Münzer, Friedrich. 1913. *Hortensius* (15), en *Real-Enc*. VII 2, cols. 2481–2482.
Pascual Rodríguez, José Antonio y Félix Fernández Murga. 1975. La traducción española del *De mulieribus claris* de Boccaccio. *Filología Moderna* 15. 499–511.
Pociña, Andrés y Aurora López. 2004. *Rosalía de Castro. Estudios sobre su vida y su obra*. Santiago de Compostela: Edicións Laiovento.
Quintiliano. 1970. *M. Fabi Quintiliani Institutionis oratoriae libri duodecim*. Ed. M. Winterbottom. Oxonii: E typographeo Clarendoniano.
Rivera Garretas, María-Milagros. 1990. *Textos y espacios de mujeres (Europa, siglos IV–XV)*. Barcelona: Icaria Editorial.

Syme, Ronald. 1989. *La revolución romana*. Traducción española. de Antonio Blanco Freijeiro. Madrid: Taurus.

Valerio Máximo. 1966 [=1888]. *Factorum et dictorum memorabilium libri* IX, ed. Carolus Kempf. Stuttgart: Teubner.

Valerio Máximo. 1988. *Hechos y dichos memorables*. Traducción de Fernando Martín Acera. Madrid: Ediciones Akal.

José Luis Canet Vallés
Hacia la configuración de un nuevo prototipo de mujer a fines de la Edad Media

1 Maldad e inferioridad de la mujer en el Medievo

1.1 Tradición religiosa-cristiana

Como es bien conocido, en la Edad Media se consolidó la malignidad de la mujer a partir de la difusión de los textos sagrados y de la Patrística. Tertuliano, por ejemplo, la explica a partir del Génesis 3: "Vosotras sois la puerta del infierno [. . .] tú eres la que convenció a él a quien el diablo no se atrevió a atacar [. . .] ¿No sabéis que cada una de vosotras es una Eva? La sentencia de Dios sobre vuestro sexo persiste en esta época, la culpa, por necesidad, persiste también" (*De cultu feminarum*, I, 12). Se estaba formando la idea de la mujer como agente de Satán que tanta repercusión tuvo en el Medievo (Delumeau 1978: Cap. X, 398–443). San Jerónimo, en su defensa de la virginidad y castidad, insistirá en que al principio Adán y Eva estaban destinados a ser vírgenes y se unieron en matrimonio solo tras haber pecado; como castigo fueron expulsados del "paraíso de la virginidad" (san Jerónimo 1962: *Carta* 22, 174). Podríamos resumir esta corriente del primer cristianismo con san Agustín, quien aúna el tema de la naturaleza contaminada y la concupiscencia con el pecado original a partir de su interpretación del *Génesis*; teoría que se mantuvo intacta durante muchísimo tiempo, al igual que la idea de la mujer como brazo armado de Satán.

Planteamientos que se ampliarán durante la Baja Edad Media en los manuales de predicadores y textos monásticos. Un caso paradigmático lo constituye el *De planctu Ecclesiae*, escrito hacia 1330 por el franciscano Álvaro Pelayo a petición del papa Juan XXII, en cuya segunda parte se establece un largo catálogo de ciento dos vicios y maldades de las mujeres, incluyendo citas extraídas del *Eclesiástico* y *Eclesiastés*, Santos Padres, etc. Una de las acusaciones (que se repetirá continuamente en los *remedia amoris*) es la de la mujer como ministro de idola-

---

Nota: Este artículo se ha realizado dentro del proyecto de investigación *Parnaseo (Servidor Web de Literatura Española)*, FFI2017-82588-P (AEI/FEDER, UE), concedido por el Ministerio de Economía, Industria y Competitividad de España.

José Luis Canet Vallés, Universitat de València

Open Access. © 2022 José Luis Canet Vallés, published by De Gruyter. This work is licensed under the Creative Commons Attribution-NonCommercial-NoDerivatives 4.0 International License.
https://doi.org/10.1515/9783110756029-004

tría, pues hace apostasiar al hombre, produciendo el mismo resultado que la borrachera (Canet 1995a y 2013).

1.2 Tradición histórico-naturalista

La corriente naturalista se transmite a partir del estudio en las universidades de las obras aristotélicas *Historia de los animales* y *De la generación de los animales*, así como la *Historia Natural* de Plinio el Viejo, reeditados y comentados hasta bien entrado el siglo XVIII. Tratados que se tomaron como científicos y sirvieron de fundamento a las ciencias médicas, tanto en la antigüedad griega como romana. Galeno,[1] por ejemplo, uno de los médicos que más influyeron en la Europa medieval, sigue en parte la tradición aristotélica de la mujer como ser imperfecto, siendo esta una cualidad intrínseca a su naturaleza. Idea que arranca del propio Aristóteles en su *De generatione animalium* II, 3,[2] y se repite en gran parte de las enciclopedias medievales y manuales de medicina. Pero fueron, sobre todo, san Alberto y santo Tomás quienes difundieron esta imperfección en sus argumentaciones escolásticas. La cita famosa del *mas occasionatus*[3] (hombre deficiente) aparece varias veces en sus escritos, así como la idea de la mujer que, por haber sido seducida por el tentador (diablo), debía estar siempre bajo la tutela del varón (*Summa*, I, q. 99, art. 2; II q. 149, art. 4; q. 165, art. 2). Así pues, el Escolasticismo fusionó la investigación naturalista con la filosofía peripatética y la teología cristiana. Las opiniones de santo Tomás sobre la mujer se repetirán en muchos textos teológicos y serán asumidas incluso por la propia Inquisición años después, como se puede leer en el *Malleus Maleficarum* de los inquisidores Heinrich Kramer y Jacob Sprenger, quienes definen a la mujer como el ser más apto para pactar con el diablo y realizar maleficios y conjuros (véase, por ejemplo, la Primera Parte, Pregunta VI: "Acerca de las brujas que copulan con demonios. Por qué las mujeres son las principales adeptas a las malvadas supercherías").

Para esta escuela pseudocientífica, la mujer es imperfecta y por tanto inferior al varón. Pero cuando esta consideración entró en contacto con los libros bíblicos y algunas tradiciones populares, se la relacionará inmediatamente con

---

[1] Para Galeno la mujer es más fría que el hombre, causa de su imperfección, y no por ser un varón deformado o mutilado, como quería demostrar Aristóteles.
[2] Dicha idea la vuelve a repetir en el libro IV, 6, 775a, y en la *Metafísica*, VII, 9, 1034a; VII, 16, 1040b.
[3] Para Aristóteles la mujer es un hombre imperfecto. Punto de vista que aparece en la *Historia animalium*, X, 4, *De generatione animalium* I, ii, c. 3, y IV, 6, y en la *Metafísica*, VII, 9; VII, 16.

la impureza (Levítico, 12, 1-5 y 15, 19-24), lo que posibilitó nuevas interpretaciones negativas fundamentadas en las diferencias biológicas entre los dos sexos. Apareció así la idea de la mujer como animal tremendamente peligroso en ciertos momentos de su vida, sobre todo en los periodos de la menstruación y menopausia, cuando ya no puede expeler su veneno menstrual (Canet 1996).

Rasgos que se repetirán en obras de gran difusión europea, caso de *Los admirables secretos de Alberto el Grande* y el *De secretis mulierum* (Jacquart y Thomasset 1985: 98-109; Fladrin 1983). También procede de esta tradición la creencia en una excesiva lujuria y desenfreno de la mujer, que se explicaba mediante razones físicas y fisiológicas.[4]

1.3 Tradición oriental

Este acervo cultural se difundió a través de los árabes. Me refiero, sobre todo, a la cuentística, caso del *Calila e Dimna*, *El libro de los engaños de las mujeres* (título castellano del libro del *Sendebar*), pero sobre todo la *Disciplina clericalis* de Pedro Alfonso, obra que tuvo una amplia repercusión europea. Otro de los textos que alcanzó gran renombre como tratado filosófico y de educación de príncipes fue el Pseudo Aristóteles, *Secretum secretorum*, que en español se conocía por el *Poridat de las poridades* (Kasten 1957). En él se especifican las enseñanzas que dio Aristóteles a su discípulo Alejandro Magno, sugiriéndole, en el caso de que se relacione con mujeres, que:

> [. . .] non querades fornicio seguyr, que es de natura de los puercos [. . .] Et demas es cosa que enveieçe el cuerpo, et enflaquece el coraçon, et mingua la vida et metesse omne en poder de mugeres. (Kasten 1957: 38)

> Et guardat vos de las cosas *veninosas,* ca muchas vezes mataron los omnes buenos con ellas. Et venga vos emiente del presente que vos envio el rey de Yndia, et enbio vos en el una muy fermosa manceba que fue criada a veganbre [veneno] fasta ques torno de natura de las bivoras, et sy non fuesse por mi que lo entendi en su vista et de miedo que avie de los sabios desa tierra, pudiera vos matar; et despues fue provado que matava con so sudor a quantos se llegava. (Kasten 1957: 41)

Creencia que dio lugar al mito tantas veces relatado de la doncella venenosa, pues la mujer por su propio tóxico que tiene que expulsar todos los meses es

---

4 Se dirá que el exceso de humedad en la mujer la hace *pasiva* (*semper parata ad coitum*), pero después del acto sexual se encuentra *lassata uiris necdum satiata*, como dirá Juvenal (Sátira VI). A partir del siglo XIV-XV, y a causa de las teorías médicas, se tendrá la creencia de que la mujer tiene más placer en cantidad, pero no en calidad ni en intensidad.

capaz de poder acostumbrarse a cualquier ponzoña si desde pequeña se le administra (Thomasset 1982: 88 y ss).

Algo similar se nos dirá en *La historia de la Donzella Teodor* (Mettmann 1962), obra del siglo XIII cuyo personaje principal, la donzella Teodor, reputada como la joven más inteligente del mundo y capaz de responder a todas las preguntas de los sabios del rey (Lacarra 1986; Haro 1995; Dabord 1995), dará asimismo una opinión negativa sobre las de su propio sexo:

> Preguntóle más: ¿Quál es la cosa que más envegesce al hombre antes de tiempo? Respondió la donzella: "El dormir mucho con mugeres. Ca dize Aristóteles, fablando de los luxuriosos, que toda su obra era *ponçoñosa*, porque los hombres davan la mejor sangre de su cuerpo, e que las mugeres davan la peor que tenían" (Mettmann 1962: 116).

Esta degradación del género femenino es coincidente con la prosa didáctica del mismo periodo procedente de la civilización grecolatina a través de las colecciones de sentencias de Aristóteles, Sócrates, Segundo,[5] etc., así como de algunos ejemplarios, como el *Espéculo de los legos*, traducción del *Speculum laicorum*, compuesto en el siglo XIII por algún monje mendicante inglés, y el *Libro de los exemplos por a.b.c.* de Clemente Sánchez de Vercial.

2 Ensalzamiento de la mujer

2.1 Literatura cortesana. El amor cortés

En los siglos XII y XIII, cuando se conformaron los principales reinos europeos, cuando se consolidó el poder de la Iglesia y la aristocracia, el período esplendoroso del románico y la aparición del gótico, de las grandes catedrales, la fiebre de las Cruzadas, el fervor religioso a la Virgen María, el crecimiento de las ciudades y el comercio, etc., floreció toda una literatura amorosa que no se ajustaba completamente a la moral cristiana. Frente al *Ars amatoria* de Ovidio surgió una nueva propuesta, conocida con el nombre de amor cortés o amor honesto. Se trataba de una diferente interpretación del hecho de amar que, si bien mantenía algunas pequeñas prerrogativas eróticas (las que incitan a la unión de dos personas del sexo opuesto), refrenaba el deseo y la pasión mediante la razón. Es el amor "humano" que definió perfectamente Andrés el Capellán en su *De*

---

[5] Véase para este filósofo la famosa diatriba misógina medieval: *Altercatio Hadriani Augusti et Secundi Philosophi* (Ornstein 1953: 31).

amore, o como lo llamaban sus contemporáneos *De arte honeste amandi* (Canet 2000 y 2004).

Pero Andrés el Capellán no solo hace un arte de amar a lo humano y por tanto sometido a la razón, sino que desarrolla también, como había hecho Ovidio, una reprobación del amor para aquellos que quisieran alcanzar la 'sabiduría', al decir de los estoicos y Santos Padres (Canet 1995b). Es decir, los que aspirasen a conseguir la perfecta sabiduría mediante la superación de las pasiones mundanas tendrían que elegir el perfecto objeto del deseo, aquel que jamás les traicionaría, aquel que les daría la verdadera recompensa en el cielo, es decir, Cristo. A la reprobación del amor dedica Andrés el Capellán la tercera y última parte del libro, en la que condena radicalmente todo tipo de amor sexual y pasional. Se nos dirá que el amor rompe la amistad, entraña tormentos infinitos, engendra la pobreza, quita la reputación, acarrea todos los vicios, la pérdida de los honores, provoca guerras y devastaciones, etc. A nivel social, nacen bastardos; a nivel físico, destruye el cuerpo, produce malas digestiones, fiebres, mil enfermedades e incluso la muerte prematura. Tenemos, pues, expuesta, una de las grandes *reprobatio amoris* que hará fortuna durante el periodo medieval, llegando a ser incluso el tema central de otros tratados posteriores, caso del *Arcipreste de Talavera* de Alfonso Martínez de Toledo.

Los dos primeros libros del *De amore* —que contienen la definición del amor y las reglas amorosas— generaron toda una literatura de estilo elevado que ensalzaba la dama (lo que algunos han definido como poesía trovadoresca, poesía de cancionero, novela sentimental, cuestiones de amor, etc.), pero junto al tercer libro dio lugar a la *Querelle des femmes*, el gran debate medieval europeo a favor y contra la mujer (Romera Pintor 2011; Segura 2011). Una de las pocas escritoras que intervinieron en esta polémica fue Christine de Pizan, quien al recibir el apoyo de la reina Isabel de Baviera y del Canciller de la Universidad de París, Jean Gerson, alcanzó gran notoriedad en las cortes europeas. El modelo ideal de mujer cortesana lo plasma en *Le livre des trois vertus*, escrito hacia 1406, un verdadero manual de educación de reinas y princesas dedicado a Margarita de Borgoña.[6] En la *Cité des dames* (texto compuesto en contra de las *Lamentaciones de Mateolo* que vituperaba y degradaba a las mujeres), Christine crea una ciudad a imitación de la de san Agustín, en la que defiende al género femenino de los ataques de sus enemigos. Argumentará en contra de los vicios que les son achacados: envidia, lascivia, ignorancia, inferioridad, inconstancia, etc., sosteniendo que las mujeres tienen la misma capacidad intelectual

---

[6] Obra que posteriormente cambió de título al publicarse en 1497 a instancias de Ana de Bretaña por el de *Le Trésor de la cité des dames de degré en degré et de tous estatz*.

que los hombres, por lo que pide que las niñas asistan a las escuelas para que puedan razonar como el sexo opuesto. En definitiva, crea una *Ciudad* que albergue a "mujeres de alta, media y baja condición" (Pizán 2001: 273), gobernada por la Virgen María "Reina de todas las mujeres, como de toda eternidad lo quiso Dios y lo ordenó la Santa Trinidad" (Pizán 2001: 252).

Fue durante los reinados de Juan II, Alfonso el Magnánimo y los Reyes Católicos cuando en la península ibérica florecieron los escritos que aunaban las normas amorosas cortesanas con la condición femenina. Se compusieron muchos poemas en defensa de las damas y en contra de los que maldecían de ellas.[7] Algunos literatos entraron de lleno en la defensa de todas las mujeres, caso de Rodríguez del Padrón en su *Triunfo de las donas* (1445), obra dedicada a la Reina María; Juan de Flores lo hará en *Grisel y Mirabella*; Diego de San Pedro en boca de Leriano en la *Cárcel de amor*, imitando en parte a Giovanni Boccaccio en *De claris mulieribus*.[8] No podemos olvidar la *Celestina*, en donde se incluye en el primer acto un debate en pro y contra la mujer entre el criado Sempronio y su amo Calisto.

3 La educación de la mujer en el Medievo

3.1 La instrucción

Poco sabemos sobre la educación de las mujeres durante la Edad Media, excepto de las hijas de la nobleza y burguesía, así como de algunas religiosas conventuales. Cada vez son más conocidas las habilidades de ciertas esposas de mercaderes y artesanos en las grandes ciudades capaces de ayudar a sus esposos llevando las cuentas de la casa y negocios. La capacidad de leer y escribir, así como ciertos estudios de contabilidad, eran habituales entre la burguesía ciudadana. El acceso de las mujeres a estas habilidades debió ser importante a

---

[7] Suero de Ribera compuso las "Coplas que fizo suero de Ribera: Respuesta en defension de las donas"; Carvajal escribió la "Respuesta en defension de amor"; Antón de Montoro una "Defensa del mal dezir de las damas que fizo mosen torroella . . ."; Gómez Manrique una "Respuesta al mal dicho de mossen Pedro Torella catalan"; Juan del Encina en "Contra los que dizen mal de mugeres"; etc. Finalmente, el propio Pere Torrella se desdijo de su poema "Maldezir de mugeres" en el "Razonamiento en defensión de las donas" escrito en prosa.

[8] En Francia existen obras de carácter similar por la misma época, como *Le triumphe des femmes*, de Olivier de la Marche y *La nef des dames vertueuses* (1503) de Symphorien Champier (González Doreste 2019).

tenor, sobre todo, de las cartas escritas que se han conservado (Vinoles 2005; Segura 2007).

Así pues, frente a una mayoría de mujeres iletradas, fueron numerosas las que aprendieron a leer y a escribir en las clases sociales superiores (Varela 2005). En España son muy conocidas Leonor López de Córdoba; Beatriz Galindo (la Latina); Florencia Pinar; Leonor Centellas; Beatriz Bernal; etc., todas intelectuales y escritoras.[9] Muchas monjas sabían leer y escribir, incluso debatir sobre temas religiosos. La gran Reforma de la Iglesia, vinculada a los Concilios de Constanza (1414–1417) y Basilea (1431–1449), impulsó la formación intelectual y conllevó el desarrollo de las bibliotecas en los conventos femeninos. La enseñanza en los cenobios tuvo un alto nivel y comprendía, en general, muchos años de clases intensivas en las escuelas monásticas (Schlotheuber 2014). En la península ibérica sobresalen Beatriz de Silva —santa y fundadora de la Orden de las Concepcionistas— e Isabel de Villena, priora del convento de las Clarisas de Valencia y autora de un *Vita Christi* narrado desde la perspectiva de los personajes femeninos que le acompañaron (Segura 2007: 82–83).

3.2 Espejos de príncipes y tratados educativos

Los *specula principum* occidentales pretendieron armonizar la filosofía aristotélica con el pensamiento escolástico. En estos tratados se propone que el buen rey y gobernante sea similar al buen sabio. Pero para poder gobernar con perfecta sabiduría el príncipe debe apartarse de las mujeres, ya que, según el parecer de Egidio Romano en su de *Regimine principum*, Lib. I, cap. vi:

> [. . .] tres males se le pueden seguir ende: Lo primero porque le abaxan mucho e fácenle ser peor que omne e escojer vida de bestia, ca la vida deleytosa e carnal face al omne participar con las bestias e ser bestial; lo segundo, porque le facen muy menospresciado a los omnes, porque le face ser semejante a los que duermen e a los embriagados quitándoles el uso de razón [. . .], lo tercero, porque le facen que no sea digno de parescer sennor ni rey, porque no usa de la sabiduría, lo que face al omne ser digno de ser príncipe e sennor. (Beneyto 1947–48: 30–31)

El mismo punto de vista se manifiesta en *Los castigos e documentos del rey don Sancho*,[10] en cuyo cap. I el rey amonesta a su hijo con el siguiente razonamiento: "Tres cosas facen errar al home sabidor, por entendido que sea, si se

---
9 Para una bio-bibliografía de las mujeres escritoras españolas junto con sus textos, véase la base de datos *Bieses (Bibliografía de autoras españolas)*: <https://www.bieses.net/>.
10 Obra profundamente influida por los *Enseignemenz que monseigneur saint Louis fist a son ainzné fils Phelippe* (Rucquoi y Bizzarri 2005: 7).

non sopiere guardar dellas. La una es amor de mujer; la otra beodez de vino; la otra es beodez de saña, é destas dos cosas dijo Salomón: 'El vino e las mujeres facen errar al sabidor'" (Gayangos 1860: 92).

Muy pocos fueron los textos específicos para la instrucción de nobles doncellas o hijas de reyes durante el periodo medieval. Creo que quien más influyó en la educación femenina fue san Jerónimo a través de sus *Epístolas*, obra profusamente editada hasta bien entrado el siglo XVI. Jerónimo centra en la Virgen su ideal de mujer perfecta. La virginidad será para el santo la meta de la educación femenina. La mujer casada, cuya virtud principal sigue siendo la continencia, ocupa un segundo lugar en su mente, por estar obligada a una castidad que él llama de segundo grado. La epístola 107 a Leta conformará un verdadero manual educativo para las jóvenes, cuyos planteamientos repetirán muchos de los tratados posteriores:

> Su mismo hábito y vestido le recuerde a quién está prometida. Cuidado con perforarle las orejas, ni pintes de arrebol y albayalde un rostro consagrado a Cristo; no oprimas su cuello con piedras preciosas y oro, ni cargues su cabeza con gemas, ni enrubies sus cabellos y así le pronostiques algo de los fuegos del infierno [. . .]
>
> Aprenda primeramente el salterio y con estos cánticos se aparte de los otros mundanos, y en los Proverbios de Salomón instrúyase para la vida. En el Eclesiastés acostúmbrese a pisotear las cosas del mundo. En Job siga los ejemplos de fortaleza y paciencia. Pase luego a los evangelios, que no deje ya de la mano.
>
> Y ya que con estos tesoros hubiere enriquecido las arcas de su pecho, aprenda de memoria los profetas y el Heptateuco, los libros de los Reyes y de los Paralipómenos, así como los volúmenes de Esdras y Ester; por último, y yá sin peligro, aprenda el Cantar de los cantares. (San Jerónimo 1962: vol. II, 242–243)

Vincent de Beauvais (s. XIII) escribió el *De eruditione filiorum nobilium* a petición de la reina Margarita de Provenza, esposa de Luis IX de Francia, para la educación de sus hijos (Vergara 2010). En este tratado definió Beauvais la estrategia pedagógica por géneros: "¿Tenéis hijos? Enseñarles y cuidarles desde su temprana niñez. ¿Tenéis hijas? Guardar sus cuerpos y no les mostréis un semblante alegre" (Beauvais 2011: 578). Recomendaba controlar la sexualidad y mantener la virginidad intacta en las jóvenes. Adoptó remedios procedentes de san Jerónimo, san Ambrosio y san Agustín: baños calientes, ayuno, cantar salmos, oración en mitad de la noche, estricto control sobre el vestido, lectura y trabajos manuales para mantenerlas ocupadas, etc. Todo ello educaría a las jóvenes hijas en la castidad y les enseñaría que la belleza corporal era, por definición, mala.

El caballero francés del ducado de Anjou, Geoffroy de La Tour-Landry, escribió el más popular e influyente de estos traditidos didácticos de educación. La serie de lecciones para sus hijas (*L'Enseignement de ses filles*) fueron escritas en su vejez, alrededor del año 1371. Tuvo esta obra una amplia difusión y hacia

1538 había alcanzado las ocho ediciones en tres idiomas. Página tras página, ofrece la idea tradicional de la debilidad natural de la mujer. Escritos de los Santos Padres y de religiosos conventuales le sirvieron para engarzar ejemplos femeninos con los que fundamentar su naturaleza malvada: Eva, Venus, Helena de Troya, las hijas de Lot y su coetánea la reina de Nápoles, etc.; pero también de modelos virtuosos a imitar: Lia, mujer de Jacob, Rebeca, Raquel, Ruth, María Magdalena, santa Marta, etc. Aconsejaba a sus hijas orar y ayunar hasta su matrimonio para contener la carne, mantenerse castas y limpias al servicio de Dios: "Après, mes chières filles, vous devrez jeuner, tant comme vous serez à marier, trois jours en la sepmaine pour mieux donter votre chair, que elle no s'esgaye trop, pour vous tenir plus nettement et saintement en service de Dieu, qui vous gardera et guerredonnera au double, et, se vous ne pouvez jeuner les trois jours, au moins jeunez au vendredi" (La Tour-Landry 1982: 15).

Françesc Eiximenis (1327–1409) escribió a fines del siglo XIV el *Libre de les dones*, en el que defiende una imagen positiva de la mujer, pues aconsejaba que no se expresaran únicamente vituperios sobre ellas sino que se expusieran también sus cualidades. Dedicó su obra a doña Sanxa Ximeniç de Arenós, esposa de don Joan, conde de Prades (Alemany 1989). En la segunda parte del *Libre de les dones* se expone el cuerpo doctrinal a lo largo de cinco tratados que vienen a corresponderse, respectivamente, con cada uno de los cinco estados por los que puede pasar una mujer: niñez, doncellez, matrimonio, viudez y vida religiosa. En el capítulo 14, que trata de las infantas, se intensifica lo relativo a la castidad, por ser la virtud que en esta etapa alcanza el mayor grado de vulnerabilidad. Todo, ciertamente, parece obedecer al propósito de exaltación de la virginidad como bien absoluto. Recomienda, por tanto, recato en el vestir, andar, hablar y, en suma, en todo cuanto por ser "exterior" puede incitar los sentidos del prójimo (Eiximenis 1495: fol. 12 y ss.). Se sigue en parte, como hemos indicado *supra*, las *Epístolas* de san Jerónimo y los textos agustinianos. Se hizo una traducción anónima al castellano en Valladolid con el título del *Carro de las donas* en el año 1542.

En 1444, Diego de Valera dedicó a la reina María su *Defensa de las virtuosas mujeres*. Incluye modelos de virginales y castas; entre ellas coloca a la Virgen como paradigma supremo (Vargas 2016: 136–137). El largo catálogo femenino lo configura mediante damas romanas y judías, obviando las santas cristianas. Diego de Valera acepta su deuda con el de *De claris mulieribus* de Bocaccio, si bien con espíritu crítico:

> Pues á ty, Juan Vocacio, que en los postrimeros dias de tu vida las amortiguadas llamas de amor rrebiuaste, por las quales fueste costreñido tus loables fechos con poquillas letras manzillar, ¿tú eres aquel que escreuiste el libro de *Claras mugeres*, onde con gran trabajo ayuntaste la castitat é perpetua virginidat de muchas? [. . .] é despues, oluidada la vergüença de ty, escreuiste en el tu *Coruacho* lo que mi lengua deue callar. (Valera 1878: 140–141)

Unos años después, Álvaro de Luna compuso el libro de las *Virtuosas e claras mugeres*, en el que también introduce un buen número de damas admirables: "Comiença el libro de las virtuosas e claras mugeres, así santas como otras que ovieron espíritu de profecía, e reinas e otras muy enseñadas" (Luna 2008: 209). Como sugiere Lola Pons:

> Si tomamos en cuenta sólo los nombres de las mujeres virtuosas que aparecen en los títulos de capítulos de la obra de don Álvaro, observamos un reparto muy desequilibrado de biografías femeninas, pues en el Libro Primero se relatan las vidas de veintiuna mujeres bíblicas; en el Tercero, las correspondientes a veinticinco santas, pero en el Libro Segundo se privilegia absolutamente el número de ejemplos de mujeres romanas y gentiles, que suman un total de setenta y ocho biografías (treinta y tres de romanas, cuarenta y cinco de no romanas). (Luna, 2008: 50)

El autor insiste en la excelencia de algunas de las nombradas que renunciaron a su condición femenina para asimilarse a la de los hombres (Coderch 2011).

Hacia mediados del siglo XV, el fraile agustino Martín de Córdoba compuso el *Jardín de nobles doncellas*, tratado moral con reglas de conducta para que las mujeres sean buenas y honradas. El libro, dedicado a la reina Isabel, resalta la dicotomía entre EVA/AVE: "e así como Eva es vituperio de las mugeres, así la Virgen es loor dellas; e así como con Eva armó costilla el demonio al hombre, así Dios con la Virgen María, armó costilla para encepar al diablo [. . .]" (Córdoba 1964: 73). Las condiciones y cualidades de la buena mujer son: honestidad, castidad, vergüenza, piedad, amabilidad, prudencia, etc. Sin embargo, las malas son intemperadas, parleras, porfiosas, variables e inconstantes, incapaces de guardar un secreto, etc. (González y Plaza 2017). Para Martín de Córdoba: "Las mujeres siguen los apetitos carnales como es comer e dormir e folgar e otros que son peores. E esto les viene porque en ellas no es tan fuerte la razón como en los varones [. . .] Pero ellas más son carne que espíritu. [Y más adelante insiste:] Ser parleras les viene de flaqueza [. . .] Ser porfiosas les viene de falta de razón" (Sánchez 2002: 292). Pero, aun así, defiende el estudio y la culturización de la mujer: "Pues que en el antiguo siglo las mugeres hallaron tantas industrias e artes, especialmente las letras, ¿por qué agora, en este nuestro siglo, las fembras no se dan al estudio de artes liberales e de otras ciencias, antes parece como les sea vedado?" (Córdoba 1964: 102). La castidad y virginidad son los bienes más preciados, llegando a indicar: "La señora, aunque es hembra por naturaleza, trabaje por ser hombre en virtud" (Alvar 2002: 232). Pero en este tratado dedicado a Isabel, Martín de Córdoba intentará demostrar que una mujer puede ceñir la corona y gobernar su reino. La obra termina exaltando la castidad como aquella virtud que otorga fama inmortal más que cualquier otra cualidad (Haro 2009).

Las investigaciones sobre la educación de Isabel, infanta de Castilla, y la formación de sus hijos, una vez reina, han florecido en las últimas décadas (Rubalcaba 1999; Alvar 2002; Del Val 2006). Los hijos de los Reyes Católicos gozaron de una esmerada educación, como correspondía a los herederos del trono. Sabemos que su hija Isabel tuvo como preceptores a Antonio Giraldino y fray Pedro de Ampudia; Juana a fray Andrés de Miranda; María y Catalina a Andrés de Miranda y posteriormente a Antonio Giraldino. También la reina Isabel potenció una escuela para los hijos de la nobleza, para cuya formación son llamados sucesivamente Pedro Mártir de Anglería y Lucio Marineo Sículo (Del Val 2013). Para la educación del príncipe don Juan, Alonso Ortiz compuso su *Diálogo sobre la educación del príncipe don Juan* (Ortiz 1983; Pérez Priego 1998). Fray Diego de Deza fue el encargado de la educación del príncipe, con un salario de 100.000 maravedís anuales. Pedro Gracia Dei, redactó *Criança y virtuosa dotrina* para la infanta Isabel, un verdadero manual educativo para moverse con soltura en la corte: "de ser enseñado y saber enseñar / en leer, escribir, tañer y cantar / danzar y nadar, luchar, esgrimir / arco y ballesta, latinar y decir / xedrez y pelota, saber bien jugar". Gracia Dei despliega todo un catálogo de costumbres cortesanas, desde el banquete hasta la danza, pasando por las justas e invenciones, para que le fueran útiles a la primogénita de los Reyes Católicos en su instrucción palaciega como futura reina, que recuerda un poco a lo expuesto por Santillana en su *Prohemio e carta*: "Ca estas tales cosas alegres e jocosas andan e concurren con el tiempo de la nueva hedad de juventud, es a saber, con el vestir, con el justar, con el dançar e con otros tales cortesanos exerçiçios" (Martínez Alcorlo 2016: 207).

Ana de Francia compuso *Enseignements à ma fille*, que contaba por entonces con 12 años. Libro significativo, dado que trataba de la educación de su hija, pero también de las jóvenes aristócratas para que fueran buenas cristianas y supieran comportarse en la corte y la sociedad, dando consejos sobre cómo vestir, manera de conducirse con los criados, pero sobre todo con los hombres. Las virtudes que debía alcanzar su hija eran las clásicas de castidad, humildad y pureza (Anne de France 2006).

Los *Castigos y doctrinas que un sabio dava a sus hijas* conforma otro pequeño tratado hispánico del siglo XV basado en el amor virtuoso cristiano que deben poseer las mujeres casadas. Se exponen las obligaciones de la esposa al marido, que conectan directamente con las del siervo hacia su señor, pero se insiste ante todo en la castidad como bien más preciado en la mujer:

> El bien más preciado de la mujer casada es la castidad, San Jerónimo alaba sobremanera la virginidad pero acepta que las casadas que actúan castamente están en el segundo estrato de perfección [. . .] El principio que estructura la castidad matrimonial es la continencia en pro de una sexualidad ordenada durante las Cuaresmas, la menstruación, gestación, periodo de lactancia, días de duelo y penitencia, fiestas de guardar, días de

ayuno, etc. [. . .] La honestidad también ocupa un lugar importante en este *Tratado*: "[. . .] ca no basta á la muger que sea casta, mas que sea onesta". (Haro 1993: 156)

En pleno Renacimiento, Erasmo opinaba que las mujeres debían iniciarse tanto en las labores domésticas como en los ámbitos académicos, con instrucción en filosofía, retórica y lengua latina. En *Encomium Matrimonii* escribía: "no veo por qué los maridos temen que sus esposas sean menos obedientes si estudian" (Candau 2007: 267). Erasmo expuso sus opiniones progresistas acerca de la educación en *Sobre el método del estudio* (1511) y *La enseñanza firme pero amable de los niños* (1529). Sostenía que el latín elemental y el cristianismo básico tenían que darse en el hogar antes de empezar el bachillerato formal, incluidas las propias hijas.

Juan Luis Vives divide su tratado sobre la *Instrucción de la mujer cristiana* en tres libros: para las doncellas, casadas y viudas, y dispondrá una serie de cualidades para cada uno de los estados, que en definitiva podemos resumir en virginidad y/o castidad, laboriosidad, recato, silencio, quietud, etc. Se fundamenta en la semejanza absoluta que debe existir entre la mujer y la Virgen María como madre, hija y esposa. Vives resalta otras virtudes femeninas relacionadas con su rol de esposa y madre: honestidad, templanza, mansedumbre y obediencia (Cervantes Cortés 2012). Estaba convencido de que a través de la educación se podía promover la castidad y religiosidad en las muchachas. Muchas de sus propuestas para la instrucción de la mujer y las lecturas en su adiestramiento proceden de san Jerónimo, si bien actualizando los textos que no debían leerse a los de ficción de su tiempo.

Como hemos podido observar, estos tratados educativos para la formación de las primogénitas de reyes y grandes señores siguen en parte los *especula principum*, aconsejando las virtudes cardinales de la prudencia y templanza como habilidades necesarias para el gobierno de sus pueblos. Pero se diferencian al insistir en la castidad y virginidad como requisitos imprescindibles en los diferentes estados: niñez, doncellez, matrimonio, viudez y vida religiosa, así como en la reiteración de la necesaria obediencia, sumisión al varón (padre, hermano, esposo), habla moderada, especial recato en el vestir, mantenimiento de buenos modales etc., y en el aprendizaje de algunos entretenimientos para desenvolverse en las cortes nobiliarias: baile, danza, música, etc. Poco a poco, siguiendo a san Jerónimo, se ratifica la necesaria instrucción de las jóvenes para que puedan entender los textos sagrados, pero también para un mejor conocimiento de las vidas y hechos de mujeres virtuosas y santas a las que imitar.

4 Hacia el dominio de las pasiones

Asentada la maldad e inferioridad de la mujer en un sociedad regida por la moral cristiana, convenía que fuera ella misma la que quisiera imitar esa aparente maravilla del modelo imaginado, que no era otro que el de la Virgen María. También era imprescindible consolidar un nuevo sistema social que diferenciara claramente las clases superiores de las inferiores —con relaciones familiares y amorosas opuestas—, y para ello nada mejor que potenciar la ética peripatética y estoica para el dominio de las pasiones, así como de la *Política* aristotélica para regirse en el reino, ciudad y casa (base de muchos de los tratados de educación).

A partir del Humanismo, la instrucción femenina será imprescindible en la nueva sociedad burguesa y nobiliaria; una vez adquirida la capacidad de leer y escribir se le proporcionarán lecturas de arquetipos femeninos escogidos de la antigüedad y del critianismo. No nos debe extrañar la proliferación en la imprenta de hagiografías de santas a finales del XV y principios del siglo XVI: santa Catalina, santa Magdalena, santa Ana, santa Bárbara, etc., pero también del *Flos sactorum* y las *Epístolas* de san Jerónimo, ejemplos con los que poder admirar y emular conductas de pureza y virginidad. Con esta pedagogía que exalta paradigmas cristianos, se intentará que sea la propia mujer la garante de su castidad y la defensora de la honra familiar. A través de la ética estoica cristianizada se le darán las armas para que pueda mediante la razón apartarse de los vicios en pro de alcanzar aquellas virtudes que la asimilen a la Virgen, modelo de castidad, pero también de esposa y madre.

La literatura reflejará esta nueva moralidad a través de dos estilos:
a) *el alto y/o elevado* (poesía trovadoresca y de cancionero, *roman courtois*, ficción caballeresca, cuestiones de amor, etc.), donde se encumbrará a la dama perfecta, inalcanzable, espejo de los ideales de la sociedad cortés, cúmulo de las virtudes cristianas; o bien, por el contrario, mostrará el infortunio –muerte o cárcel perpetua– de aquellas que transgreden las normas sociales de comportamiento, como acontece en la ficción sentimental castellana y en las tragedias a causa de un amor pasional desmesurado;
b) *el estilo bajo* (narrativa breve, sátira, comedia elegíaca y humanística) con descripción de los vicios –infidelidad, lujuria, gula, inconstancia, etc.– de ciertas mujeres de condición social no muy elevada mediante la exageración y la burla (Haro 2010). En este último caso se nos pondrá de manifiesto que la mujer es ingeniosa e inteligente para realizar cualquier engaño y por muchos cerrojos que se le impongan hará su voluntad (Haro 2005).

Entre ambos extremos, los tratados de educación, con los que se intentará convencer a las hijas de las clases pudientes para que sean ellas mismas –a través de lecturas de vidas de "notables doncellas", santas y personajes bíblicos: Susana, Sara, Rebeca, Betsabé, Ester, Judith, etc. (González y Plaza 2018; González 2019)– las garantes de su comportamiento (sin necesidad de carceleros ni vigilantes de sus acciones), sobresaliendo así en esa nueva sociedad burguesa y nobiliaria en la que prima la ideología religiosa sobre la civil y doméstica. Una comunidad que marginará a aquellas muchachas que contravengan las normas y reglas del cristianismo; y por supuesto, quedará demonizado todo aquello que tenga que ver con el placer o con la filosofía epicúrea.

Bibliografía

Alemany Ferrer, Rafael. 1989. "Aspectos religiosos y ético-morales de la vida femenina en el siglo XIV, a través de *Lo libre de les dones* de Francesc Eiximenis". En Ángela Muñoz Fernández (ed.). *Las mujeres en el cristianismo medieval*, 71–89. Madrid: Asociación cultural Al-Mudayna.

Alvar, Alfredo. 2002. "La educación de Isabel la Católica". *Torre de los Lujanes* 48. 221–238.

Anne de France. 2006. *"Enseignements à sa fille" suivis de "l'Histoire du siège de Brest"*. Ed. de Tatiana Clavier y Éliane Viennot. Saint-Étienne: Publications de l'Université.

Beauvais, Vicent de. 2011. *Tratado sobre la formación de los hijos de los nobles (1246)*. Ed. de Ildefonso Adeva y Javier Vergara. Madrid: BAC-UNED.

Beneyto, Juan (ed.). 1947–48. *Glosa castellana al "Regimiento de Príncipes" de Egidio Romano*. Madrid: Instituto de Estudios Políticos.

Candau, María Luisa. 2007. "La mujer imaginada. El modelo femenino en los libros que embarcan a Indias". En López Beltrán y Reder Gadow (coords.). *Historia y género. Imágenes y vivencias de mujeres en España y América (siglos XV–XVIII)*, 265–310. Málaga: Universidad de Málaga.

Canet, José Luis. 1995a. "La seducción a través del discurso misógino hispánico medieval". En Elena Real Ramos (ed.). *El arte de la seducción en el mundo románico medieval y renacentista*, 75–95. Valencia: Dept. Fil. Francesa, Universitat de València. En línea: <https://roderic.uv.es/handle/10550/66689>.

Canet, José Luis. 1995b. "Reflexiones filosóficas sobre el amor cortés y el *De amore* de Andreas Capellanus". En Ferrán Carbó, Juan Vte. Martínez, Evelio Miñano y Carmen Morenilla (eds.). *Homenatge a Amelia García-Valdecasas Jiménez*, 191–208. Valencia, Universitat de València. En línea: https://roderic.uv.es/handle/10550/48209?show=full.

Canet, José Luis. 1996. "La mujer venenosa en la época medieval". *Lemir* 1. En línea: http://parnaseo.uv.es/Lemir/Revista/Revista1/Mujervenenosa.pdf.

Canet, José Luis. 2000. "*Ars amandi* et *reprobatio amoris* trois formules de l'amour médiéval". En Dolores Jiménez Plaza, Jean-Christophe Abramovici (coords.). *Éros volubile: les métamorphoses de l'amour du moyen âge aux lumières*, 11–20. Paris: Desjonquères.

Canet, José Luis. 2004. "Literatura ovidiana (*Ars Amandi* y *Reprobatio amoris*) en la educación medieval", *Lemir* 8. En línea: <http://parnaseo.uv.es/Lemir/Revista/Revista8/ArsAmandi.pdf>.

Canet, José Luis. 2013. Conferencia: "Hacia la construcción de una mujer nueva en la época medieval (el dominio de las pasiones)". En Seminarios del Instituto de Estudios Medievales y Renacentistas (IEMYR), *La mujer en el imaginario Medieval*. La Laguna, 28–29 noviembre de 2013. En línea: <https://roderic.uv.es/handle/10550/76944>.

Cervantes Cortés, José Luis. 2012. "'Dóciles, obedientes y amorosas': la sujeción de la mujer al hombre en dos obras de Juan Luis Vives". Ponencia presentada en el *IV Coloquio Internacional de Historia y Literatura*. Guanajuato: Universidad de Guanajuato. En línea: <https://www.academia.edu/2185360/ DocilesobedientesyamorosaslasujeciondelamujeralhombreendosobrasdeJuanLuisVives>.

Coderch, Marion. 2011. "'Escapando de la molicie mujeril': virtudes femeninas y atributos de género en los tratados de defensa de las mujeres (ss. xiv–xv)". En Cristina Segura Graíño (coord.). *La Querella de las Mujeres III, La querella de las mujeres antecedente de la polémica feminista*, 75–90. Madrid: Al-Mudayna.

Córdoba, Fray Martín de. 1964. *Jardín de nobles doncellas*. Edición de Fernando Rubio. *Prosistas castellanos del siglo xv*, Biblioteca de Autores Españoles, t. II. Madrid: Atlas.

Dabord, Bernard. 1995. "La tradición del saber en la *Doncella Teodor*". En Juan Salvador Paredes (coord.), *Actas del V Congreso de la Asociación Hispánica de Literatura Medieval*, 13–30. Granada: Universidad de Granada.

Del Val Valdivieso, M.ª Isabel. 2006. "Isabel la Católica y la educación". *Aragón en la Edad Media* 19 (*Homenaje a la profesora Mª Isabel Falcón*). 555–562.

Del Val Valdivieso, M.ª Isabel. 2013. "La educación del príncipe y de las infantas en la corte castellana al final del siglo xv". *ActaLauris* 1. 7–21.

Delumeau, Jean. 1978. *La peur en Occident*. París: Fayard, col. Pluriel.

Eiximenis, Francesc. 1495. *Libre de les dones*. Barcelona: Johann Rosembach. En línea: <http://bdh-rd.bne.es/viewer.vm?id=0000177178&page=7>.

Fladrin, Jean-Louis. 1983. *Un temps pour embrasser. Aux origines de la morale sexuelle occidentale (VI–XI siècle)*. París: Seuil.

Garín, Eugenio. 1987. *La educación en Europa 1400–1600*. Barcelona: Crítica.

González Doreste, Dulce María y Plaza Picón, Francisca del Mar. 2017. "*Mulierem ornat silentium*. El secreto y la instrucción de las mujeres en algunos tratados medievales". En José Francisco Meirinhos, Celia López Alcalde, João Rebalde (eds.). *Secrets and discovery in the middle ages.Proceedings of the 5th European Congress of The Fédération Internationale des Instituts D´études Médiévales (Porto, 25 to 29 June 2013)*, 269–283. Barcelona: Fédération Internationale des Instituts d'Études Médiévales.

González Doreste, Dulce María y Plaza Picón, Francisca del Mar. 2018. "Susana, objeto de deseo y modelo de castidad". En Esther Corral Díaz (ed.). *Voces de mujeres en la Edad Media*, 459–471. Berlin, Boston: De Gruyter. <https://doi.org/10.1515/9783110596755-036>.

González Doreste, Dulce M.ª 2019. "Mujeres bíblicas como modelos de conducta a finales de la Edad Media". *Fortunatae* 30. 45–60.

Haro, Marta. 1993. "La concepción del amor cristiano a través de la virtuosa casada: *Castigos y dotrinas que vn sabio daua a sus hijas*". En Aires Augusto Nascimento y Cristina Almeida Ribeiro, (coords.). *Actas do IV Congresso da Associação Hispânica de Literatura Medieval: (Lisboa, 1–5 Outubro 1991)*, tomo 4, 155–159. Lisboa: Cosmos.

Haro, Marta. 1995. "'De las buenas mujeres': su imagen y caracterización en la literatura ejemplar de la Edad Media". En Juan Salvador Paredes (coord.), *Actas del V Congreso de la Asociación Hispánica de Literatura Medieval*, 457–476. Granada: Universidad de Granada.

Haro Cortés, Marta. 2005. "Mujer y engaño en las colecciones de cuentos medievales". En M. da Costa Fontes y J. T. Snow (eds.). *"Entra mayo y sale abril": Medieval Spanish Literary and Folklore Studies in Memory of Harriet Goldberg*, 211–229. Newark, Delaware: Juan de la Cuesta.

Haro Cortés, Marta. 2009. "Matrimonio como deber y castidad como virtud en la reina: el *Jardín de nobles doncellas* de Fray Martín de Córdoba". En Antonio Chas Aguión y Cleofé Tato García (eds.). *'Siempre soy quien ser solía': Estudios de literatura española medieval en homenaje a Carmen Parrilla*, 185–203. A Coruña: Universidade da Coruña.

Haro Cortés, Marta. 2010. "'Et no andedes tras vuestra voluntad en comer ni en bever ni en fornicio'. De gula y lujuria en la literatura sapiencial". En Nelly Labère, *Être à table au Moyen Âge*, 51–62. Madrid: Casa de Velázquez.

Jacquart, Danielle y Claude Thomasset. 1985. *Sexualité et savoir médical au Moyen âge*. París: PUF.

Kasten, Lloyd A. (ed.) 1957. *Poridat de las poridades*. Madrid: Seminario de Estudios Medievales Españoles de la Universidad de Wisconsin.

Lacarra, María Jesús. 1986. "Algunos datos para la Historia de la Misoginia en la Edad Media". En *Studia in Honorem Profesor Martí de Riquer*, vol. I., 339–361. Barcelona, Quaderns Crema.

La Tour-Landry, Geoffroy de. 1982 [1854]. *Livre pour l'enseignement de ses filles du Chevalier de La Tour Landry*. Texte établi par Anatole de Montaiglon. Millwood N.Y.: Klaus Reprint.

Luna, Álvaro de. 2008 [1446]. *Virtuosas e claras mujeres*. Ed. de Lola Pons Rodríguez. Burgos: Junta de Castilla y León – Fundación Instituto Castellano y Leonés de la Lengua.

Martínez Alcorlo, Ruth. 2016. "Un curioso *speculum reginae* para la joven Isabel: *Criança y virtuosa dotrina* de Pedro Gracia Dei (ca. 1486)". *Memorabilia* 18. 204–234.

Mettmann, Walter (ed.). 1962. *La historia de la Donzella Teodor. Ein spanisches Volksbuch arabischen Ursprungs. Untersuchung und kritische Ausgabe der ältesten bekannten Fassungen*. Mainz: Akademie der Wissenschaften und der Literatur.

Ornstein, Jacob (ed.). 1953. *Repetición de amores* de Luis de Lucena. Chapell Hill: North Carolina Studies in the Romance Languages and Literatures.

Ortiz, Alonso. 1983. *Diálogo sobre la educación del Príncipe Don Juan, Hijo de los Reyes Católicos*. Ed. de Giovanni Maria Bertini. Madrid: José Porrúa Turanzas Ediciones.

Patrologia Latina Database. 1998 [1844–1855]. Versión electrónica en CD-rom de la Patrologia Latina, ed. de Jacques-Paul Migne, publicada entre 1844 y 1855. Cambrige: Chadwyck-Healey Ltd. Actualmente en red: http://pld.chadwyck.co.uk/.

Pérez Priego, Miguel Ángel. 1998. *El principe don Juan, heredero de los Reyes Católicos y la literatura de su época*. Madrid: UNED.

Pizán, Cristina de. 2001. *La Ciudad de las Damas*. Introducción, traducción y notas de Marie-José Lemarchand. Madrid: Siruela.

Romera Pintor, Ángela Magdalena. 2011. "Voces femeninas que nacen de la 'querelle des femmes' de Christine de Pisan a Marguerite de Navarre y la 'querelle des amies'". En María Dolores Ramírez, Milagro Martín, Juan Aguilar, Daniele Cerrato (eds.). *La querella de las mujeres en Europa e Hispanoamérica*, 217–244. Sevilla: Arcibel.

Rubalcaba Pérez, Carmen. 1999. "Historia de la educación de las mujeres: primera aproximación". *Edades: revista de historia* 6. 95–110

Rucquoi, Adeline y Hugo O. Bizzarri. 2005. "Los Espejos de Príncipes en Castilla : entre Oriente y Occidente". *Cuadernos de historia de España* 79.1. 7–30.

San Jerónimo. 1962. *Cartas*, vol. II. Edición bilingüe por Daniel Ruiz Bueno. Madrid: BAC.

Sánchez Dueñas, Blas. 2002. "Una particular visión de la mujer en el siglo XV: *Jardín de Nobles Doncellas* de Fray Martín de Córdoba". *Boletín de la Real Academia de Córdoba de Ciencias, Bellas Letras y Nobles Artes* 141. 291–300.

Sancho IV. 1860. *Los castigos e documentos del rey don Sancho*. En *Escritores en prosa anteriores al siglo XV*. Edición de Pascual Gayangos, t. 51, 79–228. Madrid: BAE.

Segura Graíño, Cristina. 2007. "La educación de las mujeres en el tránsito de la edad media a la modernidad". *Historia de la educación*, 26. 65–83.

Segura Graíño, Cristina (coord.). 2011. *La Querella de las Mujeres III, La querella de las mujeres antecedente de la polémica feminista*. Madrid: Al-Mudayna.

Schlotheuber, Eva. 2014. "Educación y formación, saber práctico y saber erudito en los monasterios femeninos en la baja Edad Media". *Anuario de Estudios Medievales* 44. 309–348.

Thomasset, Claude. 1982. *Une vision du monde à la fin du XIIIe siècle. Commentaire du "Dialogue de Placides et Timéo"*. Genève: Librairie Droz.

Valera, Diego de. 1878. *Tratado en defensa de virtuosas mugeres*. En José Antonio de Balenchana (ed.). *Epístolas y otros varios tratados de Mosen Diego de Valera*. Madrid: Sociedad de Bibliófilos Españoles.

Varela, M.ª Encarnación. 2005. "Aprender a leer, aprender a escribir: Lectoescritura femenina (siglos XIII–XV)". En Mª del Val González de la Peña (coord.). *Mujer y cultura escrita. Del mito al siglo XXI*, 59–74. Gijón: Trea, 2005.

Vargas Martínez, Ana. 2016. *La Querellas de las Mujeres. Tratados hispánicos en defensa de las mujeres*. Madrid: Fundamentos.

Vergara Ciordia, Javier. 2010. "El *De eruditione filiorum nobilium*: un tratado de pedagogía sistemática para la educación de príncipes en la Edad Media". *ESE. Estudios sobre educación* 19. 77–96.

Vinoles, Teresa. 2005. "La cotidianidad escrita por una mujer del siglo XV". En M.ª del Val González de la Peña (coord.). *Mujer y cultura escrita. Del mito al siglo XXI*, 117–130. Gijón: Trea.

Vives, Juan Luis. 1994. *La formación de la mujer cristiana*. Traducción, introducción y notas por Joaquín Beltrán Serra. València: Ajuntament de València.

Esther Corral Díaz
Modelos de reinas en relación con la lírica gallego-portuguesa: el mecenazgo de Leonor Plantagenet y Berenguela de Barcelona

En la circulación de composiciones poéticas en el Noroeste peninsular, ciertas mujeres con poder tuvieron gran relevancia al promover desde sus círculos la producción y transmisión de textos, acogiendo en sus territorios y áreas de influencia a trovadores, juglares y diferentes tipos de artistas. Son figuras que participaron en la vida de la corte y en los procesos culturales que se estaban desarrollando en el contexto europeo y que utilizaron el poder institucional para apoyar y difundir en la medida de sus posibilidades las letras medievales en un momento determinante para la configuración de las diversas tipologías en lenguas vernáculas. En este sentido, no cabe duda de que Leonor de Aquitania, nieta del primer trovador, Guilhem de Peitieu, VII conde de Poitiers y IX duque de Aquitania, se erige como el principal y más conocido modelo de reina mecenas en la Edad Media, cuya acción política y cultural fue esencial para la formación y extensión de la literatura cortés, a través no sólo de su propio empeño sino de la extensa red de relaciones que fue tejiendo en la concertación de uniones matrimoniales de sus hijos con las principales casas reales de Europa.[1] Su figura trasciende el contexto histórico en el que vivió para transformarse en un mito femenino en el que convergen corrientes interpretativas confrontadas, pero siempre destacando su protagonismo excepcional. No olvidemos que en la

---

1 La figura fascinante de Leonor de Aquitania será ensalzada y vilipendiada a lo largo de la historia. Mujer extraordinaria por todas las circunstancias que vivió (doble boda real, madre de 11 hijos, se rebeló contra su segundo marido y este la mantiene prisionera durante 15 años, viajes a los principales enclaves europeos e incluso a Tierra Santa, actividad pública incesante como viuda y una longevidad que duró hasta los 80 años). Entre la ingente bibliografía publicada sobre Leonor de Aquitania, remito el contenido de las actas del Coloquio celebrado con ocasión del VIII centenario de su muerte, Aurell y Tonnerre (2006).

Nota: Esta contribución forma parte del Proyecto de Investigación titulado "Voces, espacios y representaciones femeninas en la lírica gallego-portuguesa" (PID2019-108910GB-C22), financiado por el Ministerio de Ciencia e Innovación. Quiero dejar constancia de mi agradecimiento a Mercedes Brea y José António Souto Cabo por la revisión y sugerencias a este trabajo.

Esther Corral Díaz, Universidade de Santiago de Compostela

∂ Open Access. © 2022 Esther Corral Díaz, published by De Gruyter. This work is licensed under the Creative Commons Attribution-NonCommercial-NoDerivatives 4.0 International License.
https://doi.org/10.1515/9783110756029-005

difusión de la lírica trovadoresca tuvo relevancia "une affaire de famille que se sont partagée Guillaume d'Aquitaine, sa petite-fille Aliénor et les enfants de cette dernière" (Rieger 2002: 40). Sus hijas, sus nietas y hasta su tataranieta, Leonor de Castilla, reina de Inglaterra, no sólo representan un linaje en el que las mujeres tuvieron una gran capacidad de actuación, sino que transmiten un legado en el que el protagonismo de las mujeres y las estrategias matrimoniales favorecieron la difusión de la cultura literaria vulgar.[2]

El objetivo de esta exposición es examinar precisamente la función relevante que ejercieron las reinas con su apoyo a la gestación y cultivo de la poética gallego-portuguesa en la Edad Media. Para ello fijaremos el estudio en las dos figuras más importantes, Leonor Plantagenet y Berenguela de Barcelona. Su papel fue decisivo en la difusión de la producción lírica procedente de Occitania y su contribución favoreció la producción poética propia en el espacio del Noroeste peninsular. Téngase en cuenta que la relación textual entre las tradiciones occitana y francesa con la gallego-portuguesa se produce fundamentalmente a través de dos vías: una culta, en la que se inserta la línea de investigación que estamos aquí explorando y que estaría ligada a la circulación de textos y de relaciones dinásticas y cortesanas, y otra, más popular, que penetraría a través de vías de peregrinación (particularmente, a Santiago de Compostela), del comercio, de los conflictos contra los musulmanes y, por supuesto, en los múltiples viajes de trovadores por las cortes peninsulares (Brea 2013: 124).

1 Leonor Plantagenet

En el ámbito ibérico, el lugar más destacado de las reinas relacionadas con la lírica es ocupado por una de las hijas de Leonor de Aquitania, Leonor Plantagenet o de Inglaterra (1161–1214), un modelo femenino a seguir por sus cualidades y también un modelo de actuación política –que transmitirá a su hija, Berenguela de Castilla, otra reina con poder–.[3] Los relatos cronísticos la describen conforme a los cánones marcados: era "pudorosa, noble y discreta".[4] Su matrimonio con Alfonso VIII, rey de Castilla, con el que compartirá tareas de gobierno (cf. la fórmula

---

[2] Sobre la función y significaciones de los contratos matrimoniales en la Edad Media, en tanto juego de alianzas tácticas y de decisiones de gran calado, véase Aurell (2013: 7–21). El papel de la reina en la Edad Media es abordado por los estudios de reginalidad, consúltense entre otros Earenfight (2013: Cap. II y III) y, sobre los reinos peninsulares, Pelaz (2017).
[3] Sobre la influencia en Berenguela de Castilla, consúltese Shadis (2009: 23–24).
[4] Jiménez de Rada (1987: 253). La descripción de las cualidades de Leonor en crónicas posteriores (*Crónica Latina*, *Crónica de Veinte Reyes* y *Primera Crónica General*) en Bowie (2020: 58).

una cum uxor meae Alienor regina utilizada en documentación),⁵ supuso la vinculación de los reinos hispanos con el centro de poder europeo más importante en aquellos tiempos, el imperio anglonormando-aquitano de Enrique II y de su esposa. El enlace, acontecido en el verano de 1170, entre el monarca castellano y Leonor tendrá tanta repercusión que puede ser considerado, sin ánimo de exagerar, como el "momento inaugural en la relación entre el reino de Castilla y los trovadores occitanos" (Beltrán 2017: 107),⁶ si bien hay que tener presentes unas nupcias anteriores, las de la abuela de Alfonso VIII, Berenguela de Barcelona, de origen occitano-catalán, con Alfonso VII de Castilla y León, en las que se establecerá el nexo político entre la corona castellana y territorios de tradición occitana (*vide infra*). La solemne ceremonia de la boda se celebró en Tarazona, un lugar estratégico en la situación geo-política de la época, entre los límites de los reinos de Castilla y de Aragón, en el que gobernaba Alfonso II, que desempeñará una función fundamental como mediador en el enlace.⁷ El evento –que duraría semanas– será mentado por fuentes documentales⁸ y, lo que es más interesante, por fuentes literarias coetáneas que dieron a conocer el acontecimiento al público en textos líricos y *novas*. Se conserva el documento *donatio propter nuptias*, por el que Leonor tomaba posesión de un vasto patrimonio castellano de villas, castillos y tierras, así como cuantiosas rentas que le permitirían adquirir cierta autonomía económica.⁹ A cambio, Alfonso VIII obtenía como dote el estratégico territorio de Gascuña, próximo a tierras castellanas y al reino de Navarra con el que Castilla mantenía luchas incesantes, si bien por diferentes circunstancias nunca tomará posesión de este.¹⁰

Como reina y *domina*, el poder de Leonor se percibe no sólo en la independencia de su cancillería respecto a la del monarca sino en su capacidad para otorgar bienes, según se confirma en dos diplomas en los que se visualiza la validación con su propio signo rodado (representado por una mano inserta en el centro de un círculo rodeado del título de reina de Toledo y Castilla) (Cerda y

---

5 Pelaz (2018); Cerda (2020).
6 Sobre la proyección de este matrimonio real y toda su significación, pueden consultarse Bowie (2020) y Cerda (2020).
7 Su intervención fue esencial en la gestación, en el convite y como garante de los acuerdos establecidos en el contrato matrimonial, según muestra Guida en su exhaustivo trabajo (2019: 100).
8 Información detallada del desarrollo del enlace y de los miembros que acompañaron en los respectivos séquitos en Bowie (2020: 30–34).
9 Rodríguez (2014: 170–171); Cerda (2016).
10 Sobre los problemas ocasionados por esta dote al rey y a sus herederos remito a Cerda (2011) y Rodríguez (2014: 129–132).

Boto 2021).[11] Pero lo que nos interesa destacar aquí es su carácter promotor. En el ejercicio del oficio de reina, la práctica religiosa y la fundación de instituciones religiosas, en tanto benefactoras y fundadoras de cenobios, ocupaban un lugar destacado.[12] Como aconteció con sus padres en la abadía de Fontevraud, Leonor tendrá un papel fundamental en la fundación del monasterio de Santa María de las Huelgas en las afueras de Burgos junto con Alfonso (en 1178). Rodrigo Jiménez de Rada indica explícitamente que fue construido por consejo de Leonor.[13] El monasterio recibió importantes prerrogativas y una amplia autonomía que contrastaba con otros centros religiosos y que lo acercaba al proyecto angevino.[14] La literatura alfonsí recoge la edificación de la abadía burgalesa por iniciativa de Alfonso VIII en un texto de las *Cantigas de Santa María* de Alfonso X (c. 361, vv. 12–13), en el que no se menciona a Leonor como participante de la decisión.[15]

Además, Leonor (junto a su marido) promovería la fundación del Hospital del Rey en Burgos para atender las necesidades de los peregrinos que viajaban a Santiago de Compostela, y del *Studium Generale* de Palencia, base de la primera universidad española (Cerda 2012: 637).

La afición literaria de Leonor enlaza directamente con el "asunto de familia" mencionado al inicio y con el modelo cultural Plantagenet. Algunos estudiosos consideran que probablemente trajo consigo una copia de la *Historia Regum Britanniae* de G. de Monmouth, escrita por encargo de la familia Plantagenet y obra basilar para el nacimiento de la materia artúrica,[16] y del *Roman de*

---

11 Se conserva un diploma de cesión de una hacienda a un particular en pago por sus servicios (Cerda y Martínez 2019), y una donación para una capilla dedicada a Tomás Becket en la catedral de Burgos, que previamente había sido concedida por Nuño Pérez de Lara y Teresa Fernández de Traba, ya reina de León por su matrimonio con Fernando II (Rodríguez Porto 2018: 142).
12 Sobre el mecenazgo religioso por parte de las reinas véanse, entre otros, Graña (2013) y García Herrero y Muñoz García (2017).
13 Poza (2017: 75) alude con detalle a la cuestión de la atribución y las implicaciones que conlleva.
14 La relación de la creación del ámbito funerario privilegiado de las Huelgas como reflejo de Fontevraud parece verosímil, si bien otros factores podrían haber intervenido. Martínez de Aguirre destaca el marco de la renovación de la espiritualidad laica vivida en el siglo XII como elemento para la creación del monasterio (2017: 490–493).
15 En una segunda cantiga la abadía sirve como marco del milagro (c. 221, vv. 284–285).
16 Conviene ser cautos con las influencias que llevan a sobrevaloraciones como la que este autor sugiere al apuntar la posibilidad de la relación de Leonor en el proyecto redaccional de *El Cantar de Mio Cid*, tomando en consideración la conexión entre el carácter de propaganda de la casa Plantagenet a través de la materia artúrica con la monarquía castellana en las hazañas de El Cid (2012: 640). Tal suposición es, en nuestra opinión, aventurada, puesto que no tiene en

Troie. Una hipótesis que no puede ser comprobada. Si parece verosímil, en cambio, su intervención en el *Salterio anglo-catalán* (Paris, BnF. Lat. 8846), una obra con gran valor iconográfico que pudo trasladar a Castilla como presente (Rodriguez Porto 2018: 137).[17] El entramado literario (que se podría extender a más volúmenes) reflejaría el apoyo de la soberana al ámbito librario y el patrocinio de la labor iconográfica que acompañaba la copia de los manuscritos y que acrecentaba notablemente su valor.[18]

Por lo que respecta a la producción lírica, durante el reinado de Alfonso VIII y de Leonor, se desarrolló una intensa actividad que favorecía la entrada de corrientes poéticas procedentes de Europa y alejaba, por consiguiente, al reino de Castilla de la posición periférica que hasta el momento mantenía. La presencia de trovadores occitanos en la Península (sobre todo, en la Corona de Aragón y Cataluña) fue patente desde los inicios del movimiento lírico. Seguramente gracias a la mediación de la reina, los modelos poéticos de más allá de los Pirineos fueron conocidos y, además, apreciados en el entorno del reino de Castilla por parte también de los círculos señoriales. Téngase en cuenta que la afición por la poética vulgar no sólo se reflejaba en el ámbito real, sino que las casas nobles (los López de Haro, los señores de Vizcaya, los Lara, etc.) acogieron trovadores y auspiciaron, por tanto, la circulación de poesía vulgar.[19] El punto de inflexión pudo ser la celebración del enlace, en la que se daría cita una extensa comitiva y que fue acompañada por largos días de fiesta en los que concurrirían trovadores, juglares, músicos y personajes de espectáculo que actuarían durante días en los grandiosos festejos.[20] Dos referencias claves en la historia lite-

---

cuenta el afán de propaganda intrínseco a la tipología épica, más marcado que en el modelo cultural Plantagenet.

17 Otra Leonor, Leonor de Castilla (1241–1290), hija de Fernando III y de Juana de Ponthieu, casada con Eduardo I, rey de Inglaterra, fue protectora de la cultura letrada y dejó un legado duradero sobre copia e iluminación de manuscritos (Rodríguez 2014: 234).

18 Este afán por el medio librario tiene su continuación en el contexto más amplio del mecenazgo artístico de Leonor (por ej., en el posible bordado de estolas conservadas en el museo de San Isidoro de León); véanse en este sentido Ocón (1996), Valdez (2017) y sobre todo Poza (2017).

19 La corte de Alfonso VIII fue frecuentada por un extenso elenco de trovadores occitanos, entre los que se encuentran Bertran de Born, Folquet de Marsella, Giraut de Bornelh, Aimeric de Peguillán o el mismo Raimon Vidal de Besalú (*vide infra*) (Alvar 1977: 75–164; Sánchez Jiménez 2004).

20 Los festejos de los esponsales regios eran una exhibición de poder en los que se reflejaba la riqueza de los contrayentes, y se ofrecía al público espectáculos juglarescos. En el relato que ofrece la *Chronica Adefonsi Imperatoris* (=CAI) de las nupcias del rey don García de Navarra con Urraca (hija de Alfonso VII y de la concubina Gontrodo), celebradas el 24 de junio de 1144, se alude a "una numerosísima muchedumbre de bufones, mujeres y doncellas que cantaban

raria europea hacen mención al evento. Parece bastante probable, en este sentido, que el texto burlesco de Peire d'Alvernha, *Cantarai d'aquetz trobadors*, en el que se mencionan doce poetas de la lírica occitana a los que retrata de forma mordaz (algunos de ellos se cuentan entre los más ilustres de la tradición, como Peire Rogier, Giraut de Bornelh, Bernart de Ventadorn, Arnaut de Tintinhac, Raimbaut d'Aurenga o Bernart Marti)[21] se compusiese durante los actos que acompañaron la celebración de los esponsales.[22] Es más, en apreciación de Guida (2019: 107, 118), es probable que se cantase *in praesentia* con ocasión del evento nupcial, pero un poco más tarde, en el otoño de 1170, cuando la numerosa "brigata di intrattenitori convenuta", en vez de disolverse, continuaría organizando espectáculos literarios y teatrales bajo el auspicio esta vez del rey de Aragón e invitados por Armengol VII, conde de Urgel, y su esposa Dulce de Foix en tierras de Agramunt (en donde se localizaría *Puoich vert*,[23] sede de la sátira citada en la *tornada*). La familia de Urgell tendrá una importante labor de mecenazgo cultural en la segunda mitad del siglo XII y en la transmisión de textos hacia el Noroeste peninsular por sus relaciones con las casas reinantes de Castilla y de León.[24] Armengol VII mantuvo estrechos lazos con Fernando II de León, como se constata por su nombramiento como mayordomo regio durante largos

---

con órganos, flautas, cítaras, salterios y toda clase de instrumentos musicales" (I, cap. 93) (Pérez González 2015: 124).

21 Para un análisis de los poetas (algunos desconocidos) que intervienen, véase Guida (2019: 121–130).

22 La cronología de la composición del texto es controvertida. Beltrán (2017) y Guida (2019) analizan la contextualización e indicios transmitidos en el *vers*, y confirman que se escribiría con ocasión de los esponsales de Alfonso y Leonor. Otro sector de la crítica la sitúa en fechas anteriores. Rossi (1995) apunta a finales de 1161, teniendo en cuenta hipótesis precedentes, que la enmarcaban en la boda de Raimon Berenguer II y Rica de Polonia, viuda de Alfonso VII de Castilla, y, sobre todo, tomando en consideración relaciones intertextuales que mantiene con *Ben s'eschai q'en bona cort* (BDT 389.20) de Raimbaut d'Aurenga.

23 La posible localización de este lugar ha sido debatida desde antiguo. En Agramunt, perteneciente al condado de Urgell, se encuentra el castillo de "Puigvert", topónimo que coincide, en apreciación de Guida (2019), con el nombre citado en la *tornada*. Beltrán, en su exhaustivo estudio (2017: 116–117), sugiere, en cambio, un espacio en tierras de Aragón, próximo a Tarazona, en la que se traduciría la expresión "Mont(e) Verde" y que recogería el orónimo "Puech", extendido por tierras francesas meridionales.

24 En el proceso de implantación de la lírica gallego-portuguesa, la influencia de las casas nobles catalanas fue fundamental como transmisoras de la cultura occitana. El interés por las letras vulgares –y en particular por la floreciente lírica– entre la realeza y la aristocracia catalana fue una constante (Espadaler 2001: 873). Souto Cabo analizó la importancia de ciertos linajes y personajes de Cataluña en los orígenes de la tradición lírica peninsular (2012: 46–53, sobre la familia de los Urgell).

períodos y en el hecho de recibir la titulación de *dominans* de las tierras gallegas de Toronto y de la Limia.[25]

La segunda referencia literaria valiosísima –y también célebre– es dada a conocer por el autor catalán Raimon Vidal de Besalú, del que se tienen escasas noticias biográficas. Su obra es relevante en el ámbito de los estudios occitanos por la composición de las *novas* y por escribir la primera "gramática" occitana, las *Razos de Trobar*. En el relato de carácter narrativo breve, *Unas novas vos vuelh contar*, conocido también como *Castia-gilos*,[26] un juglar dice contar una historia que oyó en la corte de Alfonso VIII, reflejando un activo contexto cultural regio en el que se contaban historias y se cantaban *vers*. El texto ofrece al inicio una interesante escena significativa que sirve como marco de la narración: después de ensalzar las cualidades del monarca castellano ("era condutz e dos, / sens e valors e cortezia / e engenh de cavalairia;") (vv. 7–9),[27] surge en la "cortz complida" (v. 16) la imagen majestuosa de la reina Leonor vestida de forma lujosa, acorde con su posición, con un manto de seda de ciclatón, bordado en rojo y con el emblema del leopardo propio de los Plantagenet:

> E can la cortz complida fo,
> venc la reina Lianors,
> e anc negus no vi son cors;
> estrecha venc en un maltelh
> d'un drap de seda, bon e belh,
> que hom apela sisclato
> vermelhs ab lista d'argen fo
> e i ac un levon d'aur devis.
> Al rei soplega, pueis s'asis
> ad una part, lonhet de lui.
> (vv. 16–23).[28]

---

[25] Guida resalta la figura de Armengol VII como modelo de "proeza, larguezza, devozione all'autorità superiore, socialità cavalleresca, competenza 'curiale' e letteraria, raffinatezza di comportamenti e di attitudini mentali, difusi negli ambienti cortesi del suo tempo" con una "corte propia, especifica, distinta e separata da quella dei dinasti" (2019: 109).

[26] Espadaler (2018: 324–351).

[27] 'Era hospitalario y generoso, juicioso y valeroso, y con cortesía y espíritu caballeresco' (esta traducción y las siguientes son mías). Y continúa reiterando: "qu'el non era onhs ni sagratz, / mas de pretz era coronatz / e de sen e de lialeza / e de valor e de proeza' (vv. 10–14) 'No había estado ungido ni consagrado, pero estaba coronado de méritos, de juicio y de lealtad, y de valor y de arrojo'.

[28] 'Cuando la corte estuvo formada, llegó la reina Leonor, cuyo cuerpo nadie había visto antes: venía ceñida en un hermoso y bello manto, de una tela de seda que se llama ciclatón; era roja, con una banda de plata y, encima, tenía un león de oro. Se inclina ante el rey y luego

Nótese cómo el autor, en vez de mentar sus cualidades y virtudes (como en Alfonso), centra la descripción en la vestimenta que lucía como elemento definitorio de la reina. En la época la indumentaria actuaba como un código propio y denotaba el rango social y el linaje (Burns 2002: 12). En este caso, el manto de ciclatón rojo[29] con su bordado se configura como el indicio marcado de su procedencia y estirpe, el rasgo de Leonor que Raimon Vidal quiere destacar. Por otra parte, la referencia a que la reina "anc negus no vi son cors" podría situar el relato en la celebración de las bodas, aunque la pista debe tomarse con cautela, puesto que es fácil que se trate de un recurso literario para enfatizar la presentación majestuosa de Leonor. En este sentido, Tavani propone el período entre 1198–1212 para la composición de la obra.[30] Lo cierto es que por esta noticia y por otros indicios no cabe duda de que Raimon Vidal tuvo que conocer de primera mano la corte de Alfonso VIII y de Leonor.[31]

2 Berenguela de Barcelona

Además de Leonor Plantagenet, en la consolidación y cultivo de la lírica gallego-portuguesa, se debe mencionar por su protagonismo a la reina Berenguela de Barcelona (1116–1149), cronológicamente anterior. De ascendencia catalano-occitana, se encuentra enterrada en el Panteón Real de la catedral de Santiago de Compostela, en la que también se encuentran su hijo Fernando II y su nieto Alfonso IX, personajes clave en el florecimiento y patrocinio de las letras gallegas.[32] La efigie yacente de Berenguela que cubre su tumba fue labrada

---

se sienta a un lado, algo apartada de él'. Sobre la confusión entre el bordado del leopardo y del león en el manto, véase Rodríguez Velasco (1999: 94).

29 El tejido denominado 'ciclatón' era un tipo de brocado de origen oriental, trabajado en oro y muy lujoso (Espadaler 2018: 348).

30 Tavani (1999: 49); Espadaler (2018: 299–230).

31 En la *nova*, *Abril issi'e*, (vv. 765–767), centrada en la poesía trovadoresca y el arte juglaresco, vuelve a mencionar a Alfonso VIII y a un tal Diego, identificado con el noble Diego López de Haro, perteneciente a una familia de relevancia en el mecenazgo de la lírica gallego-portuguesa.

32 Berenguela falleció en Palencia. Su cuerpo fue trasladado a León, y entregado al arzobispo Pedro Elías para llevarlo a la catedral compostelana, en la que su marido a los 19 años había recibido (y legitimado) la corona de Galicia de manos del arzobispo Gelmírez mientras luchaba contra su padrastro Alfonso I de Aragón. No se conoce el emplazamiento original ni la forma del sepulcro. Moralejo apunta una fecha algo posterior a la muerte de Alfonso IX en 1230 y a una posible renovación del panteón (García González 2013: 979). Parece que el hecho de que Berenguela estuviese enterrada en la catedral, según lo dispuesto años antes por Alfonso VII,

un siglo más tarde de su muerte y presenta rasgos tradicionales y también modernos en la vestimenta que la adorna, como modelo de reina en el que se asocian las dos corrientes. Lleva una capa con cuerdas, "un tipo de manto que se usaba en occidente, que permitía mayor movimiento que los tradicionales, al ir sujeto con un cordón que cruzaba el pecho", y por encima un pellote con amplias aberturas laterales, muy de moda en la época; "debajo asoma un brial cerrado y no encordado, y se cubre con una toca corta con barbuquejo más propia de la moda del siglo XII" (Sánchez Ameijeiras 2016: 223).[33]

Ciertamente que Berenguela no ocupa en la historia literaria un lugar tan preponderante, pero su papel en la introducción de las corrientes poéticas foráneas no fue menor. Era hija del conde de Barcelona Ramón Berenguer III y de Dulce de Provenza,[34] y fue la primera esposa de Alfonso VII de Castilla y León, *Imperator Hispaniae*. El matrimonio, que duraría 20 años, fue planeado por el conde de Barcelona, al que le interesaba expandir Cataluña hacia Europa y entablar una gran alianza política.[35] Aunque no existen las menciones documentales –ni, por supuesto, literarias– sobre los esponsales celebrados en la localidad de Saldaña, en enero de 1128, la *CAI* dedica el libro II a la figura de Berenguela.[36] En la crónica se relata el tortuoso periplo que tuvo que seguir la novia y el

---

tuvo cierta influencia para la consolidación del Panteón Real y para que sus sucesores, su hijo Fernando II (muy vinculado a las obras de la catedral) y su nieto y último rey de León, Alfonso IX, eligiesen la sede compostelana para su reposo final. Además, en la capilla se encuentra la tumba de otra reina, Juana de Castro (†1369), perteneciente a la poderosa familia gallega de los Castro y casada con Pedro I de Castilla, de forma ilegítima, cuando el rey aún tenía esposa. Más detalles de los enterramientos en el Panteón Real y del proceso y consolidación del espacio funerario real en la catedral compostelana en García González (2013) e Yzquierdo (2019).

33 Sobre la efigie yacente de Berenguela, véase también Yzquierdo (2019: 28).

34 El matrimonio entre Ramón Berenguer III y Dulce en 1112 aportó a la casa de Barcelona el territorio de Provenza durante casi siglo y medio, y trajo algo de paz al dominio occitano caracterizado por las luchas incesantes de una aristocracia convulsa (el padre de Dulce, Gerbert de Gavald, fue asesinado en 1110). Sobre la importancia de esta unión para Cataluña, véanse Asperti (1999: 335) y Aurell (1998: 43, 371–374).

35 Los contratos matrimoniales orientados hacia Europa tienen como gran precedente la intensa vida nupcial de Alfonso VI, quien eligió, según relatan las crónicas, como primera esposa a Inés de Aquitania, luego se casó con Constanza de Borgoña, más tarde con Berta de Toscana (originaria de Lombardía) y como última de las consortes, Beatriz de Este, perteneciente a una familia del Norte de Italia, protectora e incentivadora de la tradición trovadoresca (Rodríguez 2017: 80–84).

36 La *CAI*, escrita a mediados del siglo XII en aras de glorificar el reinado de Alfonso VII, constituye la principal fuente documental conservada del papel político y social de la hija del Conde de Barcelona. La figura de Berenguela de Barcelona en esta obra es estudiada por Klinka (2006), Martin (2013), Rodríguez (2014: 93–95) y Recuero (2018).

séquito para evitar pasar por los dominios de Alfonso I de Aragón, padrastro y enemistado con su futuro marido (Aurell 1998: 353).

Las cualidades personales de Berenguela recogidas en la CAI obedecen a los estereotipos conocidos del modelo femenino regio en un afán claramente panegírico, siguiendo las directrices de mentalidad eclesiástica (más que de cultura cortés): se dice que era joven, hermosa, virtuosa y procreadora, pues garantizó la perduración de la dinastía dando a luz a los herederos del reino (I, 12) (Pérez 2015: 93).[37] Este último aspecto es determinante en el caso de las reinas, y es también recogido por parte de la cronística catalana.[38] Comparte el espacio público con su marido y ejerce funciones relacionadas con la práctica del gobierno (destaca sobre todo el ejercicio del consejo en la pacificación del reino),[39] además de desempeñar actividades caritativas y de favorecer a la Iglesia, casi siempre en compañía de la infanta Sancha. Como una heroína épica defiende del asedio Toledo, en ausencia de su marido, y recibe a los vencedores de vuelta de la batalla de Montiel, a los que conmina que devuelvan los cabezas que portaban en los pendones a su gente.[40]

La influencia de Berenguela en la gestación de la lírica se refleja fundamentalmente en dos aspectos y de forma diferente a la referida en Leonor. Por un lado, es necesario tener muy presente que el séquito foráneo que acompañaba a Berenguela a la boda ayudó a dar a conocer la cultura catalano-occitana en el reino castellano-leonés (antes del gran acontecimiento nupcial que supuso el enlace con la Plantagenet). En este sentido, está demostrado que el noble catalán Poncio de Cabrera, que tendrá una relevante posición como promotor de la lírica gallego-portuguesa, se afincó en el Noroeste a partir del enlace en la corte de Alfonso VII.[41] Al igual que aconteció con la familia Urgell, la influencia del ámbito catalán en la corte castellano-leonesa se registra, aparte de los múltiples viajes de trovadores entre cortes, la peregrinación a Compostela y otros factores que pudieron intervenir, por casas nobles que se afincaron en tierras castellanas, leonesas y gallegas. Además, la misma Berenguela podría ser transmisora de

---

[37] En la CAI, las mujeres (sobre todo reinas y nobles) adquieren cierta relevancia (Martin 2013, Pérez 2015: 59–65). Aparte de Berenguela, en el libro I ocupa un espacio importante la infanta Sancha; con la que mantenía una estrecha amistad. Sobre este personaje véase García Calles (1972).
[38] En los *Gesta comitum Barchinonensium* se alude con orgullo a su fecundidad (Aurell 1998: 353).
[39] "Todo lo que el rey hacía lo deliberaba en primer lugar con su esposa y con su hermana la infanta doña Sancha, que tenía abundante y saludable sentido: todos los consejos de ellas le resultaban bien al rey y muchos le prevenían" (I 12) (Pérez 2015: 93).
[40] Más detalles en Klinka (2006).
[41] Barton (1995); Souto Cabo (2012: 21–25).

la poética cultivada en área occitana (era hija de Dulce de Provenza, heredera de numerosos condados y señoríos del Sur de Francia)[42] y catalana, y favorecer las representaciones líricas en la corte. Marcabru visitó la corte castellana de Alfonso VII entre 1140 a 1145 (Alvar 1977: 42) y dedica a este rey dos sirventeses *Emperaire, per mi mezeis* (293,22), una canción de cruzada, en la que se insta a los reinos cristianos a que apoyen al rey en su lucha contra los almorávides, y *Emperaire, per vostre prez*, (293.23) que acaba con una *tornada* en la que el trovador envía la composición a Berenguela para que interceda por él ante su esposo: "Emperairiz, pregaz per mei, / q'eu farai vostre prez richir" (vv. 33–34).[43] En la CAI se muestra una escena reveladora en el episodio durante el ataque de los musulmanes a Toledo, en el que se ve a la emperatriz "sentada en el trono real" "y con un gran tropel de mujeres honorables a su alrededor cantando con tímpanos, cítaras, címbalos y salterios" (II 55) (Pérez 2015: 150).[44]

El apoyo de la reina pudo extenderse a otros contextos literarios, aunque aquí nos movemos en un ámbito bastante dudoso. Georges Martin ha apuntado la posibilidad de que la idea redaccional de la CAI se formara en un ámbito femenino y que algunas de las mujeres con poder relacionadas con Alfonso VII pudieran haber influido en el proyecto. Una primera opción es que la propia Berenguela sea la promotora, dado el protagonismo que tiene en la misma y el conocimiento de Cataluña y las "simpatías catalanistas" que se reflejan en la obra, si bien cobra más verosimilitud la mediación de la infanta Sancha, su cuñada, por indicios más firmes como la empatía que la unía a su hermano participando activamente en la política territorial (Martin 2013: 13–15).

Volviendo a la lírica es más que probable que, en el contexto cultural descrito, durante el reinado de Alfonso VIII y Leonor se cultivase el género en el Occidente peninsular. Las condiciones eran propicias para que esa poética

---

42 En aquella época ligado a la tradición occitana. Desde el punto de vista literario y cultural, los límites marcados como espacios propios entre Occitania y Cataluña permanecerán bastante difusos hasta el siglo XIII con la irrupción de la cruzada albigense y la invasión de la política del reino de Francia en tierras meridionales. La situación de bilingüismo occitano-catalán en el ámbito de la lírica en Cataluña se extendió hasta el siglo XV. Véase Asperti (1999: 341).
43 'Emperatriz, rogad por mí, que yo haré crecer vuestra fama'. Para la reproducción del texto seguimos edición de Gaunt, Harvey y Paterson (2000: 319–323). Sobre los dos sirventeses, véanse Roncaglia (1950) y Alvar (1977: 27–39). Además, Marcabru pasó también algún tiempo en Cataluña, según se desprende de ciertos indicios literarios que lo relacionan con la familia noble de los Cabrera (*vide supra*) (Asperti 1999: 341–342). Un trovador algo posterior, el mentado Peire d'Alvernha, en *Bel m'es, quan la roza floris* (323,7) llorará la muerte de Alfonso VII y animará a su sucesor, Sancho III, a continuar con la política paterna de lucha contra los almorávides en la Península (Alvar 1977: 39–40).
44 Cf. la escena de actividad juglaresca descrita en las bodas de la infanta Urraca (n. 20).

emergiese, y en esa gestación no cabe duda de que tanto Berenguela de Barcelona como Leonor Plantagenet ejercieron una considerable influencia, a la que habría que sumar la desempeñada por una serie de damas destacadas pertenecientes a casas señoriales de Galicia y Norte de Portugal, particularmente la familia Trava.[45]

3 La reina como sujeto literario

La presencia de las reinas en el contexto de las cantigas lírica gallego-portuguesa es escasa.[46] En el *corpus* sólo aparece en cinco composiciones y únicamente en una es la actante principal. Se trata del *pranto* que Pero da Ponte compone en honor a Beatriz de Suabia, esposa de Fernando III y madre de Alfonso X, cuando fallece en 1235, alabando sus cualidades y virtudes.[47] De Beatriz no hay noticias de que fuese mecenas de trovadores. La poca atención que los trovadores dedican a la figura regia femenina en sus cantares se podría explicar por las convenciones a las que el código cortés estaba sometido, en las que, aunque se fijaba el objeto del amor en la dama noble, no se elevaba la condición genérica a la categoría de la esposa del monarca. Por lo tanto, las parcas referencias a las reinas se encuentran en composiciones alejadas de la órbita de los géneros amorosos (cantiga de amor y cantiga de amigo), en el marco de las tipologías en las que el contexto histórico-político es el elemento esencial en la construcción del discurso textual.

Además de Beatriz, la otra reina mencionada explícitamente es Juana de Ponthieu (1220–1279), segunda esposa del mismo rey y con la que se casa tras la muerte de Beatriz. El protagonismo femenino, aunque relevante porque no se percibe la habitual aureola laudatoria, es totalmente secundario. En este caso sus cualidades ya no sirven de modelo de virtudes ni de actuación. Su figura es utilizada para zaherir al hermano de Alfonso X, el infante Enrique de

---

[45] Para la labor de mecenazgo femenino de familias señoriales son fundamentales los trabajos de Frateschi (1999) y Souto (2012; 2018).
[46] Por límites de espacio no podemos extendernos en el examen de la figura de la reina en los textos líricos gallego-portugueses. En una próxima contribución se estudiarán las cinco cantigas que mencionan a la reina analizando su significación en el contexto lírico románico.
[47] *Nostro Senhor Deus! ¿Que prol vus ten ora* (120,8). Sobre esta composición y la representación de esta reina, véase Corral (2017). Para las cantigas se utiliza la versión de MedDB (Base de datos da Lírica Profana Galego-Portuguesa [base de datos en liña]. Santiago de Compostela: Centro Ramón Piñeiro para a Investigación en Humanidades. <http://www.cirp.gal/meddb> [Consultada 23/09/2021].

Castilla, con el que el monarca estaba duramente enfrentado por cuestiones políticas por parte de dos poetas, Gonçal'Eanes do Vinhal y Pero Garcia Burgalês pertenecientes a la corte del rey castellano-leonés.[48] Las tres composiciones aluden a unas supuestas relaciones amorosas que Enrique mantuvo con su madrasta.

La quinta referencia es bastante marginal y se encuentra en una cantiga de Estevan da Guarda, cronológicamente posterior.[49] El texto, enmarcado en el ámbito judicial, se burla de un juez sordo. La "Reínha, madre del-rei" (v. 2) que se nombra es identificada probablemente con Isabel de Aragón, esposa de Don Denis y madre de Alfonso IV de Portugal.

4 Conclusiones

No se puede juzgar la historia literaria de la lírica gallego-portuguesa sin tener en cuenta que el papel de las reinas iba más allá de acompañar al monarca en la corona.[50] Desde el punto de vista político, numerosos reinos aumentaron sus límites territoriales por la transferencia patrimonial de las mujeres (cf. Leonor de Aquitania en Europa y, en ámbito ibérico, el condado de Barcelona con la unión de Ramon Berenguer III y Dulce de Provenza) (Aurell 1998: 453). De igual modo, desde el punto de vista cultural y literario, sus formas de patronazgo y de incitación a la emergencia de una lírica vulgar en la Península Ibérica, ejercieron una influencia considerable destacando las figuras de Berenguela de Barcelona y Leonor Plantagenet. Las crónicas y las escasas fuentes literarias transmiten una imagen laudatoria de la reina que se acomoda a las directrices de las cualidades marcadas en la II *Partida* por parte de Alfonso X: "el Rey deve catar que aquella con quien casare haya en sy quatro cosas. La primera que venga de buen linaie, e la segunda que sea fermosa, la tercera que sea bien costunbrada, la cuarta que sea rrica" (6,1),[51] si bien hay que tener presente una

---

48 Concretamente en *Ai! Deus, que grave coita de sofrer:* (125,1) de Garcia Burgalês y en las rúbricas explicativas que acompañan al texto de *Sey eu, donas, que deytad'é d'aqui* (60,16) y *Amigas, eu oy dizer* (60,3) de Eanes do Vinhal.
49 *Meu dano fiz por tal juiz que nom ouvia ben* (30,20) de Estevan da Guarda.
50 Téngase en cuenta que la figura de la reina goza de una posición ambigua en la Edad Media, puesto que detenta un poder legado por un monarca masculino, quien le transmite esa posición en tanto esposa, hija, viuda o madre (Rodríguez 2017: 236–237).
51 Seguimos la edición de Juarez y Rubio (1991: 12). De todas las cualidades señaladas, el monarca sobresale "que sea de buen linaie e de buenas costumbres", lo cual confirma una vez más los rasgos definitorios de Leonor Plantagenet y Berenguela de Barcelona.

quinta "cosa" fundamental en la dama regia, ser "hazedoras de reyes" para mantener la estabilidad y continuidad a la monarquía, como queda de manifiesto en la historiografía hispana.[52]

Bibliografía

Alvar Ezquerra, Carlos. 1977. *La poesía trovadoresca en España y Portugal*. Madrid: Cupsa.
Aurell, Martí. 1998. *Les noces del comte. Matrimoni i poder a Catalunya (785–1213)*. Barcelona: Ediciones Omega.
Aurell, Martin (ed.). 2013. *Les Stratégies Matrimoniales (IXe–XIIIe siècle)*. Turnhout: Brepols.
Aurell, Martin y Noël-Yves Tonnerre (eds.). 2006. *Plantagenets et Capétiens: confrontations et héritages*. Turnhout: Brepols.
Barton, Simon. 1995. *Comes et maiordomus imperatoris*: más apuntes sobre la vida del conde Ponce Giraldo de Cabrera. *Anales de la Real Academia Matritense de Heráldica y Genealogía* 3. 9–20.
Beltrán, Vicenç. 2017. Leonor Plantagenet y los trovadores: *Puoich Vert* (de Aragón?). *Crítica del testo* 20(2). 107–136.
Bowie, Colette. 2020. *Leonor Plantagenet. Reina de Castilla; Leona de Inglaterra*. Madrid: Silex.
Brea, Mercedes. 2013. Lírica trovadoresca y relaciones familiares. En Antonia Martínez Pérez, Carlos Alvar y Francisco J. Flores (coords.). *Uno de los buenos de reino. Homenaje al Prof. Fernando D. Carmona*, 116–127. San Millán de la Cogolla: Cilengua.
Burns, E. Jane. 2002, *Courtly Love Undressed. Reading through Clothes in Medieval French Culture*. Filadelfia: University of Pennsylvania Press.
Cerda, José Manuel. 2011. La dot gasconne d'Aliénor d'Angleterre: entre royaume de Castille, royaume de France et royaume d'Angleterre. *Cahiers de Civilisation Médiévale* 54. 225–241.
Cerda, José Manuel. 2012. Leonor Plantagenet y la consolidación política de Castilla en el reinado de Alfonso VIII. *Anuario de Estudios Medievales* 42(2). 629–652.
Cerda, José Manuel. 2016. Matrimonio y patrimonio. La carta de arras de Leonor Plantagenet, reina consorte de Castilla. *Anuario de Estudios Medievales* 46(1). 63–96.
Cerda Costabal, José Manuel. 2020. Reigning as partners? Alfonso VIII of Castile and Leonor Plantagenet. *De Medio Aevo* 14. 5–16. http://dx.doi.org/10.5209/ELEM.64080.
Cerda Costabal, José Manuel y Gerardo Boto Varela. 2021. *Propria manu cartam hanc roboro et confirmo*. La mano en el signo rodado de la reina Leonor Plantagenet. *De Medio Aevo*, 10(2). 287–305. https://doi.org/10.5209/dmae.77147.
Cerda Costabal, José Manuel y Félix Martínez Llorente. 2019. Un documento inédito y desconocido de la cancillería de la reina Leonor Plantagenet. *En la España Medieval* 42. 59–91. http://dx.doi.org/10.5209/ELEM.64080.
Corral Díaz, Esther. 2017. A morte en femenino na lírica galego-portuguesa: o *pranto* por Beatriz de Suabia. *Revista de Literatura Medieval* 29. 91–106.
Earenfight, Theresa. 2013. *Queenship in medieval Europe*. Basingstoke: Palgrave Macmillan.

---

[52] Sobre este particular, véase Pelaz (2017: 247).

Espadaler, Anton M. 2001. La Catalogna dei re. En P. Boitani, M. Mancini y A. Vàrvaro, (eds.). *Lo spazio letterario del medioevo*. 2. *Il medioevo volgare*, vol. I *La produzione del testo*, 873–933. Roma: Salerno Editrice.

Espadaler, Anton M. (a cura di). 2018. *Ramon Vidal de Besalú. Obra completa*. Barcelona: Universitat de Barcelona.

Frateschi Vieira, Yara. 1999. *En cas dona Maior. Os trovadores e a corte senhorial galega no século XIII*. Santiago de Compostela: Laiovento.

Fratta, Aniello (ed.). 1996. *Peire d'Alvernhe. Poesie*. Roma: Vecchiarelli.

Gaunt, Simon, Ruth Havey y Linda Paterson. 2000. *Marcabru. A Critical Edition*. Cambridge: D. S. Brewer.

García Calles, Luisa. 1972. *Doña Sancha, hermana del Emperador*. León-Barcelona: Anejos del *Anuario de Estudios Medievales* 2.

García González, Sonsoles. 2013. El Panteón regio compostelano. La pérdida de la memoria. En J. M. Aldea Celada, C. López San Segundo, P. Ortega Martínez, Mª de los R. Soto García y F. S. Vicente Santos (coords.). *Los lugares de la historia*, 973–994. Salamanca: AJHIS.

García Herrero, María del Carmen y Muñoz Fernández, Ángela. 2017. Reginalidad y fundaciones monásticas en la Península Ibérica: un acercamiento al tema. *Edad Media. Revista de Historia* 18. 16–48.

Graña Cid, María del Mar, Reinas, infantas y damas de corte en el origen de las monjas mendicantes castellanas (c. 1222–1316). Matronazgo espiritual y movimiento religioso femenino. En Blanca Garí (ed.). *Redes femeninas de promoción espiritual en los Reinos Peninsulares (s. XIII–XVI)*, 21–43. Roma: Viella.

Jiménez de Rada, Rodrigo. 1987. *De rebus Hispanie sive Historia Gothica*. Edición de Juan Fernández Valverde, *Corpus Christianorum, Continuatio Mediaevalis*, 72, Brepols: Turnhout. Vol. I.

Juárez Blanquer, Aurora y Antonio Rubio Flores (eds.). 1991. *Partida segunda de Alfonso X el Sabio. Manuscrito 12794 de la B.N.* Granada.

Klinka, Emmanuelle. 2006. Le pouvoir au féminin dans la Castille médiévale: une deuxième voie?, *e-Spania* [En ligne], DOI : https://doi.org/10.4000/e-spania.324.

Martin, Georges. 2013. Valoración de la mujer en la *Chronica Adefonsi Imperatoris*. *e-Spania* [En línea], DOI: https://doi.org/10.4000/e-spania.22311.

Martínez de Aguirre, Javier. 2017. Espiritualidad laica, arquitectura funeraria y hospitalidad en la Península ibérica en tiempos de Alfonso VIII 1158–1214). En M. Poza Yagüe y D. Olivares Martínez (eds.). *Alfonso VIII y Leonor de Inglaterra: confluencias artísticas en el entorno de 1200*, 447–502. Madrid: Ediciones Complutense.

McCash, June Hall. 1996. *The cultural patronage of medieval women*. Athens, London: The University of Georgia Press.

Ocón, Dulce. 1996. El papel artístico de las reinas hispanas en la segunda mitad del siglo XII. Leonor de Castilla y Sancha de Aragón. En *VII Jornadas de Arte: La mujer en el arte español*, 27–40. Madrid: CSIC.

Pelaz Flores, Diana. 2017. *Reinas consortes. Las reinas de Castilla entre los siglos XI–XV*. Madrid: Sílex.

Pelaz Flores, Diana. 2018. "Reynante(s) en vno". Fundamentación teórica del poder de la pareja regia en la Corona de Castilla durante la Baja Edad Media. *Anuario de Estudios Medievales* 48 (2). 845–869. DOI: 10.3989/aem.2018.48.2.11.

Pérez González, Maurilio. 2015 [1997]. *Crónica del Emperador Alfonso VII*. Introducción, traducción, notas e índices. 2ª ed. revisada. León: Universidad de León.

Poza Yagüe, Marta. 2017. *Una cum uxore mea*: la dimensión artística de un reinado. Entre las certezas documentales y las especulaciones iconográficas. En M. Poza Yagüe y D. Olivares Martínez (eds.), *Alfonso VIII y Leonor de Inglaterra: confluencias artísticas en el entorno de 1200*, 71–108. Madrid: Ediciones Complutense.

Recuero Astray, Manuel. 2018. La reina doña Berenguela y la *Chronica Adefonsi Imperatoris*. En E. Corral Díaz (ed.). *Voces de mujeres en la Edad Media. Entre realidad y ficción*, 33–44. Berlin, Boston: De Gruyter.

Rieger, Angelica. 2002. Aliénor d'Aquitaine et ses filles, détentrices des fils du réseau interculturel entre troubadours, trouvères et Minnesänger. En D. Buschinger (ed.). *Autour d'Aliénor d'Aquitaine. Actes du Colloque de Saint Riquier (déc. 2001)*, 37–50. Amiens: Presses du Centre d'Etudes Médiévales.

Rodríguez Porto, Rosa. 2018. Tramas manuscritas: difusión y fortuna de los modelos anglonormandos en la iluminación del libro castellano (1170–1369). En A. Arizaleta y Fr. Bautista (eds.). *Los modelos anglonormandos en la cultura letrada de Castilla*, 137–154. Toulouse: Presses universitaires du Midi Méridiennes.

Rodríguez Velasco, Jesús D. (trad.) 1999. *Castigos para celosos, consejos para juglares*. Madrid: Gredos.

Rodríguez, Ana M.ª. 2014. *La estirpe de Leonor de Aquitania. Mujeres con poder en los siglos XII y XIII*. Barcelona: Crítica.

Rodríguez, Ana M.ª. 2017. La estirpe de Leonor de Aquitania. Legitimidad femenina y poder regio en los siglos XII y XIII. En M. Poza Yagüe y D. Olivares Martínez (eds.). *Alfonso VIII y Leonor de Inglaterra: confluencias artísticas en el entorno de 1200*, 235–248. Madrid: Ediciones Complutense.

Roncaglia, Aurelio. 1950. I due sirventesi di Marcabruno ad Alfonso VII. *Cultura Neolatina* 10. 157–183.

Rossi, Luciano. 1995. Per l'interpretazione di 'Cantarei d'aquetz trobadors'. En Luciano Rossi (ed.). *Cantarem d'aquesztz trobadors. Studi occitanici in onore di Giussseppe Tavani*, 65–112. Alessandria: Edizioni dell'Orso.

Sánchez Ameijeiras, Rocío. 2016. Lana, cuero, seda y oro: indumentaria real y figurada en la Galicia Medieval. En M. A. Seixas Seoane (coord.). *Con-fío en Galicia. Vestir Galicia, Vestir o Mundo*, 213–240. Santiago de Compostela: Xunta de Galicia.

Sánchez Jiménez, Antonio. 2004. Catalan and occitan troubadours at the court of Alfonso VIII. *La Corónica* 32(2). 101–120.

Shadis, Miriam. 2009. *Berenguela of Castile (1180–1246) and political women in the High Middle Ages*. New York: Palgrave Macmillan.

Souto Cabo, José António. 2012. *Os cavaleiros que fizeram as cantigas. Aproximação às origens socioculturais da lírica galego-portuguesa*. Niterói: Univ. Federal Fluminense.

Souto Cabo, José Antonio. 2018. Et de dona Guiomar nascio don Rodrigo Diaz de los Cameros. Figuras femininas no patrocínio da lírica galego-portuguesa (II). En E. Corral Díaz (ed.). *Voces de mujeres en la Edad Media. Entre realidad y ficción*, 9–32. Berlin, Boston: De Gruyter.

Tavani, Giuseppe (ed.). 1999. *Raimon Vidal. Il Castia-gilos e i testi lirici*. Milano: Luni.

Valdez del Álamo, Elizabeth. 2017. Leonor Plantagenet: Reina y Mecenas. En M. Poza Yagüe y D. Olivares Martínez (eds.). *Alfonso VIII y Leonor de Inglaterra: confluencias artísticas en el entorno de 1200*, 249–502. Madrid: Ediciones Complutense.

Yzquierdo Peiró, Ramón. 2019. Unha catedral para os reis de Galicia: o Panteón Real de Santiago de Compostela. En A. López Carreira, M. Vilar Álvarez, R. Yzquierdo Peiró, Mª del P. Rodríguez Suárez y M. Vázquez Bertomeu (eds.). *O Panteón Real*, 15–47. Santiago de Compostela: Concello de Santiago.

María del Pilar Mendoza-Ramos
Las viudas en *La Nef des dames vertueuses* de Symphorien Champier

Según la visión patriarcal, presente en los escritos de los Padres de la Iglesia, de los sabios, así como de los santos, los estados en los que se puede encontrar la mujer, todos ellos determinados por su relación con el hombre, se reducen a tres: la virgen, la esposa, la viuda. Estos tres estados se imponen de forma transversal a cualquier otra situación jerárquica, social o generacional femenina. Este rasgo identificativo de la individualidad de la mujer, directamente relacionado con el hombre, trasluce su posición pasiva en lo relacionado con la sexualidad y solo le deja como margen de libertad la elección de la continencia en un universo donde se promociona la castidad como la virtud esencial de cualquier mujer sea cual sea el estado que la defina (Casagrande 2002: 111–114). Teniendo este punto de partida, a continuación, después de realizar un breve apunte sobre su situación en la Edad Media, intentaremos completar el retrato de la viuda en este momento por medio del análisis de perfil literario que de ella realiza Symphorien Champier en el primer libro de *La Nef des dames vertueuses*.

1 Las viudas en la Edad Media

De uso indistinto para el femenino y para el masculino, el sustantivo *veve* en francés antiguo (o, con otras grafías, *vedve*, *vevete*) deriva del sustantivo latino *vidua* (femenino de *viduus*). Como adjetivo femenino, se aplicaba regularmente a sustantivos masculinos ("un hom vesve"). Esta rara extensión del empleo del sustantivo y adjetivo femeninos a sintagmas masculinos se mantendrá hasta el siglo XVI, cuando aparecerán los primeros testimonios del sustantivo *vef*. La prevalencia en francés antiguo y francés medio del uso del sustantivo femenino se explica por la importancia social que revestía la situación de las mujeres viudas. Constituye, por lo tanto, el reflejo de la realidad social del momento, donde, de acuerdo con lo que atestiguan los distintos documentos, el número de viudas era superior al de viudos principalmente como consecuencia de la diferencia de edad entre los cónyuges o del número de hombres, especialmente de la nobleza, que morían en la guerra (Verdon 1999: 48). Entre los textos que

María del Pilar Mendoza-Ramos, Instituto de Estudios Medievales y Renacentistas, Universidad de La Laguna

Open Access. © 2022 María del Pilar Mendoza-Ramos, published by De Gruyter. This work is licensed under the Creative Commons Attribution-NonCommercial-NoDerivatives 4.0 International License.
https://doi.org/10.1515/9783110756029-006

permiten valorar la presencia social de la viuda, es decir, su visibilidad en esta época en Francia, se encuentran los documentos públicos jurídicos, notariales o fiscales donde se comprueba el alto grado de uso del sustantivo *veuve*, en especial en la baja Edad Media. En ellos se constata que, contrariamente a la masculina, la identidad femenina está ligada al estatus marital y "ces femmes sont ainsi dotées d'un nouvel état civil défini par le veuvage" (Jeanne y Pasquier-Chambolle 2007: 33-34). En otras palabras, la viudez constituía un rasgo social identificativo en la mujer que, por lo tanto, era sistemáticamente precisado en los documentos civiles.

Al perfilar un rápido retrato de la situación de las viudas en este período, se debe señalar, en primer lugar, que escasea la información sobre los grupos sociales pobres y, por lo tanto, sobre las viudas pobres, lo que implica, como primera observación, que el perfil de la viuda en general será parcial (Pilorget 2014: 12); en segundo lugar, se constata que la viudez en la Edad Media constituye un momento en el que la situación de algunas mujeres cambia radicalmente al acceder a un estatus de poder o de debilidad. En algunas ocasiones, de poder, ya que, en la burguesía, si bien bajo ciertas condiciones, las viudas podían continuar con la actividad laboral del marido difunto (Verdon 1999: 53; Jeanne 2007: 34; Jeanne y Pasquier-Chambolle 2007: 37); y, en el caso de la aristocracia, las viudas podían pasar a gestionar directamente sus posesiones o, durante la minoría de edad de los herederos, las reinas viudas podían ejercer la regencia (Lett 2013: 139-140 y 144-145).

Pero, de la viudez, como ya se indicó, deriva en ocasiones un estado de debilidad para la viuda porque su herencia, cuantiosa o escasa, puede verse comprometida por las deudas contraídas por el cónyuge, que también integran el legado[1] (sirva aquí de ejemplo los problemas económicos de Christine de Pizan) y, además, por las aspiraciones hereditarias, legítimas o no, de los familiares del marido o por las acciones legales, no siempre conforme a la ley, de los acreedores (Jeanne 2009: 336-337). Estas dificultades económicas pueden afectar tanto a las viudas de la clase baja como, en ocasiones, a las de la aristocracia (Verdon 1999: 53-54). Por esta situación de debilidad que las hacía susceptible de sufrir los abusos de los poderosos, desde muy pronto se integrará a las viudas en las *miserabiles personae* (Santinelli 2003: 86 y siguientes).

Al convertirse en viuda, a la mujer se le presentan varias posibilidades que, en muchas ocasiones, se convierten en imposiciones por las circunstancias

---

[1] Con el fin de evitar esta situación comprometida para la supervivencia de la viuda, en la segunda mitad del siglo XIV se pone en marcha en París un procedimiento por el que las viudas, "nobles ou roturières", podían sustraerse de hacer frente a las deudas del marido por medio de la renuncia total de la "communauté conjugale" (Jeanne 2009: 338).

personales, familiares o materiales. En todo caso, en la mayoría de las ocasiones la nueva vida de la viuda pasa por franquear el umbral de cuatro opciones: si asume la nueva condición y continúa su vida, como ya se ha señalado anteriormente, de acuerdo con sus condiciones materiales y sociales, la viuda podrá subsistir con relativa tranquilidad en compañía de su descendencia, si la tuviera (Lorcin 1975: 192–193); o, incluso, podrá ejercer bajo ciertas condiciones la profesión del difunto marido. Sin embargo, la viuda puede decidir modificar su estatus ingresando en un convento, ya sea por convicción religiosa, ya sea por penuria económica o búsqueda de una protección material (Verdon 1999: 48–49; Parisse 1993: 256–257). Como tercera opción, la viuda puede volver a casarse (Verdon 1999: 49). Por último, como un acto totalmente personal, una posibilidad que dependería del estado psicológico de la viuda podría llevarla en alguna ocasión al suicidio. Este tipo de acto de las viudas queda diluido en el conjunto de suicidas, donde prima el número de hombres sobre el de mujeres (Schmitt 1973: 5). Cabe suponer que la desesperación sería el principal motivo de estos suicidios de las viudas como ocurre, por ejemplo, en el suceso referido por Jean-Claude Schmitt sobre la defenestración en 1381 de la viuda embarazada de uno de los decapitados en la represión que siguió al regreso a París de Charles VI (1973: 24, nota 176). En su estudio sobre el suicidio de las viudas, Charles Fontinoy considera que en el pasado el suicidio estuvo muy presente en el territorio de los pueblos indoeuropeos (hasta época más reciente, en la India con el suicidio-sacrificio de la viuda) y clasifica las causas del suicidio en razones de orden sentimental, jurídico, religioso, psico-fisiológico o filosófico, si bien precisa que todas las causas no concurren al mismo tiempo (1969: 196). Por su carácter demasiado compartimentado, resulta evidente que esta clasificación de motivos del suicidio puede y debe ser matizada (Marcos Casquero 2001: 272–274; Pellaton 1993: 53–54).

Contrariamente a la numerosa presencia e importancia de la viuda en la documentación legal medieval, el peso de la viuda en la literatura es limitada, si bien aparece con mayor frecuencia que el viudo (Alamichel 2011: 57; Lett 213: 201). En todo caso, cuando se encuentra, quedan reflejados en cierta medida algunos de los estados de la viuda. Se pueden mencionar ejemplos tan variados como el de Laudine, personaje de Chrétien de Troyes, quien, para defender sus posesiones y castillo, se ve abocada al matrimonio con Yvain, el homicida de su esposo; la desolada viuda de uno de los caballeros caídos en la derrota de Azincourt, cuyo lamento, unido al de otras tres mujeres, sirve a Alain Chartier (en *Le Livre des quatre dames*), para realizar un alegato político; los personajes legendarios de Semíramis o de Dido, recuperados en las galerías de mujeres; o el de la propia Christine de Pizan, quien, además de ser un claro ejemplo de las penalidades y problemas legales a los que debía enfrentarse una viuda en el siglo XV, se convierte bajo su propia pluma, en un personaje literario que ilustra y reflexiona autobiográficamente sobre la viudez.[2]

2 *La Nef des dame vertueuses* de Symphorien Champier

El médico humanista Symphorien Champier nació en 1471 en Saint-Symphorien, cerca de Lyon. Después de algunos años en Italia, Suiza, Lorena y el norte de Francia, fijó su residencia en Lyon, donde, junto a François Rabelais, creó el Colegio de médicos de esa ciudad. La publicación de numerosos libros de medicina, matemática, arqueología, poesía, moral y teología le hará gozar de un destacado renombre que no pervivirá mucho más allá de su muerte (Allut 1859: 73). Siguiendo el ejemplo de autores anteriores como Boccaccio (en *De mulieribus claris*), Champier publicó en 1503 *La Nef des dames vertueuses*, obra que, en su libro primero, presenta ciento treinta y tres breves biografías de mujeres destacadas por sus virtudes. Los tres libros restantes contienen un tratado sobre el matrimonio con consejos morales para mujeres y hombres (segundo libro), las profecías de las sibilas frente a las de *La Biblia* (tercer libro) y un ensayo sobre el amor platónico (cuarto libro). Se conocen tres ediciones de esta obra (1503, 1515 y 1531) que tuvo una gran repercusión en su época, en especial entre el público femenino (Allut 1859: 16).

Gran parte de los retratos que realiza Champier en su primer libro tiene como fuente, entre otros, a Plinio, Cicerón, Valerio Máximo y, en especial, si bien no lo menciona, a Boccaccio. A pesar de compartir una fuente común, la misma lengua y un objetivo similar, así como de tener el mismo punto de partida (la obra es concebida por ambos autores una mañana en la soledad de su estudio), *Le Livre de la cité des dames* de Christine de Pizan no se encuentra, sin embargo, entre los modelos de *La Nef des dames vertueuses* (Kem 2005: 232–233). En todo caso, igual que casi un siglo antes ya había hecho Christine de Pizan, Champier sostiene que las mujeres son virtuosas y dignas de alabanza, lo que hará que en su obra no hable de mujeres indignas (Kem 2005: 228–229). Por ello, nuestro autor tomará de la galería de Boccaccio solo los modelos femeninos a su criterio suficientemente definidos por sus virtudes excelsas y los organizará en cuatro

---

[2] En especial, en el capítulo IV de la tercera parte de *Le livre des Trois Vertus*, Pizan convierte su experiencia en una serie de consejos dirigidos a las viudas donde tienen cabida especialmente aquellos relacionados con el patrimonio heredado, los pleitos y los acreedores deshonestos.

grupos de acuerdo con su ámbito de procedencia. De esta forma, en primer lugar, Champier describe a las mujeres de la Antigüedad; a continuación, enumera las mujeres virtuosas de *La Biblia*; en tercer lugar, se encuentra el retrato de las santas; y, por último, nuestro autor reserva un pequeño apartado a las mujeres virtuosas de la historia francesa que aún no han sido santificadas. Todas ellas están presentadas como "flores" que se reúnen en un gran "ramo de virtudes", porque, aunque de forma menos desarrollada que en *Le Livre de la cité des dames*, la obra de Champier también se caracteriza por ser alegórica, basada concretamente en dos imágenes cuyo encaje resulta a veces algo incoherente: el jardín de damas virtuosas (compuesto por ramos y flores) y el barco (*nef* o *navire*), preparado para zarpar.[3]

3 Las viudas en *La Nef des dames*

Estrechamente relacionado con los ejemplos de mujeres de virtudes excelsas, entre las que destacan la castidad y la fidelidad, encontramos el retrato de las viudas. Su amor sin límites al cónyuge fallecido llega al punto de conducir a algunas de ellas al suicidio al sentirse incapaces de sobrellevar el dolor causado por la ausencia del esposo. En otras ocasiones, deciden seguir su camino con gran coraje y forjan su destino en solitario haciendo frente a todos los obstáculos; o, algo más raro, contraen un segundo matrimonio. En todo caso, por sus ilustres virtudes, para Champier todas las viudas son dignas pasajeras de su *Nef*.

Si tenemos en cuenta cómo viven su viudez, estas mujeres pueden reunirse en varios grupos. De esta forma, en primer lugar, se encuentran las viudas suicidas, aquellas que deciden poner fin a sus días una vez que el esposo ha fallecido. Frente a estas, la mayoría de viudas continúa con su vida, por lo que, en un segundo grupo, tenemos a las viudas sempiternas que honran el cadáver de su esposo o viven en un retiro casto, dando muestras de devoción y solidaridad fraternal. El tercer grupo está integrado por las viudas cuya vida está determinada por la maternidad, ya sea porque son madres o porque quieren serlo. Por su parte, las viudas que se destacan por sus acciones constituyen un grupo aparte bien definido por el hecho de que toman activamente las riendas de su

---

[3] Parece que Champier añadió la metáfora del barco cuando ya había empezado la escritura de su obra, al igual que hizo con su *Nef des princes*, un año antes. El título de ambas obras aprovecha muy probablemente la moda de *La Nef des fous* de Sébastien Brant, impresa en Lyon en 1498 y 1499, que gozó de numerosas reediciones y fue traducida a varias lenguas (Allut 1859: 139–140; Kem 2005: 226).

vida y hacen frente a las obligaciones que con la viudez recaen sobre ellas. Por último, presentaremos el grupo compuesto por las falsas viudas, es decir, por aquellas esposas que creen muerto a su marido y que, al sentirse viudas, actúan como tales.

3.1 Las viudas suicidas

Tres son las viudas suicidas: Evadne, Porcia y Pompeya Paulina, todas pertenecientes a la Antigüedad. Las razones para el suicidio de la viuda, acto que entronca con costumbres arcaicas directamente relacionadas con el mundo indoeuropeo, tienen que ver, por un lado, con la idea de que, igual que en la vida, la plenitud del individuo está en la pareja, la cual, constituida en matrimonio, debe permanecer unida en la muerte; y, por otro lado, desde una perspectiva patriarcal, donde se subordina la mujer al hombre, con la idea de la indisolubilidad del matrimonio que debe trascender a la muerte, por lo que la esposa ha de seguir en su suerte al cónyuge fallecido (Marcos Casquero 2001: 272 y 283–284). En todo caso, en estos tres ejemplos encontramos a viudas totalmente desoladas y sin consuelo.

Evadne, quien se arroja a la pira donde arde el cadáver de su esposo Capaneo, muerto en el ataque a Tebas, constituye la primera viuda suicida mencionada por Symphorien Champier.[4] La breve narración de los hechos comienza con un cuantificador ("Combien fut grande l'amour", p. 68)[5] que pone de relieve la admiración del autor hacia esta viuda, quien, movida por el profundo dolor que siente, decide suicidarse. De esta forma, cuando el cuerpo de su marido está en llamas en la pira "ainsi qu'il estoit pour lors de coustume" (p. 68), Evadne no puede resistir el impulso de arrojarse al fuego para que las cenizas de la pareja sean conservadas en una misma urna "selon la costume de lors" (p. 68). Dada la posición contraria de la Iglesia al suicidio, Champier tiene la precaución de encuadrar dentro de la costumbre del pasado la acción de esta viuda. En este sentido, en su artículo dedicado a este personaje mitológico, Svetlana Janakieva precisa que estos actos y ritos funerarios están estrechamente relacionados con la creencia en la continuación de la vida conyugal en el Más Allá (2005: 23).

---

[4] Aunque por sus orígenes divinos está presente en su *De genealogia deorum gentilium* (IX, 36), Boccaccio no incluye a Evadne en *De mulieribus claris* a pesar de ser un modelo legendario de fidelidad conyugal, por lo que parece que sería la primera obra la que habría servido de fuente a Champier.

[5] Todas las citas de esta obra pertenecen a la edición crítica de Judy Kem (2007).

Por su parte, el retrato de Porcia, la segunda viuda suicida, coincide con el que realiza Valerio Máximo en *Factorum et dictorum memorabilium* (libro IV, 6, 5),[6] si bien, según su costumbre, Champier no explicita su fuente. De la muerte de Porcia, procura pocos datos: el nombre del esposo y la forma de su deceso; y, tras conocer la muerte del marido, la resolución de esta mujer desolada de "soy tuer"[7] con el fin de "tenir compagnie à sondit mari aux enfers" (p. 71). Al no conseguir disponer de un puñal para acabar con su vida, se resolverá a tragar las brasas del carbón. Para Champier, el suicidio de Porcia, que presenta como una decisión irrevocable ("Elle ne se peult convertir à aultre chose", p. 71), constituye un testimonio de "la grande amour que les dames ont à leurs maris" (p. 71).

En tercer lugar, se encuentra Pompeya Paulina, esposa de Séneca, que ejecutará un suicidio fallido. Champier realiza una breve descripción de la tentativa que esta mujer desea llevar a cabo junto a su marido, quien, por orden de Nerón, debe acabar con su vida. Sin embargo, los soldados impedirán que el deseo de la esposa se ejecute totalmente por lo que sobrevivirá algunos años al marido, tiempo en el que honrará su memoria en "louable viduité" y, llena de melancolía, "termina son dernier jour" (p. 86).

Como vemos, los ejemplos de suicidio de viudas presentes en Champier son exclusivos de la Antigüedad. Ni la condenación eterna por la Iglesia del alma del suicida, ni los atroces suplicios infligidos por la ley al cuerpo consiguieron evitar los suicidios en la Edad Media (Schmitt 1976: 18), por lo que este acto formaba parte de la realidad cotidiana del momento. Sin embargo, quizá el temor de enfrentarse a la condena cristiana hacia el suicidio lleva a nuestro autor a escoger ejemplos de un tiempo remoto (y situarlos bajo el paraguas de "ainsi qu'il estoit pour lors de coustume", p. 68) para ilustrar su admiración por la viuda *univira*, que, con su suicidio, decide acompañar al esposo fallecido al Más Allá o que, según veremos en los siguientes ejemplos, se mantiene casta el resto de sus días, rindiendo así homenaje a la memoria de su marido.

3.2 Las viudas sempiternas

En este apartado, mencionaremos, en primer lugar, a las tres viudas que, inspiradas por el gran amor que profesan a sus maridos y desoladas por su muerte,

---

[6] Valerio Máximo había presentado anteriormente, en el libro III (capítulo II, 15), el valor de Porcia ante la muerte.
[7] Expresiones como "soy tuer" u otras similares eran las utilizadas en francés antiguo y francés medio para hacer referencia al suicidio ya que la palabra *suicide* no entrará en esta lengua hasta varios siglos después (Schmitt 1976: 4).

están dominadas por el único deseo de honrar su cuerpo exánime. Dos son las razones que da Champier para seleccionar a Isis como una candidata ideal de "noz fleurs" (p. 72): en primer lugar, por otorgar la escritura a los egipcios, así como el conocimiento de la labor de la tierra y el uso del lino; y, en segundo lugar, por profesar a su marido un amor fervoroso. Por esta razón, cuando su esposo fue asesinado a traición, buscó sin descanso, sumida en un llanto continuo, los diferentes miembros de su cadáver. El desbordamiento de este sufrimiento y, por lo tanto, el llanto ("elle se mist terriblement à plourer", p. 72), se produce cuando encuentra los restos dispersos. A continuación, con el fin de dificultar el acceso a ellos, realizará los preparativos para darles sepultura en un lugar remoto: en "l'isle de abaton qui est interpretée où l'on ne peult aller"[8] (p. 72). Cabe destacar que, si bien menciona sus otros méritos, el relato de Champier centra el retrato de este personaje sobre su viudez contrariamente a lo que se encuentra en la obra de Boccaccio o, incluso, en la de Christine de Pizan, quienes no incidirán en esta circunstancia.

Para presentar a Artemisa, la reina de Caria, Champier se sirve del apóstrofe para invitarla al viaje que se prepara en la nave de las damas virtuosas ya que el amor que le profesó a su marido la hace merecedora de ello. Por si este amor en vida no fuera suficiente, también resume las muestras de estos sentimientos ante el cadáver de Mausolo, su esposo, a través de los gestos de duelo ("gemist" y "mena grand dueil", p. 75) y la manera en que le dio sepultura: la carne fue sepultada y, en su memoria, hizo colocar sobre la tumba una estatua que merecería encontrarse "entre les sept spectacles du monde" (p. 75). Para los huesos, llevó a cabo otra muestra de amor: los hizo convertir en ceniza que ingirió diluida en agua. Con esta explicación, Champier interpreta las palabras de Valerio Máximo, quien, dentro del apartado dedicado a los ejemplos de amor conyugal en los extranjeros, en este caso, los griegos, explica cómo Artemisa bebió, mezcladas en un brebaje, las cenizas de su esposo (libro IV, capítulo 6, I). Sin embargo, Champier sigue directamente al autor latino al incluir en su obra a Artemisa como ejemplo de viuda desolada por la muerte del esposo, así como del amor que le profesa a este, sin hacer alusión al aspecto militar de la vida del personaje que se encuentra destacado tanto en la obra de Boccaccio como en la de Christine de Pizan.

Finalmente, en un breve párrafo, Champier incluye otro ejemplo de profundo amor hacia el marido que demuestra, en esta ocasión, la noble Argía, hija de Adrasto, rey de Argos. Este intenso amor hará que, una vez enterada de

---

8 Champier toma este dato de fuentes clásicas ya que *Abaton* es el nombre que se le da a la isla del Nilo en *Naturales quaestiones* (IV, 2) de Séneca y en *La Farsalia* (323) de Lucano (Moine 2012: 46).

la muerte de Polinice, su esposo, en el asalto a Tebas, Argía se dirige al campo de batalla y busque sin descanso el cadáver de su marido ante el que dará grandes muestras de amor y dolor ("dieu scet combien de pleurs et lermes elle gecta: et combien de fois elle le baisa", p. 78). A continuación, siguiendo la antigua tradición, lavará el cuerpo y, tras quemarlo en un gran fuego, depositará con gran reverencia las cenizas en un recipiente de oro que guardará secretamente. Tenemos aquí otro ejemplo de cómo Champier selecciona la parte concreta de la historia que le interesa para ilustrar brevemente el retrato de una mujer, en este caso de esta amantísima esposa.

En segundo lugar, entre las viudas sempiternas encontramos a aquellas que viven en un retiro casto, dando muestras constantes de devoción y solidaridad fraternal. Se trata de un grupo integrado por seis mujeres, de las que tres son personajes bíblicos y las otras tres, santas o de comportamiento santo. Entre las mujeres bíblicas, encontramos a la viuda de Sarepta (primer *Libro de los Reyes*, capítulo 17), a la que Champier le da el nombre de Sareptane. Su historia bíblica se narra de manera sucinta: acogida del profeta Elías, hospitalidad de la viuda, milagro de la multiplicación de la harina y del aceite, y, por sus buenas acciones, tras el ruego de la madre al profeta y la invocación a Dios, resurrección del tierno hijo de la viuda. Como en las ocasiones anteriores, el relato de Champier se centra en especificar las virtudes que adornan a esta viuda y justifican su presencia entre las *flores* y el *jardín* al que el autor está dando forma por ser "moult chaste dame" y "aimée de dieu pour son hospitalité" (pp. 96–97).

Con "De la femme de Abdie le prophète" (p. 97), tenemos otro ejemplo bíblico del que Champier proporciona más información que la fuente, ya que en el texto bíblico solo se dice que se trata de una mujer de las de los hijos de los profetas (segundo *Libro de los Reyes*, capítulo 4). Nuestro autor, sin embargo, precisa que se trata de la viuda de Abdie el profeta y que fue "moult bonne dame aimant et creignant dieu" (p. 97). Siguiendo su estilo, explica muy brevemente el episodio generoso que hace contraer una gran deuda al matrimonio y cómo, una vez muerto el marido, el profeta Eliseo multiplica el aceite de la viuda para que pueda pagar a su acreedor con el dinero obtenido de la venta e impedir, de esta forma, que se lleve a sus hijos como esclavos.

Por su parte, Ana, hija de Fanuel, también tiene su sitio entre las mujeres de la *Nef* por su castidad y santidad tras quedar viuda siete años después del matrimonio: "[. . .] et demoura vefve long temps durant lequel elle fut si saincte qu'elle estoit tousjours au temple" (p. 99). En su mayor parte, el retrato que hace Champier coincide con lo que se dice de esta mujer en el *Nuevo Testamento* (*Lucas* 2: 36–38), pero, dado que lo que le interesa es destacar la castidad de la viuda, nuestro autor no menciona que se trata de una profetisa ni que, después de conocer al niño Jesús, alabó a Dios y habló del niño a cuantos esperaban la redención de Jerusalén.

En el grupo de viudas santas, Champier presenta a santa Elizabeth, destacando cómo la joven viuda, cuya vida siempre estuvo marcada por la devoción y cuidado de los pobres, a los que dedicaba gran parte de su renta, se consagra completamente a ello después de la muerte en la Cruzada de su marido. De esta forma, repartirá su dote de matrimonio: "Son douaire[9] de deux mille march l'une partie donna aux pobres et de l'autre fit edifier ung hospital auquel elle servit les pobres comme chambriere" (p. 110). Para poner de relieve esta vida de sacrificio y entrega, Champier, en uno de los escasos ejemplos de discurso directo en esta obra, dará voz al propio Jesucristo, quien, en el momento de la muerte de la santa, le dice: "viens m'amie aux tabernacles qui te sont preparés" (p. 110). Para completar la biografía de la santa, Champier sitúa en 1226 el año de su muerte (si bien, según su biografía, tuvo lugar cinco años después) y termina señalando que "fit despuis plusieurs miracles" (p. 110). Por último, cabría destacar que nuestro autor, relativamente prolijo en los detalles de devoción, servicio al prójimo y buen ánimo en la viudez de esta mujer, no hace mención, sin embargo, de sus tres hijos, a quienes, tras quedar viuda, abandona para tomar el hábito religioso (p. 110).

Para la vida de santa Paula, según su técnica, Champier realiza una selección de hechos que le permiten poner de relieve la bondad y santidad del personaje ("merveilleusement bonne et saincte dame", p. 112). De esta forma, explica cómo, tras la muerte de su esposo que "[. . .] plaignit tant qu'elle en cuida mourir", a pesar de los ruegos de hijos y parientes, realiza un peregrinaje a Tierra Santa. Tras caer enferma y no querer seguir las recomendaciones médicas, morirá "en nostre seigneur" cantando salmos en hebreo (pp. 112–113). Como en el caso de santa Elizabeth, este retrato solo refleja lo que interesa al autor (la devoción de la viuda y su consagración a la obra de Dios) y obvia el hecho de que también esta progenitora abandona a sus hijos, dejando así de lado su maternidad, para emprender el camino de la santidad.

Entre las viudas contemporáneas de comportamiento virtuoso aún no santificadas ("Les Femmes illustres dont l'on ne list riens de leur sanctification", p. 114), encontramos a Dame Blanche, Blanca de Castilla, madre de Louis IX

---

[9] El *douaire*, que traducimos como "dote de matrimonio", constituye, según la costumbre desde la alta Edad Media, lo que el esposo, en previsión de su fallecimiento, aportaba al matrimonio para asegurar la vida de la viuda.

(saint Louis).[10] De esta madre viuda, "tresbonne et saincte dame", Champier destaca la rectitud de su vida ("[. . .] vesquit moult sainctement en ce monde") y el adoctrinamiento de su hijo en buenas costumbres y en la religión (pp. 116–117). Al no interesarle para su objetivo, lejos de lo que precisamente subraya Christine de Pizan sobre ella en *El Livre de la cité des dames* (I, XII), Champier deja de lado todas las cualidades políticas relacionadas con esta reina viuda.

3.3 Las viudas y la maternidad

Entre las viudas mencionadas por Champier hay varias madres, pero, en este apartado, solo serán tratados aquellos ejemplos donde el sentimiento maternal constituye la virtud que quiere destacar el autor. En este sentido, este tercer grupo de viudas está integrado por aquellas progenitoras cuya vida está determinada por la maternidad, ya sea porque son madres y ejercen como tales o porque quieren serlo a toda costa.

En primer lugar, se debe destacar el ejemplo de una madre viuda que ha criado sola a su hijo y debe inculcarle los valores de ecuanimidad y moderación. Se trata de Veturia, la noble romana cuya vida se caracterizó por un "perpetuel vesvaige" (p. 80). De ella, Champier elabora un rápido retrato donde incide especialmente en su resolución e intervención para reconvenir a su hijo ("luy remonstra si bien", p. 81) y, de esta forma, liberar Roma, ciudad que aquel tenía sitiada, así como en la recompensa que recibió ella misma ("en perpetuelle memoire luy fut edifié ung temple de fortune", p. 81) y, gracias a ella, las mujeres de Roma a quienes a partir de ese momento se les rindió honores, se les permitió lucir ricos adornos y heredar.

Por su parte, Beronice o Laodice se muestra en *La Nef* como una "dame de grant hardement" (p. 83), ya que, tras quedar viuda de Ariarates, rey de Capadocia, por la insidia de su cuñado Mitrídates, toma las armas "d'ung grand hardement et fureur" (p. 83) para vengar la muerte de sus dos hijos, asesinados también con engaños de su tío. De esta forma, se sirve de una lanza y de una piedra para dar muerte a Ceneo, el brazo ejecutor de las órdenes de Mitrídates, y, desafiando las flechas y golpes enemigos, llegar con su carro a la casa donde se encuentra el cuerpo inerte de su hijo, al que rendirá "larmes maternelles et parfit les onseques funeraux" (p. 83). Para Champier esta mujer ejemplifica la

---

10 Con la presencia de esta mujer y de su hijo, directamente relacionados con el linaje de Anne de France, Champier intenta obtener el favor de esta mecenas, a quien dedica su obra (Breitensten 2016: 243–247).

fuerza de la maternidad y el valor que nace del dolor profundo que siente la madre ante la muerte de sus hijos.

Los otros dos ejemplos de maternidad tienen naturaleza bíblica y se producen en circunstancias excepcionales. En lo que concierne a Tamar (*Génesis* 38), Champier efectúa un brevísimo retrato que carece realmente de la explicación de la virtud que lleva al autor a considerarla digna pasajera de "nostre nef": "Ne vos eslongnés point thamar tenez compagnie aux aultres" (p. 90). Nuestro autor lleva a cabo una amplia elipsis ya que solo se menciona que Tamar es viuda de Er y la gracia que recibió de Dios a la muerte del esposo, ya que Judá, su suegro, le entregó el sello, cordón y báculo por los que más tarde ella salvaría la vida. Nada dice de cómo los consigue ni de la razón que la impulsa a llevar a cabo el engaño por el que finalmente conseguirá concebir un hijo. En todo caso, con este ejemplo de la ley judía del levirato, Champier ilustra la continuación de la vida de la viuda y su intento de tener descendencia a todo precio para cumplir con la ley de Moisés.

De Betsabé (capítulo once de la segunda parte del *Libro de Samuel* y en el primero del *Libro de los Reyes*), se relata brevemente cómo *corre* para "estre mise dedens nostre jardín" (p. 95) y que fue por su belleza objeto de deseo de David, quien urdió la muerte de su marido, Urias. Tras quedar viuda, el homicida la lleva a su casa y la toma por esposa. De esta unión nacerá Salomón. En esta ocasión de viudez fugaz que acaba con un nuevo matrimonio, Champier incide en el amor maternal entre madre e hijo y, como consecuencia, destaca la manera en la que Salomón honrará a su madre hasta el punto de mandar construir para ella un trono e instalarlo a su derecha.

3.4 Las viudas que destacan por sus acciones para el bien general

Un grupo aparte merecen las viudas caracterizadas por tomar activamente las riendas de su vida y hacer frente a las obligaciones que recaen sobre ellas. Se trata, por lo tanto, de viudas que siguen su recorrido vital, adaptándose al estado implicado por su viudez y hacen frente a deberes que, en principio, no les estaban reservados. En todo caso, la viudez y sus virtudes modélicas no constituyen en estas mujeres lo que Champier quiere destacar hasta el punto de que en algunos ejemplos este estado no está explicitado. Solo se precisa la situación de viudez como punto de partida de las acciones dignas de mención de estos personajes sin siquiera recordar el hecho de que estas viudas han debido sobreponerse a las limitaciones de su estado.

Según Champier, la utilidad de sus invenciones y sus virtudes hacen de Nicóstrata (también llamada Carmenta por sus vaticinios), una mujer digna de ingresar en el listado que está elaborando ("de nostre plume", p. 72). Después del fallecimiento de su esposo, Ionius, muerto "par ignorance", según precisa el autor, a manos de Évrandro, su hijo, Nicóstrata abandona Arcadia y, junto con su vástago, llega a Italia donde fundan la ciudad Palanteo. Ella además llevará a cabo una adaptación de las letras griegas y enseñará el nuevo sistema a los latinos. Por todo ello, Champier destaca a esta viuda que constituye un claro ejemplo de que "les dames n'ayent point esté de moindre esperitz que les hommes" (p. 72). De esta forma, nuestro autor se introduce en el debate abierto en la Edad Media sobre las capacidades intelectuales de las mujeres y enlaza con la defensa que hace Christine de Pizan en *Le Livre de la cité des dames*, donde Nicóstrata constituye otro ejemplo en la respuesta que da Razón a la autora sobre la existencia de mujeres que han inventado una ciencia (I, XXXIII).

Dentro del grupo de viudas que continúan con su vida, debemos mencionar también a Dido de cuya vida legendaria Champier hace una particular presentación. En este sentido, alejándose de las fuentes precedentes, Dido, viuda de su primer marido, muerto por avaricia a manos de su cuñado, se convierte en esposa de Eneas tras su llegada a Libia. Champier justifica el lugar de esta viuda en "nostre naviere" (p. 76), es decir, en la "nef des dames", por las virtudes que demuestra en su segundo matrimonio (con lo que engrosa los ejemplos de segundas nupcias de las viudas). Nuestro autor destaca concretamente la fidelidad y lealtad que Dido guardó a su marido ausente hasta el punto de suicidarse en el fuego ("elle ayma mieulx mourir dedans ung grand feu", p. 76) para no caer en manos del rey Jasbas y "faulser sa foy à son mari enée", así como para evitar cualquier mal a su pueblo. Aunque en esencia manejan las mismas fuentes, la comparación del retrato de Dido pone de nuevo de manifiesto la independencia de Champier con respecto a Boccaccio y a Christine de Pizan (Kem 2005: 231–232). De esta forma, aunque la viudez constituye un tema común en Champier y Boccaccio, la justificación del suicidio difiere ya que el autor francés menciona la castidad con respecto al segundo matrimonio (el contraído con Eneas), mientras que Boccaccio lo hace en relación al primero (XLII). Por su parte, Christine de Pizan, que no incide en la viudez del personaje, destacará, en primer lugar, sus excepcionales cualidades que le permiten escapar de una muerte segura, así como fundar y gobernar Cartago en África (I, XLVI); y, en segundo lugar, su demoledora fidelidad, la cual, tras la huida de Eneas, la aboca al suicidio (II, LV).

Dos viudas más, en este caso bíblicas, que ejecutan una acción heroica para salvar a su pueblo, deben ser incluidas en este grupo. En primer lugar, aparece Judit, viuda desde muy joven que se retira del mundo junto con sus hijas con el fin de llevar una vida marcada por un ayuno continuo, así como por el amor y temor de Dios. Para Champier, esta viuda posee las virtudes necesarias para reunirse con las demás damas vituosas ("Judich se mesle à nos fleurs", p. 94), según pone de relieve con su breve retrato, donde destaca su fama, belleza, sabiduría y prudencia, gracias a la cual consiguió cortarle la cabeza a Holofernes y, de esta forma, liberar al pueblo de Israel de su asedio.

Para Sara, también hay que mencionar la brevedad de la presentación de esta historia bíblica (*Tobías*, en especial en los capítulos 6 al 8) que constituye otro ejemplo de un nuevo matrimonio de la viuda. Tras detenerse brevemente en los orígenes de la joven y sus cualidades ("de merveilleuse beaulté moult gracieuse et bonne aymant et craignant dieu", p. 98), Champier pasa rápidamente a los hechos y, después de precisar su viudez de siete maridos por la intervención de un diablo, explica cómo se convierte en mujer de Tobías y cómo, gracias a sus oraciones, su constante llanto y ayuno completo ("sans boyre ne sans menger", p. 98) de tres días, esta mujer consigue "par sa bonté et saigesse" la bendición de Dios. En este caso, como en otros, Champier modifica la historia bíblica para darle un *relativo* mayor protagonismo a la mujer. De esta forma, su explicación sobre la manera de salvar a Tobías difiere de la bíblica (capítulo 6), donde se dice que, por indicación del ángel, Tobías usará un trozo del corazón del pez que días atrás había capturado para ahuyentar al demonio que amaba a Sara.

Finalmente, tenemos a la viuda que ocupa el lugar y las funciones del esposo tras su muerte. Se trata de Semíramis cuya historia narra Champier de manera más extensa, destacando, en primer lugar, su valor. Tras este apunte, se centra en la reacción de esta mujer frente a la muerte de su marido, el rey Ninus, ya que "pour garder et deffendre son païs" tomó las armas para ejercer "œuvre de chevalerie en telle façon que par sa prouesse batailleusement elle conserva et deffendit son royaulme d'assirie contre ses ennemis" (p. 71). Pero, la acción de la viuda heroica no se limita a la defensa de su reino, sino que logrará acrecentarlo de manera considerable "Car elle y adjoignit la terre de ethiopie et mena guerre aux indiens et n'y eut jamais personne qui y entrast fors elle et alexandre le grand et moult fit de belles conquestes sus ses ennemis dont elle fut puis grandement prisée quand on l'eut congneu" (p. 71). Para completar el retrato de esta valerosa viuda, Champier menciona a Valerio Máximo (en una de las raras ocasiones donde cita su fuente), quien, en "*Ire et haine*" (p. 71),[11] relata una anécdota de cómo esta heroica mujer estaba un día acicalándose y,

---

[11] Se trata del libro IX, capítulo III, *De Ira et Odio*, concretamente el ejemplo 4 del apartado *De Ira et Odio externorum*, donde se incluyen los ejemplos de personajes extranjeros que dieron muestra de estos sentimientos. Semíramis comparte el protagonismo en este apartado con Alejandro, Almílcar y Aníbal.

ante la noticia del levantamiento de la ciudad de Babilonia, sale inmediatamente sin terminar de arreglar su cabello para restablecer el orden. Champier, quien obvia el final del texto del autor latino al describir cómo en Babilonia se erige una estatua con el fin de representar a Semíramis en plena acción para sofocar la rebelión, termina el relato recordando que el reinado de esta viuda, tras la muerte de su esposo, se prolongó durante cuarenta años.

Con el retrato que hace de esta viuda, tenemos otro ejemplo más de cómo Champier se limita a realizar una selección biográfica del personaje, en este caso, centrada únicamente en la valentía y los actos caballerescos de Semíramis, descartando cualquier aspecto de su biografía que pudiera desmerecer esta imagen de "dame vertueuse". En este punto, el retrato está más próximo a lo que encontramos en *Le Livre de la cité des dames* de Pizan (I, XV) y se aleja de la imagen que da Boccaccio de este personaje femenino en *De mulieribus claris*, donde insiste en que su lujuria manifiesta oscureció todas sus hazañas de armas (II).

3.5 Las falsas viudas

Finalmente resulta interesante mencionar a las esposas que denominaremos falsas viudas porque, sin serlo realmente, las circunstancias en las cuales ha desaparecido el cónyuge conducen a creer que lo son y, por ello, ellas se sienten y actúan como viudas. Por otro lado, para completar la imagen que se tiene de la viuda en este momento, resulta muy esclarecedor determinar cuál es el comportamiento adoptado por estas mujeres o el que se les impone. En este sentido, aunque los ejemplos que se encuentran en este grupo pertenecen a mujeres de la Antigüedad, los valores que se ponen de relieve corresponden al estereotipo medieval.

Para establecer el retrato de Julie, a quien, a diferencia de Valerio Máximo (IV, 6, 4), presenta como la hermana de Julio César y no como su hija, Champier mantiene su técnica de relato breve con el que ilustra uno de los modelos de devoción marital: la muerte súbita de la viuda a causa del inmenso dolor generado por la pérdida del cónyuge. En el caso de Julia, esposa del gran Pompeyo, nuestro autor explica que, como resultado del "amour si fervente" (p. 68) que siente por su marido, al ver la toga de su esposo ensangrentada y creerlo muerto, pierde el hijo que estaba gestando y ella misma cae al suelo inerte. El relato se detiene en este punto, sin explicar, como sí encontramos en Valerio Máximo o Boccaccio, sus fuentes, que en realidad se trata de un lamentable equívoco y que Pompeyo no está muerto.

De Penélope, Champier realiza también un breve retrato que comienza con la alabanza entusiasta ("de quelz louenges la pourray je extoller") de la "bonne et loyalle foy" (p. 67) que demostró por su marido Ulises en la larga espera de veinte años, especialmente en los últimos diez años cuando no había evidencia de que estuviera vivo. La fidelidad constituye, por lo tanto, la virtud que identifica a Penélope y, para ponerla aún más de relieve, Champier completa el perfil del personaje narrando la estratagema del paño tejido durante el día y deshecho por la noche para defraudar el deseo de aquellos que la solicitan en matrimonio. Frente al retrato de Boccaccio en *De mulieribus claris* (Proemio y XL), quien de manera explícita menciona la viudez y castidad del personaje, en el retrato del autor francés, el estado de viudez queda implícito, pero presente junto con la esperanza inquebrantable de Penélope en el regreso de su marido ("attendant tousjours sondit mari", p. 67) y con su castidad a toda prueba.

4 Conclusión

En definitiva, comprobamos que, igual que para el resto de personajes femeninos, los veintidós retratos de viudas (sin contar los dos que hemos agrupado como falsas viudas) que realiza Champier son breves y se concentran esencialmente en las virtudes que este autor quiere destacar. De esta forma, por ejemplo, de Artemisa solo describe el estado de viuda desolada por la muerte del esposo sin mencionar el aspecto militar de la vida del personaje; el retrato de Isis está centrado en su viudez, dejando de lado sus otros méritos; de Argía da solo una pincelada como amantísima esposa; de Ana, hija de Fanuel, solo subraya su castidad y obvia todo lo relacionado con su carácter profético; en el caso de las santas Elizabeth y Paula, de las que se resalta su devoción, no se menciona que abandonan a sus hijos. Por lo tanto, de su fuente, rara vez mencionada, solo toma lo que le interesa y deja de lado otros aspectos de la biografía de personaje femenino que no aportan nada a su objetivo o que podrían incluso cuestionarlo. Aunque también Christine de Pizan se sirve de esta técnica de selección, hay una clara diferencia entre ambos autores que se pone especialmente de relieve en el retrato de las mujeres bíblicas. Al hablar de personajes sobradamente conocidos de sus lectores, resulta evidente que la necesidad de exhaustividad no existe. De todas formas, Champier solo da unas pinceladas del retrato y evita los episodios conflictivos de la vida de la viuda que podrían cuestionar su carácter ejemplificador. Christine de Pizan, por su parte, usa toda la vida del personaje, incluyendo las cuestiones conflictivas (que resumen cuando conviene a su discurso), para justificar sus argumentos de defensa de la mujer.

De los cuatro grupos en los que clasifica a las mujeres virtuosas (de la Antigüedad, de *La Biblia*, las santas y contemporáneas de virtudes excepcionales), se puede entresacar el estereotipo de viuda que Champier promueve en su obra. De esta forma, la viuda ideal, llena de amor sin límites por el esposo, caería en la desolación tras su muerte; mujer parca en palabras, sería expresiva en sus gestos de dolor, así como decidida en los actos con los que demuestra su veneración por el cadáver de su esposo; la desolación por el fallecimiento del cónyuge se traduce, en ocasiones, en gestos de sacrificio, de suicidio de la viuda; la castidad constituiría su virtud definitoria; y, aunque alguna vez se vuelve a casar, la viudez, acompañada de actos devotos y fraternales, constituye su estado ideal hasta el fin de sus días por lo que representa una virtud en sí misma hasta el punto de eclipsar otros méritos y cualidades de la viuda. Los dos ejemplos de falsas viudas refuerzan el perfil incidiendo en las dos características esenciales del estereotipo de la viuda: el amor sin fisura hacia el marido y la castidad ejemplar que hace frente a todos los asaltos y determina el resto de la vida de la viuda.

Bibliografía

Alamichel, Marie-Françoise. 2011. Les Veuves au Moyen Âge: la voix masculine des femmes. En Leo Carruthers (ed.). *Voix de femmes au Moyen Age*, 57–86. AMAES. Publications de l'Association des Médiévistes Anglicistes de l'Enseignement Supérieur. http://amaes.jimdo.com/publicationsde-l-amaes/volumes-annuels/ (17 de agosto de 2020.)

Allut, Paul. 1859. *Étude biographique et bibliographique sur Symphorien Champier*. Lyon: Libraire-éditeur Nicolas Scheuring.

Breitenstein, Renée-Claude. 2016.Tensions fécondes dans la construction de publics féminins à l'aube de la Renaissance française: les exemples de *La Nef des dames vertueuses* de Symphorien Champier et de *La Louenge de mariage et recueil des hystoires des bonnes, vertueuses et illustres femmes* de Pierre de Lesnauderie. En Cynthia. J. Brown y Anne-Marie Legaré (eds.). *Les femmes, la culture et les arts en Europe entre Moyen Âge et Renaissance*, 241–257. Turnhout: Brepols.

Casagrande, Carla. 2002. La femme gardée. En Christine Klapisch-Zuber (ed.). *Histoire des femmes en Occident*, 99–142. Paris: Perrin.

Fontinoy, Charles. 1969. Les causes du suicide des veuves. En *Mélanges de linguistique, de philologie et de méthodologie de l'enseignement des langues anciennes offerts à M. René Fohalle*, 195–204. Grembloux: Éditions J. Duculot.

Janakieva, Svetlana. 2005. Noces prolongées dans l'Hadès: d'Evadné aux veuves thraces. *Revue de l'histoire des religions* 1. https://doi.org/10.4000/rhr.4452.

Jeanne, Caroline. 2007. Je suis vesve, seulete et noir vestue. Constructions et stratégies identitaires des veuves parisiennes à la fin du Moyen Âge. *Hypothèses* 1(10). 191–201. https://doi.org/10.3917/hyp.061.0191.

Jeanne, Caroline. 2008. Seules ou accompagnées? Les veuves parisiennes et leurs fratries à la fin du Moyen Âge. *Médiévales* 54. https://doi.org/10.4000/medievales.4872.

Jeanne, Caroline. 2009. Droits et pouvoir des veuves à la fin du Moyen Âge: éléments de réflexion à partir du cas parisien. En Armelle Nayt-Dubois et Emmanuelle Santinelli (dirs.). *Femmes de pouvoir et pouvoir des femmes dans l'Occident médiéval et moderne*, 331–340. Valenciennes: Presses universitaires de Valenciennes.

Jeanne, Caroline y Pasquier-Chambolle, Diane. 2007. L'histoire médiévale à l'aune du genre: les débuts d'une enquête. *Sociétés & Représentations* 2(24). 29–41. https://doi.org/10.3917/sr.024.0029.

Kem, Judy. 2005. Symphorien Champier and Christine de Pizan's "Livre de la cité des dames". *Romance Notes* 45(2). 225–234.

Kem, Judy (ed.). 2007. Symphorien Champier. *La Nef des dames vertueuses*. Paris: Honoré Champion.

Lett, Didier. 2013. *Hommes et femmes au Moyen Âge. Histoire du genre XIIE–XVE siècle*. Paris: Armand Colin.

Lorcin, Marie-Thérèse. 1975. Retraite des veuves et filles au couvent: quelques aspects de la condition féminine à la fin du Moyen Age. *Annales de démographie historique. Démographie historique et environnement*, 187–204. https://doi.org/10.3406/adh.1975.1280.

Lorcin, Marie-Thérèse. 1981. Veuve noble et veuve paysanne en Lyonnais d'après les testaments des XIVe et XVe siècles. *Annales de démographie historique. Démographie historique et condition féminine*, 273–288. https://doi.org/10.3406/adh.1981.1505.

Marcos Casquero, Manuel-Antonio. 2001. El sacrificio de la mujer viuda en el mundo indoeuropeo. *Gerión* 19. 259–292.

Moine, Déborah. 2012. Bigeh ou le tombeau d'Osiris. Une île sur le Nil, un sanctuaire et un enjeu archéologique. *Pharaon Magazine* 13. 46–51.

Parisse, Michel (ed.). 1993. *Veuves et veuvage dans le Haut Moyen Âge*. Paris: Picard éditeur.

Parisse, Michel. 1993. Des veuves au monastère. En Michel Parisse (ed.). *Veuves et veuvage dans le Haut Moyen Âge*, 255–274. Paris: Picard éditeur.

Pellaton, Frantz. 1993. La veuve et ses droits de la Basse-Antiquité au haut Moyen Âge. En Michel Parisse (ed.). *Veuves et veuvage dans le Haut Moyen Âge*, 51–97. Paris: Picard éditeur.

Pilorget, Julie. 2014. La problématique du veuvage féminin en Picardie à la fin du Moyen Âge. Ponencia presentada en la *Journée d'étude du 22 mars 2014, organizada por Elisabeth Crouzet-Pavan (Paris-Sorbonne, UMR 8596) y l'École doctorale n°1: Acteurs sociaux en situations (Europe, fin du Moyen Âge)*. https://humanisme.hypotheses.org/files/2014/09/Julie-Pilorget-Acteurs-sociaux-.pdf (7 de octubre de 2016).

Santinelli, Emmanuelle. 2003. *Des femmes éplorées? Les veuves dans la société aristocratique du haut Moyen âge*. Lille: Presses Universitaires du Septentrion.

Schmitt, Jean-Claude. 1976. Le suicide au Moyen Âge. *Annales. Économies, Sociétés, Civilisations* 31(1). 3–28. https://doi.org/10.3406/ahess.1976.293698.

Verdon, Jean. 1999. *La femme au Moyen Âge*. Paris: Éditions Jean-Paul Gisserot.

M.ª del Pilar Lojendio Quintero
El criterio de autoridad de los autores grecolatinos en el capítulo dos de *La Nef des dames vertueuses* de Symphorien Champier

El capítulo dos de *La Nef des dames vertueuses* de Symphorien Champier está dedicado a Susana de Borbón, hija de Ana de Francia y Pedro II de Borbón. Se trata de un texto con el que el autor pretende instruir a la joven princesa en todos los aspectos concernientes a su futura vida marital, desde la elección de marido a la crianza de los hijos. El libro dos se estructura en dos niveles, en el nivel principal se desarrollan el texto en francés y en los márgenes, utilizando el latín como lengua vehicular, las referencias de las autoridades sobre las que el autor se apoya para sustentar sus argumentos. Las citas en latín pertenecen a autoridades de la cultura grecolatina —ya paganas, ya cristianas—, árabes (en los fragmentos destinados a tratar cuestiones médicas), y a otras autoridades más o menos contemporáneas del autor. En prosa y en verso, filósofos, médicos, poetas y dramaturgos constituyen el fondo ideológico con el que el autor francés muestra la vigencia del pensamiento grecolatino.

La Nef des dames vertueuses es obra del médico Symphorien Champier, nacido entre 1472 y 1475 en una población cercana a Lyon. La *editio princeps* de la obra se publicó en 1503 un año después de *La Nef des princes*, aprovechando la popularidad de *La Nef des fous* de Sébastien Brant publicada en 1494 y reeditada al menos 17 veces (Kem 2007: 12). *La Nef des dames vertueuses* debió gozar de cierta fama en la época a juzgar por las ediciones que salieron a la luz en los años posteriores 1515 y 1531 y por la carta de su amigo Gonsalvo Toledo: "A letter from his friend Gonsalvo Toledo in 1508 attests to the work's success beyond aristocratic circles, amongst urban female readers. Alongside this reported success in Lyons, the Nef was later published in Paris in 1515, and again in 1531" (Swift 2008: 177).

La obra está compuesta por cuatro libros; el primero de ellos titulado "Les Louenges fleurs et deffenssoir des dames" está dedicado *à tresnoble et tresvertueuse princesse Anne de France dame et duchesse debourbon et d'auvergne* y constituye un catálogo de mujeres ilustres ordenadas cronológicamente siguiendo el *De claris mulieribus de* Boccaccio y la *Cité des dammes* de Christine

---

M.ª del Pilar Lojendio Quintero, Instituto de Estudios Medievales y Renacentistas – IEMyR, Universidad de La Laguna

Open Access. © 2022 M.ª del Pilar Lojendio Quintero, published by De Gruyter. This work is licensed under the Creative Commons Attribution-NonCommercial-NoDerivatives 4.0 International License.
https://doi.org/10.1515/9783110756029-007

de Pizan. En el segundo libro, el autor se centra en la vida marital; con motivo del compromiso matrimonial de Susana de Borbón, hija de Ana de Francia, Champier proporciona a las mujeres una serie de consejos que pretenden abarcar todas las facetas de la vida conyugal. En el tercero, Champier aborda la figura de la sibila y de las profecías y el cuarto constituye un resumen del comentario de Masilio Ficino del *Banquete* de Platón.

A excepción del segundo libro, ofrecido, como he indicado, a Susana de Borbón, el resto está dedicado a su madre Ana de Francia. Como destaca J. Abed (2009: 52-54) al final de la Edad Media abundan los catálogos consagrados a mujeres de distinta índole, paganas, bíblicas, legendarias o históricas, y en consonancia con esta temática, la figura a la que se le dedica la obra es también una mujer ilustre y generalmente relacionada con el poder cuyas virtudes el autor pretende transmitir. En esta perspectiva, se inscribe también Champier, aunque tal proceder no es gratuito, pues su propósito parece ser la obtención del mecenazgo de los Borbones para alcanzar su título en medicina, si bien no obtuvo éxito (Kem 2007: 12). Es posible que este rechazo estuviera influido por la intención de la propia Ana de Francia de escribirle a su hija, entre la muerte de su esposo y su matrimonio con Carlos de Borbón en 1505, un tratado de consejos prácticos titulado *Les Enseignements d'Anne de France duchesse de Bourbonnois et d'Auvergne à sa fille Susanne de Bourbon*. Por otra parte, la imagen de la mujer que retrata Champier es poco halagadora y no sería del gusto de su madre (Swift 2011: 63). Susana es la única hija de Pedro II, Duque de Borbón, y de Ana de Francia que, a la muerte de su padre en 1503, cuenta con doce años. La formación de la joven princesa es una cuestión de estado y se espera de ella una conducta ejemplar, como esposa y madre (Lequain 2005: 40).

La intención de Champier queda plasmada al principio de la obra, en donde manifiesta su propósito de defender a las mujeres de la animadversión de ciertos maledicentes que el autor se guarda de mantener en el anonimato (Kem 2007: 14). En este sentido Pascal (2003: 1) constata que durante los siglos XVI y XVII hay un aumento del prestigio de las mujeres. En el plano político, destacan damas como la propia Ana de Francia, Ana de Austria, Luisa de Saboya, Catalina o María de Médici. Sin duda, los precedentes de Plutarco, Boccaccio o Christine de Pizan, han conformado un terreno abonado para que autores como Champier continúen la senda de visibilizar a las mujeres, tanto aquellas que obedecen al arquetipo deseado como las que, por el contrario, no siguen este modelo. Estas ciudades, galerías o naves de mujeres constituyen el modelo en el que las destinatarias de los tratados deban, bien seguir, bien rechazar.

¿Conveniencia, moda o convicción? En el prólogo de la obra y de forma alegórica la dama Prudencia, acompañada de otras ocho damas, anima al autor a alabar a las mujeres y sus virtudes, en justo paralelo a la alabanza de los príncipes que había hecho el autor en su obra anterior *La Nef des princes*. No obstante, algunos críticos consideran que Champier escribió la *Nef des dames* para disculparse ante las lectoras ofendidas por la traducción al francés del *Liber lamentationum Matheoli*, reconocida obra misógina de finales del s. XIII, que, bajo el título *La malice des femmes*, el autor incluye en *La Nef des princes* (Kem 2019: 78). Además, el *mesdisan* al que se refiere Champier y que no menciona puede ser el autor de *Las Nef des folles*, Josse Bade, que consideraba a las mujeres causantes de los males de los hombres, en concreto de Sansón, David y Salomón.

El autor de *La Nef des dames vertueuses* demuestra estar versado en literatura misógina, pero no menciona otros tratados que defienden a las mujeres y que le preceden, *La Cité des dames* de Christine de Pizan escrito en torno a un siglo antes o *Le champion des dames* del monje Martin Le Franc publicado en 1485 (Kem 2007: 13). Algunos de los títulos que encabezan los capítulos del libro dos parecen mostrar que el autor se coloca en la perspectiva de la mujer, pero en su desarrollo se advierte que la mujer queda relegada a una posición convencional según el derecho consuetudinario (Swift 2008: 180–181).

El segundo libro de Symphorien Champier se distribuye en un doble discurso; en su parte preferente se expone el texto en francés, pero de forma complementaria y en apoyo del discurso principal, el autor introduce un gran número de referencias en latín de textos procedentes de distintas autoridades (griegas, romanas, árabes, paganas y cristianas) en consonancia con la temática desarrollada. Se trata, por tanto, de un texto bilingüe, francés-latín, aunque algunos fragmentos latinos no aparecen reproducidos por Champier en el texto francés (Breitenstein 2016: 245).

Distintas cuestiones relacionadas directamente con el matrimonio unas, y otras que, tangencialmente, tratan este tema principal, pero plantean cuestiones estrechamente relacionadas con el saber médico, se desarrollan en los veinte capítulos que componen el libro dos. Los capítulos dedicados a cuestiones médicas son especialmente extensos, si los comparamos con el resto del libro segundo, pues, como especialista en la materia, Champier, además de aportar un gran número de argumentos de autoridades en la materia (griegas y árabes), desarrolla a modo de digresión temas más o menos afines.

El contenido desarrollado en el libro dos está diseñado atendiendo a una progresión cronológica clara, se inicia con las referencias a la creación del hombre y la mujer para continuar exponiendo las distintas fases de la vida de una mujer cristiana que debe cumplir con el objetivo religioso del vínculo matrimonial y la procreación.

Como ya he indicado, las autoridades que cita Champier son diversas, pertenecen en su mayoría al mundo grecolatino y son tanto paganas, como cristianas: Aristóteles, Agustín, Cicerón, Diógenes Laercio, Galeno, Gregorio, Hipócrates,

Horacio, Isidoro de Sevilla, Jerónimo, Flavio Josefo, Juvenal, Lactancio, Lucano, Orígenes, Ovidio, Platón, Plauto, Plinio, Ptolomeo, Séneca, Silio Itálico, Estrabón, Terencio, Valerio Máximo y Virgilio.

Aunque las citas procedentes de las autoridades árabes no son tan significativas en número, sin duda, para Champier tienen gran relevancia como muestra de autoridad en los capítulos en los que se tratan temas relacionados con la medicina: Averrroes, Avicena, Haly Abbas (Ali ibn al-Abbas al-Majusi), Haly Rodoam (Ali ibn Riḍwan) y Rhazès (Abu Bakr al-Razi). Además de estas referencias, el autor incluye a otros humanistas más o menos contemporáneos: Baptiste de Mantou, Marsilio Ficino, Hugo de Parma, etc.

A pesar de la afirmación de A. Escobar (2012: 70): "No parece documentarse en ningún momento un 'canon humanístico' de autores grecolatinos, es decir, una lista de «autoridades» (. . .) surgida en el seno del Humanismo como tal", lo cierto es que del texto de Champier podemos deducir ciertas líneas de preferencias que, por otra parte, parecen están de acuerdo *grosso modo* con las propuestas de grandes referentes del humanismo europeo. Así Dante en el *De vulgari eloquentia* ponía como modelo del buen latín a Virgilio, al Ovidio de la *Metamorfosis*, a Estacio y a Lucano, entre los poetas y a Livio, Plinio, Frontino y Orosio como prosistas (Escobar 2012: 55). También Erasmo hizo públicas sus preferencias en *Ciceronianus* (1528): Virgilio, Horacio, Ovidio, Lucano y Marcial como poetas supremos (Escobar 2012: 56). O Vives en *Institutio feminae Christianae* (1524) señaló "como *libri legendi* los libros sagrados y de los Padres, los de Platón, Cicerón, Séneca y similares, y se propone la lectura de poetas cristianos" (Escobar 2012: 57). El humanista Battista Guarino *De modo et ordine docendi ac discendi* (1459) recomienda autores como Virgilio, Ovidio, Lucano, Estacio, Terencio, Juvenal, Plauto, Horacio, Persio, Valerio Máximo, Cicerón, Quintiliano, Aristóteles, Platón, Gelio, Macrobio, Plinio, Agustín, al mismo tiempo que aconseja *multarum rerum lectio* (Kessler 2003: 185). Por otra parte, la obra, rica en recursos retóricos, demuestra la influencia en Champier, como en la mayor parte de sus contemporáneos, de los principios de la retórica clásica, y, sobre todo, de la *Rethorica ad Herennium* (Kem 2019: 83–84).

A la luz de estos datos, Champier sigue la línea de los autores más o menos contemporáneos en lo que a autoridades grecolatinas se refiere. Sin duda, las referencias de autores latinos, ya paganos, ya cristianos, son muy superiores a las citas de autores griegos, pero el peso que estos tienen en el discurso de Champier son inequívocamente significativos.

Como ya he apuntado, el libro dos de la *Nef des dames vertueuses* consta de veinte capítulos en los que, de forma más o menos progresiva desde el punto de vista cronológico, Champier le da consejos a Susana, hija de Ana de Francia y Pedro de Borbón, ante su próximo enlace matrimonial. Estos consejos inciden en cuestiones como la razón teológica del matrimonio, los deberes de los esposos, la temperancia sexual y otras cuestiones médicas, así como en la educación de los hijos (Breitenstein 2016: 245).

Con el fin de proporcionarle a su discurso valor y trascendencia, Champier se apoya en el criterio de autoridad que le proporcionan los textos de escritores de la Antigüedad grecolatina, de la cultura árabe y otros más o menos contemporáneos suyos. No obstante, en algunos de los capítulos, el autor no incorpora el testimonio de ninguna autoridad; así ocurre en el ocho *Comment la femme doit estre subjecte à son mari*,[1] tampoco en el dieciséis *De la femme bien complexionnée selon les choses exterieures*.

En algunos de los capítulos del libro que tratan aspectos o conceptos de la religión cristiana, Champier recurre al testimonio no sólo de autoridades cristianas, sino también paganas de forma indistinta. Las citas que el autor introduce no pasan de breves comentarios cuyas ideas no aparecen contextualizadas ni fundamentadas.

En el capítulo uno el autor aludiendo a las santas escrituras y al génesis trata la creación del mundo y del hombre ". . . die au commencement crea le monde et après il crea l'homme" (Kem 2007: 125). La estructura es la siguiente: a) creación del hombre por parte de la divinidad como la criatura superior en la naturaleza, b) creación de la mujer con el objetivo, por un lado, de proporcionarle compañía al hombre y, por otro, de procrear, y c) el matrimonio.

Para corroborar su afirmación de que el mundo ha sido creado para el hombre, menciona en primer lugar y en el propio texto a autoridades paganas cuyas ideas le proporcionan al autor la ratificación que necesita, a pesar de que los referentes divinos son diferentes. Ovidio y Cicerón en *Las Metamorfosis* y *Las Leyes* respectivamente son mencionados en el cuerpo del texto, esto es, en la versión francesa a la que acompaña la nota al margen que incorpora la cita completa en la nota: "Ovidius. Sanctius his animal mentisque capatius [captius] alte: Deerat adhuc et quod dominari in cetera possit (posset?): Natus homo est" (Ovidio, *Metamorfosis*, 1. 76–78); y "Cicero in primo de legibus. Nunc quoniam hominem, quod principium reliquarum rerum esse voluit, generauit et ornauit deus" (Cicerón, *Las Leyes*, 1. 9). Sin embargo, la referencia en el texto del historiador judío Flavio Josefo es la traducción casi exacta del texto latino que aparece en el margen: "Et pource dit Josehus que l'homme a esté creé de dieu comme seigneur de toutes aultres choses inferieures."; y en el margen: "Josephus. Deus hominem omnium dominum [dominium] fecit" (Flavio Josefo, *Antigüedades de los Judíos*,

---

[1] Alude a un proverbio de procedencia incierta: *et pource dit on que le saige mari fait la saige femme*.

1.3.8). El mismo procedimiento lleva a cabo con la cita del escritor cristiano Lactancio, Champier traduce la cita del autor latino prácticamente completa en el cuerpo del texto: "Laquelle chose lactance ne nye point, ains par eloquente interrogation dit en ceste maniere 'Qui est capable de veoir et congnoistre le ciel fors l'homme? Qui contemple le ciel sinon l'homme? Qui congnoist les proprietés des estoilles fors que l'omme. Qui se esmerveille des oeuvres de dieu'" (Kem 2007: 125). En el margen reproduce el texto latino del autor: "Lactantius. Quis celum suspicit nisi homo? Quis celum quis astra? Quis opera dei miratur nisi homo? Terrenorum item comodorum in quo es dominatus nisi in homine" (Lactancio, *Epitome divinarum institutionum*, 64.3).

Champier, en la segunda parte de este primer capítulo, continúa con la narración del relato bíblico: la mujer es un mero ser subsidiario del hombre, su razón de ser proporcionarle compañía al hombre y perpetuar la especie. El autor traduce el fragmento de Flavio Josefo: "Quant dieu eut creé l'homme en paradis terrestre Avant le peché luy figura une femme d'est assavoir eve et la luy donna en mariage pour multiplier les hommes" (Kem 2007: 126), pero no reproduce el texto latino. No obstante, en el margen aporta un amplio texto de Ficino (*Opera*, I. 779) haciendo referencia al hecho de que Platón en su juventud se había mostrado contrario al matrimonio, pero que en la vejez cambia radicalmente esta idea, hasta tal punto que afirma que aquel hombre que no toma en matrimonio a una mujer debe permanecer alejado de los deberes y oficios públicos y que además debe pagar más impuestos que el resto de ciudadanos.

El primer capítulo termina con una amplia disertación sobre el matrimonio. Una vez más aporta Champier testimonios de escritores paganos y cristianos. Entre los primeros, cita a Platón, al geógrafo e historiador griego Estrabón y a Cicerón y entre los cristianos menciona a Jerónimo y Lactancio.

Las referencias de los escritores griegos aluden a las costumbres de los pueblos que no viven bajo la ley de Dios y que, por tanto, según Champier, se asemejan a las bestias. Frente a estas referencias, las lecturas de los Padres de la Iglesia defienden el sacramento del matrimonio y la monogamia, así como su indisolubilidad, pues, en contraposición a los romanos, que podían repudiar a la esposa si había cometido adulterio, la ley de Dios no permite el repudio ni la separación. En este punto parafrasea una vez más a Lactancio en la alabanza que hace de la mujer honesta y virtuosa como lo mejor para el hombre, aunque la referencia no se ha localizado.

En estrecha relación con el testimonio de Lactancio, Champier añade la traducción de un texto de Cicerón que se reproduce también en el margen: "Qui dulcius quam habere: quicum omnia videas loqui ut tecum" (*De amicitia*,

6.22).² El capítulo termina con una cita del Génesis que trata de resumir todo lo anterior: "no es bueno que el hombre esté solo y por eso Dios le da una compañía similar".

En el capítulo tres, Champier indica qué virtudes debe tener en cuenta la mujer cuando elige marido. Para ello, el autor recurre a la escena del libro IV de *La Eneida* en la que Dido se enamora de Eneas. Sin embargo, no cita la fuente directa de Virgilio, sino que selecciona la referencia de Isidoro que, en el capítulo IX de las *Etymologiae* titulado *De coniugiis*, toma como *exemplum* a Dido para establecer cuáles son esos atributos: *virtus, genus, pulchritudo, sapientia*.

Paralelamente, en la última parte, Champier indica qué cualidades le resultan atractivas al hombre para casarse. Aunque en el texto destaca la belleza y el linaje distinguido, subraya, principalmente, la educación y los buenos modales. No obstante, el autor no se muestra del todo de acuerdo con la cita del escritor Ugolino de Parma que, en su obra *Philogenia*, influenciada por la comedia latina de Plauto y Terencio, habla de las cualidades que debe tener la mujer que desea casarse: instruida, honesta, pudorosa, bella, proceder de un linaje distinguido y además disponer de dote, pues considera virtudes secundarias la belleza y la riqueza, pero no dice nada sobre la honestidad y el pudor, aspectos que no se tienen en cuenta para el varón. Champier parece estar más de acuerdo con el parecer de Plauto en *La Aulularia*, cita que el autor no reproduce con exactitud: "Satis dotata venit Si morata Venit" mientras que en la obra plautina aparece: "Dum modo morata recte veniat, dotata est satis." (v. 239). Es posible que haya citado de memoria o a través de una fuente indirecta.

También en el capítulo diecinueve, dedicado a la educación de los hijos, Champier intercala citas de autores paganos y citas de la Biblia, de forma casi alternativa. Las citas elegidas inciden en la necesidad de la educación y en la importancia de la disciplina.

A partir del fragmento de Platón en *Las Leyes* 7, que plantea que, así como los animales necesitan un pastor, también los hijos precisan del pedagogo. Champier pone el acento en la responsabilidad de los padres en la educación de los hijos y recurre al historiador griego Diógenes Laercio que cita a Aristóteles: "Dixit aristoteles parentes qui liberos erudiendos curassent longe honorabiliores esse his qui solum genuissent hos enim vivendi tantum illos autem bene beateque vivendi auctores esse" (*Vita philosopharum*, 6.19).

Advierte Champier del peligro de una educación blanda recurriendo al Eclesiastés 30, 8-9: "Equus indomitus evadit durus et filius remissus evadit preceps

---

2 La cita no se encuentra en la obra *Epistulae ad Atticum*, como indica el autor, sino en el tratado *De amicitia*.

lacta filium et patientem te faciet lude cum eo et contristabit te", junto a una cita de Terencio "Deteriores omnes sumus licentia" (*Heautontimorumenos*, v. 483).

También le sirve al autor el testimonio de Séneca cuando menciona las debilidades de la juventud "Peiora iuuenes facile praecepta audiunt" (*Thyestes*, 309) junto a las citas bíblicas del Eclesiastés que aconseja cuidar la honestidad de las hijas y del *Libro de los proverbios* que inciden en la necesidad de la disciplina utilizando incluso la violencia: "Noli subtrahere a puero disciplinam si enim percusseris eum virga non morietur" (*Libro de los proverbios*, 23,13) y "Virga atque correptio tribuit sapientiam; puer autem qui dimittitur voluntati suae confundit matrem suam." (*Libro de los proverbios*, 29,15).

El libro dos termina con el capítulo dedicado a instruir a la mujer sobre la necesidad de vivir de acuerdo con los preceptos cristianos. A partir de la cita de Platón, que parafrasea S. Champier en el texto en francés: "Car le bonne philosophie est la contemplation de la mort", el autor se apoya en los testimonios de Orígenes y Ovidio para advertirle a la princesa que la felicidad no está en los bienes y placeres terrenales, sino que esta se alcanza, bien gracias a la contemplación y a la cercanía de Dios (Orígenes), bien una vez que ha recibido los honores supremos, tras la muerte (Ovidio). Por el contrario, debe cultivar el amor de Dios y llevar una vida virtuosa como princesa y gobernante.

Para mostrarle a la princesa Susana la importancia de la virtud, como cristiana y como futura gobernante, recurre nuevamente Champier al testimonio de autores paganos que colocan la virtud por encima de cualquier otra cualidad: Plauto "Virtus omnibus rebus anteit profecto" (*Amphitruo*, 649), Horacio "vilius argentum est auro, virtutibus aurum" (*Epistulae*, 1,1,52) y "virtus est medium vitiorum et utrimque reductum" (*Epistulae*, 1.18.9); Silio Itálico "Ipsa quidem uirtus sibimet pulcherrima merces" (*Punica*, 13.663) y nuevamente Horacio "virtus repulsae nescia sordidae / intaminatis fulget honoribus" (*Odae* 3.2.17–18). El relato continúa con la descripción del infierno que es la consecuencia de una vida ajena a Dios y dedicada a los placeres y la sensualidad (Battista Mantovano e Isidoro) y del cielo que es el resultado de una vida virtuosa (Agustín y otros Padres de la Iglesia).

Desde el capítulo cuatro al nueve, a excepción del ocho en el que no hay ninguna nota al margen, Champier recurre únicamente a autores grecorromanos paganos. En ellos el autor aborda temas relacionados muy directamente con el matrimonio: la edad ideal para casarse, indisolubilidad del vínculo matrimonial, dones externos del marido, adorno interior y exterior femenino o el papel de la mujer en la organización de la casa. Los autores que aparecen mencionados son: Aristóteles seis, siete y nueve, Platón en los capítulos cuatro y seis, y Valerio Máximo en el cinco.

En el capítulo cuatro, Champier aborda la cuestión de la edad ideal para contraer matrimonio, aunque en el encabezado alude a las hijas, lo cierto es que en el desarrollo del mismo habla tanto de las mujeres como de los hombres. El autor cita a Platón en primer lugar para establecer la edad del matrimonio: desde los 16 hasta los 20, en el caso de las mujeres, y desde los 30 a los 35 para los hombres. Y, en segundo lugar, parafrasea el pensamiento del filósofo griego al considerar que tanto el matrimonio como la procreación son aspectos que transcienden el ámbito privado, para convertirse en un hecho público que afecta a toda la sociedad: "Car cela touche la chose publicque. Laquelle ne se pourroit maintenir sans mariage et multiplication du peuple" (Kem 2007: 131). De ahí que Platón proponga que estos individuos sean sancionados por incumplir sus deberes sociales.

Champier se muestra contrario a la disolución del vínculo matrimonial (capítulo cinco), tanto por parte de la mujer como por parte del hombre: "Et doit estre leur foy si constante que pour nulle chose la femme ne doit laisser son mari ne le mari la femme ne aller à aultres" (Kem 2007: 131). Para apoyar su idea parafrasea a Valerio Máximo que en *Factorum et dictorum memorabilium* (2.1.4) condena a Espurio Carvilio que fue el primero que abandonó a su esposa, a causa de su esterilidad. Este acto fue reprobado pues "tamen non caruit quia cuncti arbitrabantur cupiditatem liberorum coniugali fidei non debere preponi"[3] (Kem 2007: 132).

En el siguiente capítulo, Champier expone las cualidades externas que la mujer debe tener en cuenta a la hora de elegir marido: el linaje, la importancia de tener amigos y riqueza, tal y como establece Aristóteles: "Los <bienes> que están en uno mismo son los que se refieren al alma y al cuerpo, y los que vienen de fuera, la nobleza, los amigos, el dinero y el honor" (*Retórica*, 5,1). En relación con la riqueza, Champier alude nuevamente a la cuestión de la dote, que ya había tratado en el capítulo tres, respaldándose ahora en Platón para condenar esta costumbre.

Paralelamente al capítulo anterior, el autor enumera los bienes de la mujer, tanto los internos como los externos. Una vez más recurre a la *Retórica* de Aristóteles que establece que entre las mujeres los dones externos son la belleza y el porte, y, en cuanto a los internos, afirma que la virtud de las mujeres radica en la moderación y en que sean hacendosas sin mezquindad. Sin embargo, no faltan por parte de Champier comentarios misóginos respecto a la mujer; así citando una vez más a Aristóteles y Platón, afirma que la mujer debe mantenerse ocupada para evitar pensamientos ilícitos.

---

[3] La cita exacta es: "tamen non caruit, quia ne cupiditatem quidem liberorum coniugali fidei praeponi debuisse arbitrabantur".

En el capítulo nueve, Champier considera a la mujer en un estatus diferente al de la servidumbre, por lo tanto, piensa que no debe ser tratada como tal, pues, aunque las leyes del matrimonio establezcan que deba servir a su marido, su deber reside en la procreación. No obstante, dado su carácter humilde y obediente, se inclina a servir a su marido. Una vez más, Champier apela para fundamentar sus argumentos a Aristóteles que en *Política* (l.1) afirma que la naturaleza de la mujer y la del esclavo son diferentes. Si bien Champier establece que las mujeres deben servir al hombre y que no por esto deben ser tratadas como sirvientas, al final aconseja a los hombres que las traten como compañeras e iguales. Como indica J. Kem, "Trop prudent pour déclarer une égalité complète et actuelle entre les hommes et les femmes, Champier recommande simplement un rééquilibrage de leur statut respective" (2007: 225-226).

En otros capítulos del libro dos el autor se apoya en autoridades médicas no sólo griegas, sino también árabes. Los temas que tratan se pueden sintetizar en: 1) cómo evitar una actividad sexual inapropiada o excesiva (10, 11, 12), 2) cómo cuidar la esterilidad (13, 15); y 3) cómo elegir un buen médico (17).

Los consejos de Champier en el capítulo diez inciden más en la debilidad de la mujer, en cierto sentido, por el hecho de que se casaban a una edad mucho más temprana que el hombre y los embarazos, dada su juventud, podían causar malformaciones en el feto o incluso la muerte de la joven. Pero el autor no plantea únicamente cuestiones médicas, sino también morales. En efecto, aconseja a los padres que mantengan a sus hijas controladas, pues siguiendo a Aristóteles (*Historia de los animales* VII, 581b). Considera que el desarrollo físico incita al placer sexual, y esto provoca que las jóvenes se conviertan en mujeres disolutas. Sin embargo, Champier para no desviarse de su recatado discurso evita traducir o parafrasear los fragmentos en donde Aristóteles explica los efectos del placer sexual en las jóvenes. También recurre a Platón que en *Las Leyes* (6, 785 b) indica a qué edad deben contraer matrimonio la mujer y el hombre, la misma fuente que ya había citado en el capítulo cuatro.

Aconseja también el autor que los jóvenes de ambos sexos eviten la lujuria (capítulo once), y para apoyar su argumentación cita a Aristóteles en dos ocasiones. En primer lugar, para afirmar que la lujuria provoca envejecimiento, así lo indica el filósofo griego en *Acerca de la longevidad de la brevedad de la vida* (5), en donde establece que, siendo el semen un residuo que provoca sequedad, los animales que producen semen de forma abundante envejecen pronto. Más adelante hace referencia a las enfermedades que puede acarrear abusar de las relaciones sexuales: los ojos y las nalgas se hunden (*Problemas*, 4.2) y debilidad en general (*Problemas*, 4.21). Como en el resto de los capítulos en donde Champier trata cuestiones médicas, un importante número de citas proceden de médicos árabes. Así se incluyen en este pasaje los testimonios de Avicena y

Averroes que inciden en el mismo aspecto que los autores griegos ya mencionados y también la cita del médico italiano Pietro d'Abano.

Champier continúa en el capítulo trece utilizando las fuentes de autoridades médicas, entre ellas destaca a Hipócrates y Galeno junto a médicos árabes para establecer qué época del año y qué hora del día es la mejor para procrear. Según Hipócrates y Galeno, la primavera es la estación más saludable.

En el capítulo quince, Champier detalla en un largo discurso la esterilidad femenina y la masculina. No obstante, en el texto francés omite algunas partes que sólo aparecen en las notas, se trata de las cuestiones relativas a la esterilidad masculina y el papel de los testículos en el conjunto del cuerpo, aspectos expuestos por médicos árabes. En la larga enumeración de las causas por las que la mujer es estéril y ante la dificultad de conocer por completo los secretos de la naturaleza cita a Virgilio "Felix qui potuit rerum cognoscere causas" (*Geórgicas* 2,490).

Conclusión

La lectura del libro dos de *La Nef des dames vertueuses* corrobora el peso de la tradición grecorromana en la literatura medieval francesa, que es el caso que nos ocupa, no sólo por el número de autores que en este breve capítulo son mencionados, sino también por la variedad literaria y cronológica de estos. Los textos de filósofos, historiadores, poetas, médicos tienen cabida en este tratado.

No obstante, no parece que la relación que el autor tiene con estas lecturas vaya en ocasiones más allá de la cita propiamente dicha, de la idea que considera oportuna para apoyar su posición, pero que Champier no contextualiza: el texto en francés no pasa de ser en la mayor parte de las veces una paráfrasis de la cita latina. En este sentido, se advierte la diferencia del Champier médico y del moralista; el primero desarrolla su saber y plantea diatribas más o menos amplias con otras autoridades médicas. Sin embargo, el Champier moralista presenta un amplio abanico de autoridades, a las que en pocas ocasiones cuestiona.

La obra de Champier, y en concreto el libro dos, demuestran la vigencia de la que seguían gozando los autores clásicos grecorromanos, principalmente los paganos, pues los conceptos y modelos femeninos, que ya establecieron autores tan lejanos en el tiempo como Plauto o Virgilio, sirven de paradigma para la educación y formación de una joven noble del siglo XVI.

Para Champier la instrucción de la joven Susana no pasa de unas indicaciones limitadas al papel reproductor y marital circunscritos al ámbito doméstico y en el que no tiene cabida ninguna formación intelectual. Como ya señaló J. Kem: "Champier may have been much more profemale than his contemporaries, but he shared the tradition medical view that women possessed a baser nature than and were physically and intellectually inferior to their male counterparts" (2019: 84).

Por otra parte, la estructura que sigue el autor en cada uno de los capítulos, a modo de monólogo a dos voces, le permite salvaguardar en ocasiones su moral y en otras dejar que las autoridades hablen en su lugar estableciendo distancias no sólo espaciales, del cuerpo del texto al margen, sino también ideológicas.

Bibliografía

Abed Julien. 2009. Femmes illustres et illustres reines: la communication politique au tournant des xve et xvie siècles. *Questes* 17. 52–69.

Breitenstein, Renée-Claude. 2016. Tensions fécondes dans la construction de publics féminins à l'aube de la Renaissance française: les exemples de *La Nef des dames vertueuses* de Symphorien Champier et de *La Louenge de mariage et recueil des hystoires des bonnes, vertueuses et illustres femmes* de Pierre de Lesnauderie. En Cynthia J. Brown y Anne-Marie Legaré (eds.). *Les femmes, la culture et les arts en Europe entre Moyen Âge et Renaissance*, 241–257. Turnhout: Brepols Publishers.

Escobar, Ángel. 2012. Elogio y vituperio de los clásicos. El 'Canon' de autoridades grecolatinas en el Humanismo español. En Aurora Egido y José Enrique Laplana (eds.). *Saberes humanísticos y formas de vida. Usos y abusos. Actas del coloquio hispano-alemán*, 45–80. Zaragoza: Institución Fernando el Católico.

Kem, Judy (ed.). 2007. *La Nef des dames vertueuses*. Paris: Honoré Champion.

Kem, Judy. 2019. *Pathologies of Love. Medicine and the Woman Question in Earty Modern France*. Lincoln: University of Nebraska Press.

Lequain, Élodie. 2005. La maison de Bourbon, escolle de vertu et de perfection. Anne de France, Suzane de Bourbon et Pierre Martin. *Médiévales* 48. 39–54.

Swift, Helen. 2008. *Gender, Writing, and Performance: Men Defending Women in Late Medieval France, 1440–1538*. Oxford: Oxford University Press.

Swift, Helen. 2011. "Des circuits de pouvoir": un modèle pour la relecture des rapports poète-mécène dans les apologies du sexe féminin de la fin du Moyen Âge. *Etudes françaises* 47(3). 55–69.

Francisca del Mar Plaza Picón
De las sibilas de Lactancio a las de Symphorien Champier

1 Introducción

El médico humanista francés Symphorien Champier (1471–1539), autor de numerosas obras de medicina, es conocido, sobre todo, por sus obras *Nef des princes* (1502) y *Nef des dames vertueuses* (1503).

Champier nació en Lyon donde inició su formación y, posteriormente, se trasladó a la Facultad de Arte de París. Su círculo de amigos le contagió el entusiasmo por el platonismo y el misticismo.[1] Asimismo, estudió medicina en Montpellier donde se doctoró en 1504. De esos años data su amistad con Robertet con quien inició estudios literarios y quien debió conectarlo con los borbones cuyo favor pretende con la publicación de sus dos obras más célebres, *Nef des Princes* y *Nef des Dames*, y, aunque dichas obras no le permitieron entrar en la corte de Moulins, le valieron el reconocimiento de la posteridad de ser uno de los primeros autores en presentar a Platón y, especialmente, al Platón de Marsilio Ficino a los estudiosos de la Francia del Renacimiento (Copenhaver 1978: 49).

La Nef des Princes et des batailles de noblesse: avec aultres enseignemens utilz et profitables à toutes manières de gens pour congnoistre à bien vivre et mourir puede considerarse un manual de educación para príncipes, dirigido a los nobles desde un enfoque cristiano. En este libro la visión que muestra de las mujeres difiere mucho de la que ofrecerá en la obra que es objeto de nuestro trabajo, *La Nef des dames vertueuses*.[2] En *La Nef des Princes*, basándose en textos de escritores de la Antigüedad, critica las que considera "costumbres corruptas" de las mujeres. Incluye, además, parte de su traducción del *Liber lamentationum Matheoli* y, aunque aclara que lo hace para evitar los problemas que puedan ocasionar estas conductas, la inserción de estos textos permite colegir que está lejos de una perspectiva de género a favor de la mujer (Reeser 2018: 8); hecho que contrasta con el enfoque en defensa de las mujeres de *La*

---

1 Mostró también gran interés por el hermetismo y el ocultismo, *vid.* Copenhaver (1977: 189–211).
2 Seguimos la edición de Judy Kem (2007).

Francisca del Mar Plaza Picón, Instituto de Estudios Medievales y Renacentistas – IEMyR, Universidad de La Laguna

∂ Open Access. © 2022 Francisca del Mar Plaza Picón, published by De Gruyter. This work is licensed under the Creative Commons Attribution-NonCommercial-NoDerivatives 4.0 International License.
https://doi.org/10.1515/9783110756029-008

Nef des dames, obra que, en opinión de algunos estudiosos, publicó a manera de disculpa a las damas ofendidas por su traducción de la obra misógina (Allut 1971: 89). Para Tracconaglia (1922: 12) este cambio de opinión es fruto de nuevas lecturas de autores italianos y de un estudio más profundo de algunos diálogos de Platón, sobre todo del *Banquete*, a través de la traducción de Ficino. En todo caso, es difícil pensar que *La Nef des dames* sea un simple pretexto para difundir el platonismo (Kem 2007: 28).

2 *La Nef des dames vertueuses* y la autoridad femenina de las sibilas

Esta obra, dedicada a Ana de Francia y a Susana de Borbón, consta de cuatro libros: *La fleur des dames, du regime de mariage, des propheties des sibilles* y *le livre de vraye amour*.

Champier trata de las sibilas en dos capítulos de su obra; en el primero, titulado exactamente *Louenges fleurs et deffenssoir des dames* (Kem 2007: 55–124), en el que establece un catálogo de mujeres ilustres y virtuosas, y en el capítulo tercero, en el que se ocupa de sus profecías, titulado *Les Prophéties, ditz et vaticinations des Sibylles, translatez de grec en latin par Lactance Firmian et du latin en rhétorique française par maistre Simphorien avec le comment dudit maistre Simphorien. Desdyé et envoyé à tresnoble et tresvertueuse princesse Anne de France dame et duchesse de bourbon et d'auvergne* (Kem 2007: 175–234).

En el prólogo alegórico de la obra la dama Prudencia,[3] personificación femenina de la virtud, con su séquito, como recalca Tracconaglia (1922: 12–13), integrado por "*solertie, providence, entendement, raison, experience, docilite, astucie*", invita al humanista a celebrar la virtud de la mujer.

El hecho de que sea la dama Prudencia quien se dirige a Champier podría interpretarse como un guiño a la cualidad que más pondera el humanista en el sexo femenino y a este respecto, merece la pena recordar el vínculo etimológico existente entre los términos '*prudentia*' y '*providentia*' en relación con el papel que desempeñan las sibilas en esta obra, prudentes mujeres, dotadas de autoridad como portadoras del mensaje divino.

---

[3] Esta misteriosa dama está concebida como una doble de Ana de Francia: "Anne de France était appelée à se reconnaître dans ce double de Prudence, et les autres lecteurs sont implicitement encouragés à reconnaître en elle un modèle de vertu" (Breitenstein 2016: 244).

2.1 La fleur des dames

Este primer capítulo contiene una semblanza de 133 mujeres célebres que sobresalieron por su talento o por sus hazañas, sin que ello le impida a Champier utilizar características, *a priori*, negativas en el elogio de las mujeres, pues las estrategias de acreditación que emplea el humanista, son múltiples y variadas (Breitenstein 2018).[4]

Atendiendo a un criterio cronológico, recoge la vida de mujeres de la Antigüedad, mujeres bíblicas y santas. El propósito de Champier no es otro que el de callar voces misóginas y para ello, tras realizar una alabanza del sexo femenino, ofrece una serie de modelos femeninos paradigmáticos. En este sentido, hay que recalcar el papel que juegan las sibilas en su *corpus*, habida cuenta de que este recurso retórico le permite incluir en su nómina a aquellas mujeres del pasado que considera dignas del respeto y admiración, constituyendo la *auctoritas* del personaje un elemento primordial de persuasión.

La metáfora floral del título alude a dicho proceso de selección, pues las mujeres virtuosas constituyen "les fleurs des dames" y "les histoires cueillies forment un bouquet et s'organisent dans une composition dont l'auteur est l'orchestrateur" (Abed 2009: 58). Además, en el paisaje literario del Renacimiento "la nave" se erige como una construcción simbólica cuya tripulación la componen héroes imaginarios, modelos éticos o prototipos sociales que se embarcan "pour un grand voyage symbolique qui leur apporte sinon la fortune, du moins, la figure de leur destin ou de leur vérité" (Foucault 2014: 11).

En la elección y en el tratamiento de las mujeres ilustres y virtuosas que conforman este catálogo se aprecian ecos del *De claris mulieribus* de Giovanni Boccaccio, fuente esencial también de Christine de Pizan cuya obra, *Le Livre de la Cité des Dames*, posee fuertes puntos en común con la *Nef* de Champier; pues ambas son obras alegóricas y juegan un papel importante en la *Querelle des femmes*. Además, una y otra exhiben una clara dependencia del *De claris mulieribus* (Kem 2005: 225–226).

---

[4] Champier, utilizando la simplificación como estrategia de acreditación, elimina los elementos discutibles y reenfoca las figuras para que brille su virtud principal (Breitenstein 2018: 3).

2.1.1 Des sibilles

Entre las mujeres ilustres y virtuosas, Champier incluye a las sibilas[5] en tanto que constituyen piezas claves de la anunciación de Cristo en el imaginario cristiano. No es el primero en hacerlo, ya que las sibilas forman parte de la nómina de mujeres preclaras en obras de estas características[6] "comme parangons du pouvoir prophétique et comme paradigmes les plus anciens des femmes chastes et savantes" (Abed 2009: 60).

Mientras que Boccaccio únicamente incluye a dos sibilas en su *De claris mulieribus* (Eritrea, Amaltea), Pizan en *Le Chemin de Longue Étude* por boca de la Sibila de Cumas, guía en su camino a la sabiduría, da cuenta de las diez sibilas de la tradición varroniana. Asimismo, esta sibila aparece en la *Epître Othéa* y en la segunda parte de *Le Livre de la Cité des Dames* donde Derechura narra la historia de mujeres insignes entre las que se hallan las diez sibilas y, sobre todo, las sibilas Eritrea y Amaltea. Para Pizan las sibilas, ejemplo de autoridad femenina, representan "el discurso de la oralidad, de la voz femenina, recogida o no en los libros, que se afirma frente a la *auctoritas* del hombre" (Lemarchand 2000: 46).

Champier, de la mano de Lactancio,[7] presenta una exposición más detallada de las sibilas e incluye, además, a otras dos: Europa y Agripa, siguiendo probablemente a Barbieri[8] y tras observar que Robertet las había incorporado, si bien aclara que no figuran en los escritos de los autores antiguos[9]. El apologista cristiano es fundamental en la presentación que Champier realiza de las sibilas en este primer capítulo de la *Nef* en el que indica que los historiógrafos

---

5 *Vid.* Kem (2007: 69–70).
6 Cornelio Agrippa en *De nobilitate et praecellentia foeminei sexus* (1529) también menciona a las sibilas.
7 En la obra de Lactancio, *Divinae Institutiones* (ca. 311), las sibilas son asimiladas por el imaginario cristiano.
8 En 1481 aparece el libro de Barbieri *Discordantiae nonnullae inter sanctum Hieronimum et Augustinum*. En todo caso, con anterioridad a esta obra de Filippo de Barbieri, ya se constata su aparición: cf. *Le mistère du viel testament*.
9 La Edad Media solo conoció diez sibilas, pero en el siglo XV las sibilas Europa y Agripa forman parte del canon de sibilas, hecho que se ha interpretado como un intento de establecer una relación armoniosa entre los doce profetas bíblicos y las doce sibilas paganas (Karaskova 2016: 302). Sobre cómo estas sibilas empezaron a formar parte del canon sibilino, *vid.* Hélin (1936).

coinciden en parte en que fueron diez.[10] Con objeto de que pueda comprobarse la dependencia que tiene de su obra, ofrecemos aquí su descripción[11]:

> La primera, según ellos, procede de Persia y de ella habla Nicanor en sus escritos sobre las gestas del macedonio Alejandro. La segunda era de Libia, mencionada por Eurípides en el prólogo de Lamia; la tercera era délfica, ya que fue engendrada en el interior del templo de Apolo délfico y de ella tomó Homero muchos metros de los que se apropia en la *Ilíada*, pues esta predijo la destrucción de Troya. Sobre ella habla Crisipo en su libro sobre la adivinación. La cuarta fue de Cimas, en Italia, y por eso recibe el nombre de Cimea o cimeria, y es mencionada por Nevio en los libros sobre la guerra púnica y por Pisón en los *Anales*; la quinta fue la sibila Eritrea o Erífila, llamada así, porque sus libros se encontraron en Eritrea o porque vivió allí, según afirma Apolodoro de Eritrea, quien dijo que fue conciudadana suya. Esta reina, en el tiempo que los griegos fueron a Troya para destruirla, les predijo la derrota y las mentiras que tuvo que escribir Homero. Nació en Babilonia donde hace sus vaticinios; la sexta fue Samia o Femónoe, procedente de una isla llamada Samos de donde toma su nombre, de la que Eratóstenes testimonia que encontró escritos suyos en los antiguos anales de los samios. La séptima, Cumana, Amaltea o Herófila,[12] es la que se dice que llevó nueve libros a Tarquino el Antiguo por los que pidió trescientos filipos y cuando Tarquino despreció y se burló[13] de lo exorbitado de la suma, quemó tres libros y pidió por los seis restantes la misma cantidad, por lo que Tarquino pensó que estaba loca; entonces quemó otro tres y, por los tres que quedaban, exigió la misma suma que por los nueve, precio que finalmente aceptó el rey y los compró. Esta era de Cumas en Champaña y por ello se la llamó Cumana y su sepulcro está aún en Sicilia. La octava fue llamada Helespóntica o Elespontia, nacida en el campo troyano, en una aldea llamada Marmeso, cerca de la ciudad de Gergithe. De ella cuenta Heráclides del Ponto que vivió en tiempos de Solón y Ciro. La novena se llama Frigia y vaticinó en Ancira. La décima, Tiburte, Tiburtina o Albunea es venerada cual diosa en Tibur, cerca de las orillas del río Anio. Se dice que en el cauce del río se encontró tan deliciosa y dulce su estatuilla portando un libro en las manos.[14] De todas se conservan los versos, a excepción de los de la llamada Cumea o Cumana, cuyos libros tienen escondidos los romanos y no permiten que nadie los vea, salvo los quinceviros. Cada una tiene su libro, pero, como solo tienen por título el nombre de sibila, se confunden y no puede asignársele a cada una el suyo, salvo a Eritrea, la cual puso su propio nombre dentro y anunció que iba a ser llamada así.

---

10 La lista de diez sibilas que remonta a Varrón (S. I a. C.) recorrió la Edad Media gracias a Lactancio (I 6, 8-12), Agustín, Isidoro de Sevilla (*Etym.* VIII 8,3) y Rabano Mauro.
11 Con la traducción del texto francés (Kem 2007: 69-70) solo pretendemos mostrar en detalle los aspectos más relevantes de la descripción que ofrece de las sibilas.
12 Lactancio indica que también recibe el nombre de Demófile: *septimam Cumanam nomine Amaltheam, quae ab aliis Demophile vel Herophile nominatur* (*Inst.* I 6, 2).
13 Se burló de su locura, según Lactancio: *derisisse mulieris insaniam* (*Inst.* I 6, 2).
14 El hecho de que las sibilas Cumana y Tiburtina carezcan de testimonio literario, según Suárez de la Torre (2001: 57), obedece a que, "dadas su vigencia y proximidad al autor, no necesitaban de apoyo en ninguna autoridad". En todo caso, se advierte que tampoco refiere ninguna autoridad para la sibila Frigia.

Finaliza su exposición destacando a la sibila Eritrea ya que, por haber hablado frecuentemente de la existencia de Dios y afirmado que solo existe uno, según dice, es la más célebre de todas.

Por otra parte, y ahora dejando a un lado a Lactancio, Champier relata que Tiburtina, cuando Octavio le preguntó si en el mundo habría alguien más grande que él, le vaticinó el nacimiento de un niño, nacido de una virgen, –un hombre más grande que él por ser Dios y hombre–. Champier no señala su fuente, pero es evidente que se hace eco de la leyenda cristiana, recogida por distintos escritores medievales,[15] en la que la sibila profetiza al emperador Augusto la llegada del Mesías.

Como se ha visto, la relación y descripción de las sibilas que hace Champier es prácticamente una fiel traducción del texto de Lactancio. Únicamente merece la pena comentar que, en lo concerniente a la designación de la sibila Eritrea o Erífila, parece seguir a Boccaccio.[16] Champier, al igual que Boccaccio[17] y Pizan,[18] recoge para la sibila Eritrea el nombre 'Erífila' que ya se encontraba en Solino[19] y más tarde en Isidoro de Sevilla.[20] Sin embargo, solo Champier ofrece para Samia la denominación de Femónoe, presente también en Isidoro.[21] Dicho nombre figura como el de una profetisa de Apolo en Delfos en Pausanias.[22] En este sentido, cabe pensar que fuese una sacerdotisa real de un santuario oracular, asimilada más tarde a una sibila ya que, incluso, dice que fue la primera sacerdotisa del dios y la primera que cantó en hexámetros,[23] atribuyéndole así

---

15 La leyenda figura en los *Mirabilia*. Así en los *Mirabilia Urbis Romae* del Canónigo Benedicto (*ca.* 1140) y en *La Leyenda Dorada* de Santiago de la Vorágine. Asimismo, puede leerse en el *Supplementum Chronicarum* del fraile agustino Giacomo Filippo Foresti de Bérgamo.
16 *nomen fuit Eriphyla, sed Erythrea ideo nominata, quia apud Erythream insulam diu morata sit et ibidem plurima eius carmina sint comperta* (*De claris mulieribus*, XXI). La misma fuente se advierte en Pizan: "ceste fu nommee Erithee pour ce qu'en celle ysle demoura, et la furent ses libres trouves" (Curnow 1975: 789).
17 *Erythrea seu Eriphile mulier ex sybillis una et insignis plurimum fuit* (*De claris mulieribus*, XXI).
18 "La quinte fu nee en Babilloine, et fu nommee Erophille" (Curnow 1975: 788).
19 *Hanc Herophilen Erythraea annis aliquot intercedentibus insecuta est* (*Collectanea rerum memorabilium* II 18, 3-7).
20 *quinta Erythraea nomine Herophila in Babylone orta* (*Etym.* VIII 8, 4).
21 *Sexta Samia, quae Phemonoe dicta est, a Samo insula, unde fuit cognominata* (*Etym.* VIII 8, 4).
22 Φημονόης προμάντεως τοῦ ἐν Δελφοῖς Ἀπόλλωνος (10, 6, 7).
23 μεγίστη δὲ καὶ παρὰ πλείστων ἐς Φημονόην δόξα ἐστίν, ὡς πρόμαντις γένοιτο ἡ Φημονόη τοῦ θεοῦ πρώτη καὶ πρώτη τὸ ἐξάμετρον ᾖσεν (Paus. 10, 5, 7). καὶ ἡ Φημονόη πρόμαντις τηνικαῦτα οὖσα ἐν ἑξαμέτρῳ σφίσιν ἔχρησεν (Paus. 10, 6, 7). También en un escolio (Schol. *ad Eurip. Orest.* 1094) se dice que fue la primera en cantar los oráculos en hexámetros: Φημονόην, ἥν φασι πρώτην ἑξαμέτρῳ χρῆσαι.

la invención del hexámetro.[24] También la mencionan, entre otros,[25] Estrabón que afirma que fue la primera Pitia,[26] Plinio el Viejo[27] que dice que era hija de Apolo, y Clemente de Alejandría que comenta que fue la primera en vaticinar en Acrisio.[28]

Por otra parte, es Champier quien ofrece más denominaciones para la séptima sibila (Cumana, Amaltea o Herófila)[29] y vuelve a ser es el único que da la denominación de Herófila para la sibila Cumana, designación que, junto con el nombre de Demófile, también ofrece Varrón[30] y transmite Lactancio (*Inst.* I 6, 10).

Tal y como se ha visto, la sibila Eritrea recibe en Isidoro el nombre de *Herophila*, denominación que Boccaccio, Pizan y Champier recogen como Erífile,[31] pero no olvidemos que, según Lactancio-Varrón, Almatea también es conocida como *Herophila*.[32]

En conclusión, las denominaciones de las sibilas responden a localizaciones geográficas y, en muchos casos, sufren alteraciones y oscilaciones de forma que las mismas sibilas figuran con nombres diferentes, llegando, incluso, a dar lugar a la creación de nuevas sibilas.[33] Prueba de ello es que Marciano Capella,

---

24 En otros pasajes Pausanias atribuye la invención del hexámetro a las Pelíades: τὰς Πελειάδας δὲ Φημονόης τε ἔτι προτέρας γενέσθαι λέγουσι καὶ ᾆσαι γυναικῶν πρώτας τάδε τὰ ἔπη: "Ζεὺς ἦν, Ζεὺς ἐστίν, Ζεὺς ἔσσεται· ὦ μεγάλε Ζεῦ (10, 12, 10).
25 Lucano (*Ph.* V, 126 y 187) menciona a Femónoe como la sacerdotisa de Apolo, que vaticina el futuro a Apio. Servio (*ad Virg. Aen.* III, 445) indica que con el término 'virgo', Virgilio (*Quaecumque in foliis descripsit carmina virgo*) hace referencia a Femónoe: '*virgo*' *vero Phemonoe dicta est: nam sibylla appellativum est nomen*.
26 πρώτην δὲ Φημονόην γενέσθαι φασὶ Πυθίαν (9, 3, 5).
27 *Phemonoe, Apollinis dicta filia* (*H. N.* 10, 7, 5)
28 Κἄν τις ἡμῖν λέγῃ Φημονόην πρώτην χρησμῳδῆσαι Ἀκρισίῳ (*Stromata* I 21, 107, 5).
29 Pizan se refiere a ella como Cumana cuando describe a las diez sibilas, pero en el capítulo que dedica a esta sibila, la presenta como Amaltea / Almathea (II 3), de igual forma que lo hace Boccaccio (XXVI).
30 *septimam Cumanam nomine Amaltheam, quae ab aliis Herophile vel Demophile nominetur* (*ARD*, 56a).
31 Eusebio (*Chron.* II) llama Herífile a la sibila Samia. Eusebio, según Jerónimo, afirma que la sibila de Samos recibe también el nombre de Herofila: *Sibylla Samia quae Herophila appellabatur, in Samo insignis habetur* y *Sibylla, quae et Herophila, in Samo nobilis habetur* (*Chron. ad Olymp.* XVI, 3 y *ad Olymp.* XXVII).
32 El nombre 'Heròfile' figura en Pausanias para referirse a una sibila de Samos: τὴν δὲ Ἡροφίλην οἱ ἐν τῇ Ἀλεξανδρείᾳ ταύτῃ νεωκόρον τε τοῦ Ἀπόλλωνος γενέσθαι τοῦ Σμινθέως καὶ ἐπὶ τῷ ὀνείρατι τῷ Ἑκάβης χρῆσαί φασιν αὐτὴν ἃ δὴ καὶ ἐπιτελεσθέντα ἴσμεν (10, 12, 7).
33 *Vid.* Hélin (1936).

para quien solo hay dos sibilas –la troyana Erofila y Simaquía, nacida en Eritras–, llama Herófila a Helespóntica.[34]

2.2 Des propheties des sibilles

Champier estructura este capítulo en la siguiente forma: en primer lugar, brinda su traducción del latín al francés de las profecías de las sibilas[35] en estrofas de ocho versos, acompañada de unas glosas en prosa. A continuación, incluye un poema de Jean Robertet, notario y secretario del Rey (Luis XI) y del duque de Borbón, sobre los dichos proféticos de las sibilas. En último lugar, muestra otras profecías de las sibilas, basadas en el tratado de Barbieri, y las presenta, al igual que el dominico, en correspondencia con vaticinios de profetas.

2.2.1 Les Prophéties, ditz et vaticinations des Sibylles, translatez de grec en latin par Lactance Firmian et du latin en rhétorique française par maistre Simphorien avec le comment dudit maistre Simphorien

Champier comienza el capítulo con una serie de profecías, la mayor parte de ellas atribuidas a Eritrea, aunque hay algunas en las que no indica el nombre. En todo caso y, habida cuenta de que su fuente es Lactancio, debe recordarse que el apologista cristiano informaba de que, cuando tuviese que acudir al testimonio de las sibilas, iba a usar el nombre 'Sibila', sin hacer distinciones.[36]

A modo de ejemplo y para dar una idea del proceder del humanista, examinaremos las primeras profecías de este capítulo –todas de la sibila Eritrea–: La primera profecía es una versión al francés antiguo de la profecía *Solus deus sum et non est deus alius*.[37] En el margen figura el texto en latín de Lactancio: *Erithrea: Unus est deus qui solus principatur isque amplissimus increatus*.[38] Para Champier la sibila más importante es Eritrea: –sus palabras se establecen como el eje principal de los oráculos sibilinos en tanto que prueba de la existencia de

---

34 *id est Herophilam Troianam Marmessi filiam et Symmachiam Hippotensis filiam, quae Erythra progenita etiam Cumis est vaticinata* (*De nuptiis philologiae* II 159).
35 Se observa que en los márgenes figuran los textos en latín de Lactancio.
36 *sed et nos confuse Sibyllam dicemus, sicubi testimoniis earum fuerit abutendum* (*Inst.* I 6, 14).
37 Εἷς μόνος εἰμὶ θεός· καὶ οὐκ ἔστι θεός ἄλλος (*Orac. Sibyl.* 8, 377).
38 Traducción de Lactancio (*Inst.* I 6, 15) del texto griego: εἷς θεός, ὃς μόνος ἄρχει, ὑπερμεγέθης ἀγένητος. Cf. *Theophilus ad Autolycum*.

un solo Dios–. En la glosa que acompaña a esta profecía, fiel a Lactancio (Varrón), reproduce la etimología de la palabra 'sibila' e indica que en lengua eolia quiere decir pensamiento o voluntad de Dios por lo que estas mujeres se encargan de transmitir a los hombres la voluntad divina. Asimismo, considera pertinente puntualizar que los hombres que profetizan reciben el nombre de 'profetas', pero las mujeres, el de 'sibilas'.[39] Recuerda que las diez sibilas confesaron la existencia de un solo Dios, pero que solo Eritrea identificó con su nombre sus escritos y que, además, es ella la que profetizó el advenimiento, muerte y resurrección de Cristo. Seguidamente, intenta explicar el hecho de que en la religión de los antiguos, bajo la que vivieron los más grandes filósofos, muchos dioses fuesen adorados. Entiende que eso sucedió porque aún no había llegado la luz, pero expone que, en todo caso, ya muchos de ellos por razones naturales se vieron incitados a afirmar la existencia de un solo Dios. Menciona a Platón, Aristóteles, Parménides, Pitágoras, Zoroastro, Orfeo, Lino, Hermes Trimegisto, Sócrates, Séneca, Virgilio y Ovidio, pero comenta que había otros muchos. A continuación, precisa que en su época, por estar en posesión de la luz de la gracia, bajo la ley del Jesucristo, Dios eterno y segunda persona de la Trinidad, se tiene por verdadera la existencia de un solo Dios, y lo contrario, por herético, y advierte que ello ha de ser creído firmemente y sin dudas bajo pena de castigo eterno. En apoyo de esta verdad esgrime varias razones: Por un lado, dice que si existiesen muchos dioses, el mundo estaría gobernado por ellos y cada uno sería poderoso en una materia, pero no en otra, lo que implica que, en realidad, no es un dios. Por otro lado, manifiesta que Dios es la naturaleza perfecta de la virtud y que por ello solo puede ser uno, pues dicha naturaleza ha de existir en un todo y no en una parte de ese todo. Finalmente, declara que si Dios ha de ser perfecto, ha de ser único, pues todo lo divisible es objeto de corrupción. Como prueba de sus palabras utiliza el testimonio de Parménides[40] que dijo que Dios es inmóvil e infinito y el de Orfeo[41] que lo llama principio de generación. Añade que Dios habita en todas las partes del mundo. Y a este respecto, recurre a Zoroastro, pues dijo que todas las cosas proceden del fuego porque lo considera símbolo de la divinidad;[42] recuerda que Orfeo llamó

---

39 Cf. Isidoro: *Sicut enim omnis vir prophetans vel vates dicitur vel propheta, ita omnis femina prophetans Sibylla vocatur* (*Etym.* VIII 8).
40 Cf. Coxon (2009: frg. 8).
41 A Orfeo se le atribuye una compilación de poemas de contenido teogónico o filosófico, conocida como *Himnos Órficos*. Champier hace alusión al himno trece, *Himno de Saturno*: Κρόνου, θυμίαμα, στύρακα (Orph. *H.* 13.8), en el que Dios es calificado como *generationis princeps*: γενάρχης.
42 Para Zoroastro el fuego es el símbolo de la divinidad.

a Dios "*Ananke*", pues entiende que una fuerte "necesidad" domina todas las cosas[43] y "ojo infinito y perfecto",[44] "creador de todas las cosas, inicio y fin".[45]

Como se ha podido ver, Champier recurre a las profecías en las que se afirma la unidad de Dios –profecías que Lactancio había utilizado contra el politeísmo–, sirviéndose, además, en las glosas, de textos de filósofos como Orfeo o Platón (Britnell 2004: 176). Del mismo modo pone de manifiesto, seguidamente, cómo las sibilas reprobaron a los griegos que realizaron prácticas de magia y adivinación. Y es que, como afirma Copenhaver (1978: 122), entre los paganos, además de las sibilas, hay otros –al menos él lo cree así–, que niegan la magia y la pecaminosa adivinación.

Champier hace hablar a las sibilas en verso francés, acercándolas así a la realidad de su época. Así, la sibila Eritrea afirma que Dios, solo y único, es el más elevado, el que hizo el cielo, el sol, las estrellas, la luna, la fértil tierra y las olas del agua del mar, e invita a adorarlo como creador del mundo[46]. En la glosa en prosa Champier destaca el hecho de que, contra la vanidad y la idolatría de los antiguos, la sibila muestra la existencia de un solo Dios que, contrariamente a lo que afirmaban los peripatéticos, creó el mundo, tal y como se dice en el Génesis (*In principio creavit deus celum et terram*), y por ello debe adorársele como único Dios. Inmediatamente después, explica que los antiguos, inmersos en las tinieblas, cayeron en toda suerte de errores e idolatrías. Aduce ahora el testimonio de Diodoro Sículo,[47] cuando describe cómo los egipcios quedan maravillados ante el movimiento del cielo, y ante el orden y la cantidad de los cuerpos celestes y cómo cuidaron del sol y de la luna, considerados

---

43 δεινὴ γὰρ ἀνάγκη πάντα κρατύνει (Orph. *H*. 3.11). Ficino expone que Orfeo cantó al imperio de la necesidad en el himno de la noche (*De Amore. Comentario a El Banquete de Platón* XI).
44 αἰώνιον ὄμμα (Orph. *H*. 8.1).
45 παντογένεθλ', ἀρχὴ πάντων, πάντων τε τελευτή (Orph. *H*. 15.7).
46 En los márgenes se reproducen los textos de Lactancio, *Erithrea*: *Sed solus unus deus eminentissimus qui fecit celum solemque et stellas et lunam frugiferamque terram et atque maris fluctus* (*Inst*. I 6, 15), versión del texto: ἀλλὰ θεὸς μόνος εἷς πανυπέρτατος, ὃς πεποίηκεν οὐρανὸν ἠέλιόν τε καὶ ἀστέρας, ἠδέ σελήνην, καρποφόρον γαῖαν τε καὶ ὕδατος οἴδματα πόντου (*Orac. Sibyl*. III 808–813. 18). Y otra profecía de Eritrea: *Ipsum qui solus est colite principem mundi qui solus est in seculum atque a saeculo factus* (*Inst*. I 6, 16), versión del texto: αὐτὸν τὸν μόνον ὄντα σέβεσθ' ἡγήτορα κόσμου, ὃς μόνος εἰς αἰῶνα καὶ ἐξ αἰῶνος ἐτύχθη. Por último, otro vaticinio de otra sibila: *Alia sibilla voce dei. solus enim deus sum et non est non alius* (*Inst*. I 6, 16), versión del del texto: μοῦνος γὰρ θεὸς εἰμὶ καὶ οὐκ ἔστι θεὸς ἄλλος.
47 *Historias. Biblioteca histórica* I 11.

dioses e inmortales. Comenta que llamaron al primero Osiris y a la otra Isis, atendiendo a la etimología de los nombres.[48]

Champier añade que los antiguos, según Lactancio (*Inst.* I 14, 1-6), habían tenido a Saturno como el padre de los dioses y cuenta, citando a Ennio,[49] que este tomó por esposa a Ope, con quien tuvo a Júpiter, Juno, Neptuno, Plutón y Glauca, a quienes consideraron dioses para que fuesen queridos por los humanos. Pero hace notar que, según dice Perseo,[50] el discípulo de Zenón, al final hubo muchos dioses ya que cada religión y cada pueblo consagraba y honraba como dioses a aquellos de quienes habían recibido algún beneficio, o a quienes habían iniciado una generación o linaje o a los que habían edificado por primera vez algunas ciudades y a mujeres virtuosas. Como ejemplo de todo ello, ofrece una relación detallada de estos dioses[51] y, lo que es más, recuerda que no solo hicieron dioses a los hombres, sino también a las bestias.

A continuación, Champier subraya el peligro que encerró y, según dice, aún encierra hablar de Dios y entiende que por ello los antiguos propiciaron que los poetas contasen historias como las de los Gigantes,[52] ya que daban a entender que los antiguos filósofos, que discutieron y hablaron sobre Dios, fueron fulminados.

Finalmente, insiste en que la sociedad, de la que él forma parte, se encuentra conformada ya por cristianos en posesión de la luz de la verdad, que creen en un solo Dios eterno y están de acuerdo con la sibila en que este no tiene ni principio ni fin y que creó la tierra de la que Virgilio arrojó a los que no estaban

---

48 Aunque Champier no lo relata, Diodoro explica que Osiris, traducido al griego, quiere decir 'de muchos ojos' y que Isis significa 'Antigua', recordando así el origen antiguo de esta diosa.
49 Hace referencia a la adaptación al latín realizada por Ennio de la obra de Evémero, *Historia sagrada*.
50 Perseo de Citio.
51 Hombres valientes y valerosos como los egipcios, Isis; los mauritanos, Juba; los africanos, Neptuno; los macedonios, Gabiro; los rodios y los masagetas, el sol; los habitantes de África, Urano; los latinos, Fauno; los sabinos, Sabino; los romanos, Quirino, los atenienses, Minerva; los samios, Juno; los habitantes de Pafos, Venus; los habitantes de Delos, Apolo; los lemnios, Vulcano; los habitantes de Naxos, Liber; los cretenses, Júpiter; los armenios, Anaitis, los babilonios y asirios, Belus; los berecintos, Rea. La fuente para esta relación es Isidoro (*Etym.* VIII 11: *Sobre los dioses de los gentiles*).
52 Relata brevemente el episodio de la *Gigantomaquia* y cuenta que estos seres a los que imaginaban con serpientes por piernas, intentando ocupar el cielo, pusieron, uno sobre otro, el Pelión y el Osa.

en la luz. Para ilustrar sus palabras cita a Vigilio,[53] a Ovidio[54] y a Orfeo.[55] Es claro que las citas de Virgilio y de Ovidio proceden de Lactancio (*Inst.* I 5, 11 y 14), quien había acudido al mantuano en defensa de la unidad de Dios y al sulmonense (*Inst.* I 5, 14) para reconocer a Dios en su personal interpretación de este verso.[56]

En esencia este es el procedimiento que, para difundir el mensaje de las sibilas, emplea Champier en este capítulo: presenta su versión de las profecías en verso francés y las ilustra con glosas en las que se sirve de sentencias del Antiguo y Nuevo testamento, de textos de historiadores y de filósofos para hablar, entre otros asuntos, del error que cometieron los antiguos al adorar a mortales como si fuesen dioses, del origen del hombre, del pecado que provocó que se cerrase la puerta del paraíso y se abriera la de los infiernos hasta la pasión del salvador y redentor Jesucristo. De igual modo, condena las supersticiones, argumenta la naturaleza divina de Cristo, el poder de su palabra y la resurrección de los muertos, y celebra la venida del hijo de Dios, nacido de la virgen María, para la salvación del ser humano.

Por todo ello Champier ensalza a las sibilas y, especialmente, a Eritrea a la que la posteridad considerará, según dice, la gran profetisa de Dios cuando vean que sus palabras se cumplen.

2.2.2 Les ditz prophetiques des sibilles tirés du latin et composés par feu messire Jehan Robertet, en son vivant notaire et secretaire du roy nostre sire et de monseigneur de Bourbon, greffier de l'ordre et du parlement dalphinal

La obra de Jean Robertet, conocida como *Les Douze Sebilles*,[57] ve la luz por primera vez como parte de la obra de Champier. En opinión de Zsuppán [Douglas] (1970: 77),[58] es posible que Champier incluyera los poemas de Robertet a peti-

---

53 *Principio caelum ac terras camposque liquentes / Lucentemque globum lune titaniaque astra* (*Aen.* VI 724–725).
54 *Ille opifex rerum, mundi melioris origo* (*Met.* I 79).
55 *omnium genitor principiumque et finis* (*De divina natura*), cita que toma de Ficino. Cf. *De Christiana Religione* XXII en *Opera*, Basileae, 1561 p. 25. II, XIII. También se encuentra esta cita en el libro II de la *Theologia platonica de immortalitate animorum* de Ficino donde traduce las palabras de Orfeo: Παντογένεθλ ' ἀρχή πάντων, πάντων τε τελευτή (*H.* XV 7).
56 Sobre los textos literarios citados por Lactancio en el libro primero de las *Divinae Institutiones*, vid. Moreno de Vega (1984: 209–230).
57 El orden de las sibilas que figura en la composición *Des douze sebilles* publicada por Zsuppán (1970: 140–148) difiere del que presenta Champier.
58 Zsuppán (1970: 140 y 141) cree que los poemas fueron escritos después de la publicación del libro de Barbieri cuyo tratado considera una de sus fuentes.

ción de Ana de Francia,[59] duquesa de Borbón, patrona de Robertet, o tal vez como gesto de homenaje a ella, de quien esperaba obtener su favor. En todo caso, como pone de manifiesto Breitenstein (2016: 247), aunque no obtuvo el apoyo de la casa de Borbón, tuvo un gran público femenino y su obra fue muy apreciada por las mujeres de clase media de Lyon, prueba de lo cual son las diferentes ediciones que se hicieron de la obra.

Champier había dedicado a François Robertet, hijo de Jean, su *Doctrinal du Père de Famille à son enfant pour le regir et gouverner à toute perfection* que figura al final de su obra *La Nef des princes* (Zsuppán 1970: 22; Mayer y Bentley-Cranch 1997: 209) y, además, conocía personalmente a Jacques Robertet, hermano de François, a quien dedicó la traducción del *Liber lamentationum Matheoli*, incluida en *La Nef des princes* (Copenhaver, 1978: 48). Su relación con los miembros de la familia Robertet explica cómo obtuvo los poemas inéditos hasta ese momento (Douglas 1962: 240).

En esta composición en versos alejandrinos[60] que Robertet probablemente realizase para la duquesa Ana (Douglas 1962: 129), el poeta versiona en francés antiguo las profecías de las sibilas. En estos poemas se vislumbra la influencia del *De claris mulieribus*, obra de la que toma algunos detalles como, por ejemplo, el lugar de nacimiento de la sibila Eritrea:[61] *En babilon fus née où je fis maintz dicté*, –dato que, como se ha visto, también incluye Champier–. Del mismo modo debió tomar de Boccaccio[62] el nombre de la sibila Cumana, Amaltea y su lugar de procedencia: *De Comes fuz native, cité belle en Champaigne* (. . .) *Amalthea mon nom estoi* . . . Igualmente, como veremos, presenta elementos tomados de Barbieri y de Lactancio, su principal fuente (Douglas 1962: 215).

En los márgenes de los versos alejandrinos se encuentran las profecías de las sibilas en latín. Algunas provienen de Lactancio (Pérsica, Líbica, Symeria y Cumana), pero las de las demás sibilas tienen distinta procedencia: en el caso de Eritrea se trata del acróstico de Agustín de Hipona (*Civ.* XVIII 23, 1) que se incluye en el libro VIII de los *Oráculos sibilinos*; el texto de la sibila délfica[63] parece estar inspirado en Lactancio (*Inst.* IV 12): *Ventos compescet, sternet autem*

---

[59] Sobre el vínculo que entrelaza las reinas de Francia con el personaje de las sibilas, *vid*. Abed (2012: 7).
[60] La utilización del verso alejandrino, según Douglas (1962: 135), probablemente obedeció al influjo de los versos de doce sílabas empleados en las vidas de los santos y en la poesía religiosa (Kastner 1903: 144).
[61] *Ex quibus venerabilibus omnibus hanc fuisse celeberrimam referunt et eius apud Babilonios, aliquandiu ante troianum bellum, fuisse originem* (XXI).
[62] *Almathea virgo, quam quidam Deyphebem Glauci filiam vocant, ex Cumis Calchidiensium, Campanie veteri oppido, originem duxisse creditur* (XXVI).
[63] *Ventos stravit et maria mitigat celum et terram guvernat.*

insanum mare. La sibila Samia presenta un texto[64] que tanto Barbieri como Petrarca (*De otio religioso*) ofrecen para la sibila Eritrea. No obstante, dichas palabras corresponden a la sibila Samia en los *Testimonia sibillarum et philosophorum* del manuscrito de Viena, ÖNB, 4919 (s. XV), una compilación de profecías sobre la encarnación y pasión de Cristo.[65]

El texto latino relativo a la profecía de la sibila Helespontia,[66] referente a la crucifixión, se constata en diversos textos. Aparece en los *Testimonia sibillarum et philosophorum*, citados anteriormente y en la obra de Santiago de la Vorágine *Legenda aurea* donde dicho hexámetro es pronunciado por santa Catalina de Alejandría:[67] *Sibilla quoque sic ait: "felix ille Deus, ligno qui pendet ab alto"*. Asimismo, dicha profecía se atribuye a esta sibila en la obra *Consultationes Zacchaei et Apollonii* (IV 20)[68]. Este hexámetro deriva del verso griego que figura en la *Historia Ecclesiastica* de Sozomeno[69] (Giustiniani 2013) y, como apunta Cervelli (1993: 992), se hace eco del verso VI 26 de los *Oracula Sibyllina*. Mâle explica que la sibila Helespóntica en el *Libro de Horas* de Louis Laval lleva una gran cruz, atributo que queda justificado en la inscripción con este verso. Se trata de un pasaje de Sozomeno que debía ser famoso. "Par cet artifice, la Sibylle Hellespontique, qui n'annonçait jusque-là que la naissance de Jésus-Christ, put encore prédire sa mort sur la croix" (Mâle 1925: 291).

Aunque ni en la edición de Kem de la *Nef* ni en la publicación de esta composición de Robertet que realizó Zsuppán se constata ningún texto latino para la profecía de la sibila Frigia, en la edición de 1503[70] puede leerse en el margen la siguiente profecía cuyo contenido se corresponde con los versos de Robertet

---

64 *Veniet agnus celestis humiliabitur deus et iungetur humanitati divinitas iacebit in feno agnus et puellari officio educabitur deus et homo*. Esta profecía suele atribuirse a Eritrea. *Vid*. Holder-Egger (1890: 159).

65 Para una edición y comentario de este manuscrito, *vid*. Santos Paz (2002), quien indica (2002: 562) que esta profecía, relacionada con el mundo del apocalipticismo y milenarismo medieval, se incluye en una obra conocida bajo el título de *Basilografus*. *Vid*. Holder-Egger (1890: 143–178).

66 *Felix ille deus ligno qui pendet ab alto*.

67 La versión de la leyenda recogida en la *Vulgata* fue ampliamente difundida en el año 1200. *Vid*. Brandt (1971) y Chronopoulos (2006).

68 Sobre el uso de esta profecía en esta obra anónima, *vid*. Hooker (2008: 133–138 y 151–155).

69 Ὦ ξύλον μακαριστὸν ἐφ'οὗ θεὸς ἐξετανύσθη (II, 1, 10).

70 Esta edición se ha consultado en *Gallica*: https://gallica.bnf.fr/ark:/12148/bpt6k79103w. image.

y que tienen como fuente a Lactancio: *In manus infidelium postea veniet, dabunt autem Domino alapas manibus ligatis Colaphos accipiet et tacebit.*[71]

A continuación, se hallan los versos con los que Robertet recrea la leyenda de la sibila Tiburtina,[72] dispuestos en forma de diálogo entre Augusto y dicha sibila cuyo contenido guarda relación en su parte final con el texto latino que figura en el margen.[73] Los últimos versos los dedica a la sibila Europa que anuncia el nacimiento de Cristo de una virgen y a la sibila Agripa que vaticina la pasión de Cristo. Se observa que las profecías en latín de los márgenes correspondientes a las sibilas Europa[74] y Agripa[75] son una versión diferente de las de Barbieri.[76]

En otro orden de cosa, puede decirse que esta composición constituye una de las primeras que sobre las sibilas se conocen en Francia (Douglas 1962: 215). En todo caso, se observa que, en su mayor parte, como ocurre con los versos de Champier, son una traducción o adaptación de las profecías de Lactancio o de las que se encuentran en la obra de Barbieri. Louis Batissier (1813–1882) que publicó en 1838 la correspondencia mantenida entre Jean Robertet, Georges Chastellain, el señor de La Rière y el señor de Montferrand, gobernador de Jac-

---

71 Este texto es una versión latina de *Oracula sibyllina* VIII 290–292, que se encuentra en Lactancio (*Inst.* 4, 18, 15), de donde pasó a las obras de Agustín (*Civ.* 18. 23) y ps. Beda (Santos Paz 2002: 562).
72 Se desconoce su fuente, si bien Douglas (1962: 410) señala que es posible que fuese alguna obrita religiosa francesa.
73 *Suspendent eum in ligno et occident et nihil valebit eis, quia tertia die resurget et ostendet se discipulis suis et ipsis videntibus ascendet in celum et regni eius non erit finis.* Este texto corresponde al oráculo de la sibila Tiburtina en el que se recoge el mensaje evangélico de la resurrección. Cf. Dieter Gauger (2014: 316); Sackur (1898) y la versión atribuida a Beda (*Sibyllinorum Verborum Interpretatio*. PL 90: 1181).
74 *Veniet ille et non tardabit montes et colles et latices olimpi transibit Regnabit in paupertate et dominabitur in silentio: et egredietur de utero virginis* (Kem 2007: 212).
75 *In visibilitate verbum palpabitur et germinabit ut radix et siccabitur ut folium, et non apperebit vestis eius et circumdabit eum alvus maternus florebit deus leticia sempiterna et ab omnibus conculcabitur et nascetur ex matre deus et conversabitur ut peccator* (Kem 2007: 213).
76 *Vid.* las profecías que Champier, fiel al teólogo dominico, recoge para finalizar este capítulo (Kem 2007: 214–220). En las páginas 219–220 pueden leerse las de estas dos sibilas: *Sibilla europea: Veniet ille et transibit montes et colles et latices silvarum olimpi (. . .) Sibilla agrippa: Invisibile verbum palpabitur et germinabit ut radix et siccabitur ut folium, et non apparebit venustas eius et circumdabitur alvus maternus et flebit deus leticia sempiterna et ab hominibus conculcabitur et nascetur ex matre ut deus . . .*
Se observa que en las representaciones iconográficas las inscripciones latinas de estas dos sibilas guardan estrecha relación con las profecías de Barbieri, así en las pinturas del Palacio Orsini (1438), en los grabados de Baccio Baldini (1470–1480) o en el *Libro de Horas* de Louis de Laval (Bnf lat. 920) de 1469.

ques de Bourbon, cuando habla de la traducción de las sibilas de este poeta, afirma que la publicación de esta composición se concibe como un asunto religioso ya que las sibilas eran honradas como lo eran las santas (1838: 15-16). Para Douglas

> These poems are the product of a period when many humanists attempted to reconcile Christianity and the ideas of the philosophers of antiquity, for the works of the classical writers were essential to education and culture, but at the same time inimical to the Christian religion. For this reason an allegorical interpretation of ancient literature was adopted. Further, the very works of classical authors were used as proofs and supports of Christianity; the authors were claimed to have been prophets of Christ –among them, Homer, Plato, Aristotle, Cicero, Virgil– and this claim was made also of the Sibyls (1962: 212-213).

2.2.3 Ditz des prophetes avec aultres ditz des sibilles concordans ausditz prophetes

Champier ofrece otra descripción de las profecías de las sibilas, pero ahora, para cada una de ellas, presenta una correspondencia con un profeta, circunstancia que explica en una carta, recogida en la *Nef*,[77] redactada en latín que dirige a otros médicos en la que además manifiesta la relación existente entre el estudio de la medicina y el de la teología. Comenta que ha caído en sus manos un libro antiguo[78] en el que se encontraban las profecías de las sibilas y que ha querido relacionar estas, dejándolas en latín, con las que ya ha ofrecido para que las suyas se vean refrendadas por otros testimonios. Justifica la inserción de esos textos por el hecho de que la obra pueda tener un público menos versado en la lengua latina, más dado a pensar que los profetas estaban más inspirados y poseían mayor furor divino que las mujeres.[79] En todo caso, aclara que su finalidad no es otra que la de mostrar que tanto hombres como mujeres[80] habían predicho con exactitud hechos que se han producido en la historia de la religión y que se producirán en el futuro. Lo que hace Champier es reflejar en su obra la relación

---

[77] *Vid.* Kem (2007: 213-214).
[78] Parece estar refiriéndose a la obra de Filippo Barbieri.
[79] Cf. Kem (2007: 213): *qui prophetas putant potius divino fuisse afflatos affatosque furore quam mulieres illas.*
[80] Como ya señalamos (*vid.* nota 35), Champier, siguiendo a Isidoro (*Etym.* VIII 8), indicaba la equivalencia de ambas figuras. Ya Plutarco en su obra *Mulierum virtutes* (23A) afirmaba que el arte poético o el profético no son distintos cuando lo practican los hombres o las mujeres y comparaba los poemas de Safo con los de Anacreonte y los oráculos de la Sibila con los de Bacis.

establecida por Filippo Barbieri entre las sibilas y las palabras de los profetas cristianos, sancionando de este modo el vínculo instaurado por el dominico entre paganismo y cristianismo: Oseas-Pérsica, Jeremías-Líbica y Délfica, Joel-Emeria (Cimeria), Ezequiel-Eritrea, David-Samia, Daniel-Cumana, Jonás-Helespóntica, Malaquías-Frigia, Zacarías-Europa, Miqueas-Tiburtina e Isaías-Agripa.[81] En primer lugar, presenta el texto del profeta y, seguidamente, da una descripción de la sibila y su oráculo.

Champier es fiel al texto de Barbieri,[82] quien proporciona una descripción de las sibilas y da noticias de su edad, atributos e incluso de sus vestimenta, y, lo más importante, presenta unas profecías distintas a las de Lantancio, sin que pueda saberse, como indica Mâle (1925: 261), si tales datos proceden de alguna fuente.

La inserción en su obra de este apartado en el que las profetisas paganas se equiparan a los profetas puede interpretarse, aunque Champier afirme que lo que le interesa es que se reconozca que tanto hombres como mujeres sobre Cristo y la religión han vaticinado con certeza,[83] como un deseo de recalcar el hecho de que unas mujeres paganas tuvieran la capacidad de predecir la venida del Mesías.

3 Conclusiones

Las sibilas, si bien habían sido objeto de mención por parte de algunos padres de la iglesia, como Agustín o Isidoro, no ocuparán un lugar entre personajes ilustres hasta que Rabano Mauro (s. IX) las hace merecedoras de tal distinción en su obra *De Universo – De Rerum Naturis* (XV 3: *De Sibilis*) donde se ocupa de las diez sibilas varronianas. Boccaccio en su *De claris mulieribus* incluye a la Sibila de Cumas, conocida como Deifobe o Amaltea, y a la Sibila Eritrea o Herifilia. Christine de Pizan las hace participar de varias de sus obras, al considerar que "Entre les dames de souveraine digneté sont de haultesce les tres reamplies de sapience, saiges Sebilles" (Curnow 1975: 787). Asimismo, en territorio español entre las ilustres damas de la obra de don Álvaro de Luna, *Virtuosas e claras mugeres* (1446), están presentes dos sibilas (Eritea y Almatea).

Y es que las sibilas, vehículo de expresión del pensamiento divino, adquirieron un papel fundamental en la defensa de las mujeres. Estas figuras, contra-

---

[81] Debe tenerse en cuenta que la relación entre sibilas y profetas es variada y anterior a Barbieri, como puede comprobarse desde el terreno de la iconografía. *Vid.* Lecoq (2002: 160).
[82] Sobre el tratamiento que realiza Barbieri de las sibilas, *vid.* Mâle (1925: 261).
[83] Cf. Kem (2007: 213).

partida femenina de los profetas de Cristo, despiertan gran interés, sobre todo, a partir de la publicación del *De divinis institutionibus* de Lactancio (1465), *De christiana religione* de Ficino (1474) y *Discordantiae nonnullae inter sanctum Hieronymum et Augustinum* de Barbieri (1481), obras en las que se les atribuye el don de la profecía (Zsuppán 1970: 76). Como afirma Lecoq (2002: 157), filósofos italianos y clérigos franceses del siglo XV asumirán la creencia de que las sibilas, aunque paganas, habrían proclamado el advenimiento de Cristo.

Es de reseñar el hecho de que, Champier, que escribía sus obras en latín, presentara en francés[84] su traducción de las profecías de las sibilas, enlazando, tal y como subraya Britnell (2004: 176), con la tradición más popular. En palabras de esta investigadora: "Thus his work brings into the French vernacular the notion that the sibyls are a part of a wider phenomenon of ancient theology which recognised that God was one (. . .)".

Gracias a las sibilas, la mujer considerada durante largo tiempo por el estamento eclesiástico un instrumento del diablo, proclive al engaño y a la maldad, al que, en consecuencia, no se debe escuchar, pasa a expresar la voluntad divina y a formar parte de los catálogos de damas ilustres y virtuosas precisamente por su capacidad de predecir el futuro. "Toute l'antiquité parle par sa bouche" (Mâle 1902: 379).

Bibliografía

Abed, Julien. 2009. Femmes illustres et illustres reines: la communication politique au tournant des XVe et XVIe siècles. *Les Hommes illustres. Questes* 17. 52–69.

Abed, Julien. 2012. *La Parole de la sibylle. Fable et prophétie à la fin du Moyen Âge*. *Perspectives médiévales* 34 [En ligne], https://doi.org/10.4000/peme.85.

Allut, Paul. 1971 [1859]. *Étude biographique et bibliographique sur Symphorien Champier*. Niew-koop: B. de Graaf.

Barbieri, Filippo. 1481. *Tractatus de discordantia inter Eusebium, Hieronymum et Augustinum*. Romae: J. P. de Lignamine.

Brandt, Thomas C. 1971. Wolfram von Eschenbach's References to Plato and the Sibyl. A Report on Their Sources. *Modern Language Notes* 86(3). 381–384.

Breitenstein, Renée-Claude. 2016. Tensions fécondes dans la construction de publics féminins à l'aube de la Renaissance française: les exemples de *La Nef des dames vertueuses* de Symphorien Champier et de *La Louenge de mariage et recueil des hystoires des bonnes*,

---

[84] Se trata de hacer accesible la voz de las sibilas: "la compréhension de la parole prophétique n'est-elle plus l'apanage des monastères mais le fait d'un milieu ouvert, qui voit affluer différentes acceptions du terme 'sibylle', et qui n'assujettit pas la fable à la prophétie, ni l'oraculaire au poétique (Abed 2012: 4).

vertueuses et illustres femmes de Pierre de Lesnauderie. En Cynthia J. Brown y Anne-Marie Legaré (eds.). *Les femmes, la culture et les arts en Europe entre Moyen Âge et Renaissance*, 241–257. Turnhout: Brepols.

Breitenstein, Renée-Claude. 2018. Célébrer les femmes entre éloge et défense: stratégies d'accréditation dans trois éloges collectifs de femmes imprimés au tournant des XVe et XVIe siècles. *Exercices de rhétorique* 11. 1–11.

Britnell, Jennifer. 2004. The rise and fall of the Sibyls in Renaissance France. En Alasdair A. MacDonald y Michael W. Twomey (eds.). *Schooling and society: the ordering and reordering of knowledge in the Western Middle Ages*, 173–185. Leuven, Paris, Dudley, MA: Peeters.

Cervelli, Innocenzo. 1993. Questioni sibilline. *Studi storici: Rivista trimestrale dell'Istituto Gramsci* 34(4). 895–1001.

Champier, Symphorien. 2007. *La Nef des dames vertueuses* [1503]. Edición crítica de Judy Kem. Paris: Champion.

Chronopoulos, Tina. 2006. *The Passion of St Katherine of Alexandria: Studies in its Texts and Tradition*. Ph.D. dissertation. London: University of London.

Copenhaver, Brian P. 1977. Lefèvre D'Etaples, Symphorien Champier, and the Secret Names of God. *Journal of the Warburg and Courtauld Institutes* 40. 189–211.

Coxon, Allan H. y Richard D. McKirahan. 2009. *The Fragments of Parmenides: A Critical Text with Introduction and Translation. The Ancient Testimonia and a Commentary* (revised and expanded edition). Las Vegas, Zurich, Athens: Parmenides Publishing.

Curnow, Maureen Cheney. 1975. *The Livre de la cité des dames of Christine de Pisan: A Critical Edition*, Ph.D. dissertation. Nashville: Vanderbilt University.

Dieter Gauger, Jörg (ed.). 2014. Sibylla Tiburtina. *Sibyllinische Weissagungen: Griechisch – Deutsch*. 310–330. Berlin, Boston: De Gruyter.

Douglas, Catherine Margaret. 1962. *A Critical Edition of the Works of Jean and François Robertet*. MA thesis. London: University of London.

Foucault, Michel. 2014 [1972]. *Histoire de la folie à l'âge classique*. Paris: Gallimard.

Giustiniani, Giulia. 2013. Gli esordi critici di Emile Mâle: le tesi in latino sulle sibille. *Mélanges de l'École française de Rome – Moyen Âge* 125(2). 585–620.

Hélin, Maurice. 1936. Un texte inédit sur l'iconographie des sibylles. *Revue belge de philologie et d'histoire* 15(2). 349–366.

Holder-Egger, Oswald. 1890. Italienische Prophetieen des 13 Jahrhunderts. *Neues Archiv der Gesellschaft für ältere deutsche Geschichtskunde* 15. 143–178

Hooker, Mischa A. 2008. *The Use of Sibyls and Sibylline Oracles in Early Christian Writers*. Ph.D. dissertation. Cincinnati: University de Cincinnati.

Lemarchand, Marie-José. 2000. *Cristina de Pizán. La ciudad de las damas*. Madrid: Siruela.

Karaskova, Olga. 2016. Une princesse dans le miroir: Marie de Bourgogne. En Cynthia J. Brown y Anne-Marie Legaré (eds.). *Les femmes, la culture et les arts en Europe, entre Moyen Âge et Renaissance*, 291–308. Turnhout: Brepols.

Kastner, Leon Emile. 1903. *A History of French Versification*. Oxford: Clarendon Press.

Kem, Judy. 2005. Symphorien Champier and Christine de Pizan's *Livre de la cité des dames*. *Romance Notes* 45(2). 225–234.

Kem, Judy (ed.). 2007. *Symphorien Champier. La Nef des dames vertueuses*. Paris: Honoré Champion.

Lecocq, Françoise. 2002. La Sibylle Europa, ou la renaissance d'un symbolisme chrétien médiéval. En O. Wattel de Croizant (ed.). *La dimension politique et religieuse du mythe d'Europe de l'Antiquité à nos jours*, 155–187. Tours: Centre de Recherches A. Piganiol.

Mâle, Emile. 1902. *L'art religieux du XIIIe siècle en France*. Paris: A. Colin.

Mâle, Emile. 1925. *L'art religieux de la fin du Moyen Âge en France. Étude sur l'iconographie du moyen âge et sur ses sources d'inspiration*. Paris: A. Colin.

Mayer, Claude Albert y Dana Bentley-Cranch. 1997. François Robertet: French sixteenth-century civil servant, poet, and artist. *Renaissance Studies* 11(3). 208–222.

Moreno de Vega, María Auxiliadora. 1984. Citas de autores griegos y latinos en el libro I de las *Instituciones* de Lactancio. *Helmántica: Revista de Filología Clásica y Hebrea* 35(107). 209–230.

Reeser, Todd W. (ed. y trans). 2018. *Symphorien Champier. The Ship of Virtuous Ladies*. Toronto: Iter Press; Tempe: Arizona Center for Medieval and Renaissance Studies.

Santos Paz, José C. 2002. Virgilio en la Edad Media: ¿profeta o plagiario? En Manuela Domínguez, Juan José Moralejo, José Antonio Puentes y Manuel Enrique Vázquez (eds.). *Sub luce florentis calami. Homenaje a M. C. Díaz y Díaz*, 554–565. Santiago de Compostela: Universidade de Santiago de Compostela.

Sackur, Ernst. 1898. *Sibyllinische Texte und Forschungen. Pseudomethodius, Adso und die Tiburtinische Sibylle*. Halle: M. Niemeyer.

Suárez de la Torre, Emilio. 2001. De la Sibila a las Sibilas: observaciones sobre la constitución de cánones sibilinos. *Codex aquilarensis. Cuadernos de investigación del Monasterio de Santa María la Real* 17. 45–62.

Tracconaglia, Giovanni. 1922. *Femminismo e platonismo in un libro raro del 1503: "La Nef des Dames", di Symphorien Champier*. Lodi: Dell'avo.

Zsuppán [Douglas], Catherine Margaret (ed.). 1970. *Jean Robertet: Œuvres*. Geneva: Librairie Droz.

María José Martínez Benavides
Symphorien Champier: las damas virtuosas y el amor verdadero

En el siglo XVI en Francia, y sobre todo en Lyon, la figura del médico y erudito Symphorien Champier desempeña un papel importante en la transmisión de las ideas platónicas en el Renacimiento francés. Su formación médica, su deseo de restaurar las fuentes clásicas del saber en Europa, sobre todo Platón (a través del platonismo florentino), y la doctrina cristiana son los ejes sobre los que se desarrolla su amplia obra. Este trabajo analizará el libro IV de *La Nef des Dames Vertueuses*, titulado "Le livre de vraye amour" en el que desea demostrar cómo y en qué deben poner las damas su amor. El tratado sobre el amor como género literario, del que este libro de Champier es una muestra, se inicia con el *Comentario al Banquete de Platón* que Marsilio Ficino compone en 1469,[1] y perdura hasta el siglo XVII. En este periodo, solo el tratado del florentino, generalmente conocido como *De amore*, junto con los *Dialoghi d'amore* de León Hebreo, se consideran originales, los demás son deudores de uno o de ambos (De la Villa 2001: XIX).

Symphorien Champier compone este libro IV tomando como referencia el *De amore* de Marsilio Ficino, con lo que introduce en Francia el neoplatonismo ficiniano y, al escribir en francés, se puede considerar, según Lebègue (1954: 335), el primer divulgador francés del platonismo. Mucho se ha discutido acerca del nivel de influencia entre el tratado ficiniano y este libro de Champier, hasta el punto de considerar al segundo una traducción del primero (Festugière 1941: 67–68). Es cierto que sigue fielmente el texto ficiniano y sin citarlo, como es costumbre en la época, pero en ocasiones se aparta de su fuente para mencionar directamente la obra de Platón que, como señala Wadsworth (1962: 31), es una muestra de su interés en parecer que posee un conocimiento directo de la obra platónica, si bien a través probablemente de la traducción latina de Marsilio Ficino (1484), pues en el texto no hay indicios de que Champier conociera la lengua griega.

---

1 Esta obra fue compuesta entre noviembre de 1468 y julio de 1469 a raíz probablemente de una crisis en el temperamento melancólico de Ficino. En 1475 entrega a Lorenzo de Medici una segunda versión de este comentario con algunas modificaciones (De la Villa 2001: XVII). El proceso de corrección de esta obra duró hasta 1482 y fue publicada en Florencia junto con la traducción latina de las obras de Platón en 1484.

María José Martínez Benavides, Instituto de Estudios Medievales y Renacentistas – IEMyR, Universidad de La Laguna

∂ Open Access. © 2022 María José Martínez Benavides, published by De Gruyter. (CC BY-NC-ND) This work is licensed under the Creative Commons Attribution-NonCommercial-NoDerivatives 4.0 International License.
https://doi.org/10.1515/9783110756029-009

La Nef des dames vertueuses es considerada una de las más tempranas aportaciones en favor de la mujer en Francia durante el Renacimiento,[2] pues Champier rechaza la idea de origen aristotélico de que la mujer es inferior al hombre por su naturaleza, al considerarla un hombre inacabado (*GA* 737a 25–28), y considera que hombres y mujeres son complementarios. En este sentido, no se limita a reproducir las ideas de Ficino y el texto de su comentario, sino que también lo adapta de modo que no sea el hombre el único que pueda percibir la belleza reflejada en el cuerpo masculino y, a través de ella, acceder al amor, sino que también la mujer pueda ser, tanto objeto de amor por su belleza, como sujeto que alcanza el amor.

Ficino, en su intento de reconciliar el pensamiento platónico con el cristianismo, defiende que el amor es la búsqueda de lo divino y que el mecanismo para que el alma busque a Dios es la belleza. Es por ello que define al amor como la búsqueda o el deseo de la belleza. Este deseo no puede ser de naturaleza sexual, pues este conduce a la lujuria y a la concupiscencia; ha de ser un deseo puro y, aunque Ficino considera que el amor se aleja por completo del cuerpo, el deseo de la belleza debe partir de la observación de la belleza física en un cuerpo. El florentino, al igual que Platón, defiende que la belleza solo se puede apreciar en la observación de un cuerpo masculino. De este modo, cuando Ficino habla de amor se refiere a un amor entre hombres.[3]

Champier evita tratar las teorías y elementos de naturaleza homosexual que presentan los diálogos de Platón y los comentarios de Ficino, pero, aun así, se disculpa al final del libro IV por si ha escrito algo en este libro que no sea católico.[4] Una vez alejado con claridad del concepto del amor planteado como una relación entre hombres, debe modificar este concepto, de modo que también el

---

[2] Ya Meyland (1938: 435–437) señala que la difusión del concepto de amor platónico se relaciona directamente con la apología de la mujer. Asimismo, destaca que en Champier, quien se basa en el concepto ficiniano del amor, ya es evidente la relación entre platonismo y feminismo. Esta conexión ya fue expuesta por Tracconaglia (1922: 12–13), quien asegura que esta evolución en el pensamiento del médico francés pudo tener su origen en una lectura de los autores italianos o en una lectura más profunda de los diálogos de Platón y, de manera especial, del *Banquete*. En la misma línea se pronuncia Reeser (2018: 5) al afirmar que, al unir a Ficino y su postura a favor de la mujer, Champier, a través de esta nueva versión del Neoplatonismo, prepara el escenario a escritores y pensadores renacentistas para considerar que hombres y mujeres son iguales.

[3] Ficino intenta eliminar toda la parte física de la relación amorosa entre los amantes y convertirla en una amistad basada en el amor, pero el deseo erótico, el deseo físico permanece. Sobre esta cuestión, véase el trabajo de Katherine Crawford (2004: 3–35, especialmente, 5–13).

[4] "En me perdonnant se aulcune chose ay escript en ce present livre qui ne soit catholique" (Kem 2007: 253).

amor entre un hombre y una mujer permita al alma dirigirse a la contemplación de lo divino. A este fin desarrolla la idea de que es la mente, el entendimiento, el que permitirá a la mujer situarse en el mismo plano que el hombre, pues ya la mujer no será limitada por su cuerpo, que biológicamente se considera inferior al del hombre, en su búsqueda del amor verdadero, amor que no es carnal, sino divino.

Nuestro autor hace una introducción previa en la que expone, siguiendo de cerca el *De amore* ficiniano, cuál es su concepción del amor, que se convierte en el marco dentro del cual se desarrollará todo el libro IV de *La Nef*. Así, trata del origen del amor y, tomando como fuente a Orfeo el filósofo, indica que el amor, que es un dios, ya existía al inicio del mundo dentro del caos inicial y que es anterior a otros dioses como Saturno y Júpiter.[5] El amor, pues, se define como el deseo de la belleza de la que hay tres tipos: la del alma, que se conoce por el entendimiento; la del cuerpo, que se conoce por los ojos y la de la voz, que se percibe por los oídos. Si no se percibe por el entendimiento, los ojos o los oídos, el deseo que produce no es amor, sino locura o placer. El deseo sexual conduce a la concupiscencia, la infamia y la fealdad, que son contrarias a la belleza. El movimiento que se genera del amor y el que se genera del apetito carnal son opuestos, y solo el primero de ellos conduce a la belleza. Esta definición queda justificada citando a las autoridades, tanto los antiguos teólogos, como los modernos, así San Agustín, San Ambrosio y otros, que coinciden en que el amor es atribuido a Dios y, por tanto, no se puede asociar al amor nada vil o deshonesto como el placer, la lujuria o la lascivia.[6]

---

5 Este argumento en el que se explica el origen del amor con una teoría de naturaleza mitológica es expuesto por Ficino en el *De amore* I.3 del que hemos utilizado la edición y comentario que Raymond Marcel publicó para Les Belles Lettres en 1956 y por la que citaremos esta obra. Asimismo, nuestro autor se refiere al poeta Orfeo como filósofo, en tanto que transmisor de pensamiento desde la antigüedad (véase nota 6). Esta teoría de Orfeo se encuentra en las *Argonáuticas órficas* (A. 422).

6 Champier se separa del texto ficiniano (Marcel 1956: 1.4) enumerando tanto los teólogos antiguos como los modernos, a los cuales Ficino solo alude de manera general diciendo *theologi veteres* y *posteriores theologi*. En el platonismo florentino se defiende la idea de una cadena doctrinal de pensamiento pagano en la que se incluyen no solo autores griegos como Platón, sino también procedentes de Egipto, como Hermes Trismegisto, y de Persia como Zoroastro. Algunos de los eslabones de esta cadena eran seres legendarios, pero eran considerados desde la época de Ficino hasta principios del siglo XVII como personajes reales y muy influyentes desde el punto de vista filosófico. En cuanto a Champier, aunque muestra cierta cautela al estar algunos de estos antiguos teólogos asociados con la magia, el politeísmo y la herejía, fue defensor también de esta cadena de sabiduría que incluiría, entre otros, a Orfeo, Hermes Trismegisto (que siempre menciona como si se tratara de dos personas), Zoroastro,

Como ejemplos que ilustren a las damas del poder y la naturaleza del verdadero amor, en el cual deben poner su entendimiento, propone tres historias que ilustran los tres tipos de amor que expone Fedro en su discurso:[7] el amor de la esposa al marido, el del marido a la esposa y el tercero que es el del amor de un hombre hacia otro hombre. Las tres historias representativas de estas clases de amor son la de Artemisia y Mausoleo, la de Cimón e Ifigenia y, por último, la de Tito y Gisippo que, afirma, extrae de Aulo Gelio, Platón y Boccaccio (Kem 2007: 237).

Artemisia,[8] hija de Lígdamis de Halicarnaso y de una mujer cretense, era la esposa del rey de Siria Mausolo. Cuando este murió, el dolor de su esposa fue tan grande que construyó una espléndida tumba y celebró un certamen en su honor pero, además, mezcló los huesos y las cenizas de su marido con perfumes, los redujo a polvo y con agua los bebió. Esta es la descripción de Aulo Gelio (10.18) que Champier reproduce. Esta mujer que, tras la muerte de su marido, se puso al frente del ejército y conquistó por su fuerza y sabiduría[9] Rodas

---

Homero, Moisés, Platón, Pitágoras, los poetas hebreos, las sibilas, Plotino, Orígenes y San Agustín (Copenhaver 1978: 117–123).

7 De los siete discursos que se incluyen en el *Banquete* de Platón: el de Fedro, el de Pausanias, el de Erixímaco, el de Aristófanes, el de Agatón, el de Sócrates y el de Alcibíades, el *livre del vray amour* se centra casi en su totalidad en el de Fedro, si bien, siguiendo el comentario de Ficino, hace referencia a otros discursos cuando necesita de apoyo teórico que avale su exposición. En cuanto a las historias que se proponen en el discurso de Fedro (la de Alcestis y Admeto, la de Orfeo y Eurídice y la de Patroclo y Aquiles), no reciben ningún comentario por parte de Ficino, quien pasa directamente al discurso de Pausanias.

8 Nuestro autor nos indica que las fuentes para esta historia además de Aulo Gelio, ya mencionado arriba, son Cicerón, citado en el pasaje de Aulo Gelio, y Heródoto. Champier remite al libro VI de las *Historias* que pudo consultar en la edición que hizo Jacques de la Rouge con la traducción de Lorenzo Valla en diciembre de 1474. Se hicieron otras ediciones de la obra herodotea, pero siempre con la traducción latina de este humanista italiano. En la edición consultada, la veneciana de Christophorus de Pensis (1500), la mención a Artemisia se encuentra en el libro VII. De hecho, la información de que era hija de Lígdamis es tomada del historiador griego, pues es el único que menciona este parentesco. Hay que decir que el padre de Artemisia y de Mausolo, pues además de esposos, eran hermanos, era Hecatomno. Se trata de una historia bastante conocida ya desde la Baja Edad Media. Boccaccio le dedica el capítulo LVII de su *De claris mulieribus*. El hecho de que nuestro autor mencione como fuentes a tres autores diferentes puede ser un indicio de la importancia y popularidad de este personaje. No obstante, Champier afirma por error que Mausolo es rey de Siria, aunque es de Caria.

9 "Ceste femme après la mort de sodit mari print par sa force et saigesse Rhodes et tint le royaulme des syrie et de choo en paix et subjection" (Kem 2007: 238). Uno de los argumentos que Crawford (2004: 20–21) esgrime para rechazar que esta historia sea utilizada por Champier como ejemplo válido de amor heterosexual, junto con la forma de canibalismo post mortem demostrada por Artemisia, es que se omite su papel como gobernante de su reino, papel que

y Cos, y que fue consejera de Jerjes, es mencionada por nuestro autor, junto a Porcia, esposa de Marco Bruto, en una carta que escribe a Jacques Robertet con motivo de sus esponsales, como ejemplos de mujeres valiosas por su lealtad a sus maridos,[10] hasta incluso después de muertos, y, en el caso de Artemisa, por convertirse ella misma en un monumento vivo en honor a su esposo al ingerir sus cenizas (Kem 2019: 79 y 105). Hay que destacar, sin embargo, que Champier, siempre fiel al *De amore* ficiniano, no comparte, y por eso lo omite, la valoración que el florentino tiene de Artemisa. En el discurso séptimo, cuando habla de la enfermedad que afecta al corazón por la que se afligen los que aman perdidamente y de la locura que les domina, que les causa placer y dolor a la vez, y que lleva a los amantes a querer recibir dentro de sí al amado entero, pone como ejemplo de los efectos de este amor vulgar a Artemisa, que amó más allá del sentimiento humano a su marido hasta el punto de reducir su cuerpo a polvo y beberlo disuelto en agua[11].

La siguiente historia que el médico de Lyon presenta como un ejemplo de la fuerza del amor de un hombre a su esposa está tomada de Boccaccio (*Dec.* 5.1) que, con toda probabilidad, consultó en la traducción latina que realizara Filippo Beroaldo, el Viejo. Con la historia de Cimón y de Ifigenia, Champier pretende ilustrar cómo la percepción de la belleza del alma, que se refleja en la belleza del cuerpo, hace que nazca el deseo de mejorar, de tender a hacer cosas buenas y honestas. Galeso (verdadero nombre de Cimón) vivía en Chipre y era un joven de gran belleza, pero en su naturaleza era rudo y bruto, incluso en la voz. A pesar de la insistencia de su padre, se había negado a aprender nada, a instruirse en ninguna cosa honesta, de modo que fue enviado al campo a labrar la tierra, al encontrarse más cómodo entre animales que entre los hombres. Esta naturaleza ruda hizo que lo llamaran Cimón.[12] Un día en el bosque ve a una joven dormida y, al percibir su belleza, surge en su interior el amor por esa muchacha y el deseo de dejar de ser "rustique et bestial" para convertirse en "homme discret et saige".

---

podía parecer inquietantemente masculino. Como podemos apreciar, sí recoge esta faceta que toma de Heródoto (7.99).

10 En el libro I de *Le Nef* es mencionada Artemisia como modelo del amor marital (Kem 2007: 75).

11 *Arthemisia Mausoli regis Carie uxor ostendit, que supra affectionis humane fidem virum suum amavisse dicitur, eiusque defuncti corpus redegisse in pulverem et aque inditum ebebisse.* (Marcel 1956: 7.6)

12 [. . .] "que vault autant à dire en leur langue comme bestial" (Kem 2007: 239) que reproduce el texto de Beroaldo, pero Boccaccio indica *che nella lor lingua sonava quanto nella nostra 'bestione*. Branca en su edición del *Decamerón* (1985), en el comentario a este pasaje propone como etimología de este nombre 'χίμον', formado sobre la misma raíz que 'χιμᾶρος' (cabra).

La respuesta de Cimón ante la belleza de Ifigenia, que se asusta al verlo, hace que solicite a su padre Aristipo un preceptor para que lo eduque y lo convierta en un hombre "civil".[13] De este modo Cimón llega ser un buen filósofo, un sabio y experto no solo en ciencia, sino también en el arte de la guerra y en el uso de las armas, hasta el punto de que no había hombre tan valiente en Chipre. Cuando le pide al padre de Ifigenia la mano de esta en matrimonio, aquel le informa de que ya ha sido prometida a un noble de Rodas, Pasimundo, que viene a buscarla en barco. Cimón, impulsado por el amor a Ifigenia, ataca el barco que la transporta y la secuestra. Una tormenta los arroja a las costas de Rodas, donde son apresados y encarcelados. Ifigenia es liberada para casarse con Pasimundo, pero el magistrado rodio Lisímaco pone en libertad a Cimón para que le ayude a rescatar a su amada, que es la prometida del hermano de Pasimundo, y en el enfrentamiento armado que tiene lugar, Cimón da muerte a Pasimundo, recuperando de nuevo a Ifigenia. Finalmente arriban a Chipre donde se casan y Cimón es honrado y alabado por los chipriotas.

Todas las acciones que lleva a cabo Cimón son justificadas en el amor transformador de la belleza de Ifigenia, que lo ha convertido de "beste homme de fol saige de ignorant scientifique" (Kem 2007: 241). Este deseo que experimenta Cimón, aunque Crawford (2004: 21) lo considere fuera de los límites de lo civilizado, no es estimado por Champier como un fin en sí mismo, sino como una fase en el proceso de ascenso hacia la elevación moral, un elemento necesario y fundamental para la aspiración a la belleza, al amor, y, en consecuencia, quiere que sea legitimado con el matrimonio.

Al final de la historia nuestro autor explica que la belleza es la base del amor honesto, no carnal, ni lujurioso, que siente Cimón por Ifigenia y termina diciendo: "O vous messeigneurs les amoreux amés les femmes de telle amour constante et non venerée querés beaulté de corps par couleurs de voix par prudamment parler de l'ame en bien vivant el justement" (Kem 2007: 242). En este

---

[13] "Car je n'ay plus deliberé de vivre ne demourer comme veste emmy les champs: mais propose d'estre homme civil" (Kem 2007: 240). Este es la única alusión que hace Champier al deseo de Cimón de transformarse en un hombre "civil", aunque Beroaldo en su traducción latina insista en varias ocasiones en que uno de los aspectos de Cimón que cambia tras su encuentro con Ifigenia es que pasa de una naturaleza rústica a otra política y urbana. Baldassari (2016: 229-230) considera que el empleo de este adjetivo, que evidentemente indica que pertenece a la *polis*, implica unas connotaciones de refinamiento propias de la vida en la ciudad, pero además una concepción de la política como conjunto de cualidades, de virtudes que se desarrollan mejor en una dimensión social y que forman parte de la noción de *humanitas*. Champier desea mostrar la transformación interior de Cimón entendida esta en su dimensión personal en tanto que mejora de sus virtudes individuales.

relato, el médico de Lyon está desarrollando la teoría que defiende Ficino (Marcel 1956: 2.4), quien establece que el amor es el deseo de belleza y que en esta pueden distinguirse tres clases: la del espíritu, que es unión de muchas virtudes y solo es conocida por la mente; la de los cuerpos, que consiste en la armonía de líneas y colores, y es conocida por los ojos; y la de los sonidos, que es armonía de muchas voces y que es conocida por los oídos. En varias ocasiones a lo largo de este relato insiste en que Cimón vio la belleza de Ifigenia (y esta lo miró a los ojos también) y en su entendimiento percibió no solo su belleza física –que describe de manera minuciosa–, sino también que era noble y virtuosa. De este modo Cimón, que puede percibir la belleza porque es bello, a pesar de sus modales, alcanza la belleza espiritual y la física, dos de las tres que propone Ficino. Champier quiere destacar, y así lo repite en varias ocasiones también, el cambio que ha sufrido Cimón, debido a la belleza salvífica de Ifigenia, e incide en un aspecto en el que se refleja dicha transformación, esto es, en su deseo de no usar más su nombre "par ses vertus et bonne meurs" (Kem 2007: 240). En esta cuestión se separa de los autores que utiliza como fuente. En el texto de Boccaccio se indica que Cimón quiso mantener este nombre, porque así lo había llamado Ifigenia por primera vez. Beroaldo, sin embargo, modifica ya en su traducción el texto original y confiere al deseo de abandonar su nombre un sentido moral, al exponer que Cimón entiende que Ifigenia ha utilizado este sobrenombre a modo de insulto y por ello su deseo de eliminar esta mancha.[14] Limpiar esta mácula supone, al dejar su lado más salvaje, no someterse a los placeres carnales, consagrando su amor así dentro del matrimonio (Baldassari 2016: 237). Champier por su parte, interpreta su rechazo a usar de nuevo el sobrenombre de Cimón, como una consecuencia propia de haber culminado su proceso de transformación: ya se ha convertido en un hombre virtuoso, no sometido por la lujuria.

    La tercera historia, en la que se ilustra el poder del amor de un hombre a otro, es la que protagonizan Tito y Gisippo. Esta historia forma parte del *Decamerón* (10.8), pero todo apunta a que nuestro autor la conoce también a través de la traducción latina de Filipo Beroaldo, el Viejo. Cabe destacar lo llamativo que resulta que, en un tratado en el que se quiere mostrar a las damas dónde se encuentra el amor verdadero, se incluya una narración sobre el amor entre dos hombres. Y es que Champier recoge el concepto de amor en la tradición neoplatónica ficiniana, porque está siguiendo su comentario al *Banquete* platónico,

---

[14] En *Orationes et poemata* publicada por Ioannes Trechsel en Lyon en 1492 dice: *Caeterum Cymon, qui vero nomine Galesus dicebatur, reminiscens se ab Iphigenia Cymonem quasi nomine contumelioso fuisse nuncupatum, hanc notam tollere ac maculam abolere constituit* (sin número de página).

pero modifica la historia al convertir el amor entre estos dos jóvenes en un amor fraternal. De este modo se separa de Ficino al desplazar del lugar central del Neoplatonismo ficiniano el amor homosexual y al equipar a este el amor entre un hombre y una mujer, cuestiones que caracterizan al Neoplatonismo francés, junto con la heterosexualización de los diálogos eróticos de Platón (Crawford 2010: 112).

Champier nos dice que en época de Octaviano, un noble romano envía a su hijo Tito, de buena mente y agudo entendimiento, a Atenas para que se educara en casa de su amigo Cremes junto a su hijo Gisippo. Ambos, que se quieren como hermanos, estudian filosofía con Aristipo[15] y durante tres años se aplican a sus estudios. El padre de Gisippo le pide a este que se case y encuentra una chica ateniense de noble cuna de gran belleza,[16] cuyo nombre omite, porque solo le interesa destacar esta cualidad física. Cuando Tito acompaña a su amigo a conocerla, se ve inflamado por un amor de tal magnitud, debido a su dulzura y belleza, que cuando regresan no puede dejar de pensar en ella. Tito lucha contra el amor que siente, pues lo considera ilícito e irracional y es consciente de que ofendería a Cremes, que ha sido como un padre para él. Gisippo le pregunta la causa de su malestar y, al final, le confiesa que está profundamente enamorado de su prometida. Ante esta situación, Gisippo renuncia a ella y le dice a Tito que será su esposa. Urden un engaño en el que la mujer es llevada a la casa de Gisippo y, cuando está en el lecho con las luces apagadas, Gisippo se marcha y lo sustituye Tito, quien antes de yacer con Sofronia –Champier menciona en este momento su nombre por primera vez en el relato–, realiza una ceremonia en la que Sofronia, creyendo que se trata de Gisippo, acepta casarse con él. Asimismo, Tito, poniéndole un anillo como señal de que el matrimonio se ha realizado, le dice que él es su marido. Este engaño, del que hacen objeto a Sofronia, quien piensa que se ha casado con Gisippo, se mantiene durante bastante tiempo, pues por la mañana los amigos vuelven a intercambiarse en el lecho de la mujer. La muerte del padre de Tito obliga a este a regresar a Roma y es entonces cuando

---

15 Se trata de Aristipo de Cirene, de quien Diógenes Laercio trata en su *Vidas de los filósofos ilustres* (2.8). Aristipo representa el sensualismo extremo al defender que la única fuente de todo conocimiento y, por tanto, el único criterio de verdad son las sensaciones o mejor dicho, las experiencias, los estados o afecciones corpóreas que son siempre verdaderas y ciertas. A pesar de formarse con este filósofo, Champier destaca que su amor se mantiene alejado de cualquier manifestación de naturaleza física.

16 El texto de Beroaldo dice *puellam . . . civem atticam incredibili formositate conspicuam* (1492: sin número de página), texto que Champier reproduce como "luy trouverent une moult belle fille, citoyenne d'athenes de grand lignée et merveilleuse beaulté oú il se consentit" (Kem 2007: 243) incidiendo dos veces en su belleza física.

le desvela a su esposa con quién estaba compartiendo el lecho. Tito convence a los padres de su esposa, quienes reclamaban un castigo para Gisippo, de que él, por su linaje y riqueza, es mejor partido que su amigo. Una serie de avatares hacen que se separen los dos amigos y que Gisippo, caído en desgracia y pobre, vaya a Roma donde se ve envuelto en un asesinato que no ha cometido, pero del que se acusa porque desea morir. Es detenido y, casualmente, en el juicio en el que es condenado a muerte, es reconocido por Tito quien, con el fin de salvar a su amigo, no duda en atribuirse el asesinato. Al final, el auténtico asesino confiesa y ambos son liberados. Además, Tito le entrega a su hermana por esposa.

Este es, a grandes rasgos, el relato que reproduce Champier, pero es preciso analizar sus aportaciones al texto de Beroaldo que justifican la percepción por parte del lector de esta narración de un modo diferente a una historia homosexual. Desde el principio, nuestro autor rechaza la premisa ficiniana de que el amor homosexual parte de la observación de la belleza en un cuerpo masculino, pues describe a Tito como de buena mente y bella inteligencia,[17] de modo que la belleza que inspira al amante no está en su cuerpo, sino en su inteligencia. Si la inteligencia ayuda al hombre a ascender hasta lo divino, alejándose del cuerpo y del mundo físico, Tito con su bello entendimiento puede ver la belleza del alma dirigida hacia lo divino, pero también puede ser amado por su propia belleza no corpórea y, de esta forma, se elude la noción ficiniana de belleza masculina como acceso al amor que se dirige a lo divino (Reeser 2015: 85). Se trata de una aportación de Champier al texto de Beroaldo, quien únicamente describe a Tito diciendo *singulari ingenio preditum*. Otro paso que da nuestro autor en su intento de reformular esta narración es definir la relación entre Tito y Gisippo como un amor fraternal, que los lleva a desempeñarse igualmente bien en sus estudios y hace que Cremes vea a ambos como sus hijos. Además, Sofronia, descrita solo por su linaje y por su extraordinaria belleza, se convierte en el canalizador del deseo masculino. El deseo amoroso que la belleza de Sofronia inspira en Tito es expuesto como si fuera un amor incestuoso, al estar enamorado de la prometida de Gisippo, que debe ser para él como una hermana,[18] del mismo modo que tampoco es aceptable un amor entre "hermanos" como se consideran Tito y Gisippo (Reeser 2016: 154). Gisippo, que afirma amar más la vida de su amigo que la de otra persona y que preferiría perder a

---

[17] "d'ung moult bon esperit et beaulx entendement" (Kem 2007: 243).
[18] "disant comme il estoit bien maleureux et que la mort luy estoit bien plus meritée et condigne que la vie quant il estoit ainsi esprins de l'amour de la femme de son amy. Laquelle il ne devoit point plus desirer que sa seur" (Kem 2007: 244).

una esposa antes que a su amigo, porque, según dice, es más fácil encontrar otra esposa que otro amigo,[19] le cede a Sofronia quien, al mantener relaciones con Tito, está haciendo honor a su nombre, al aportar mesura tanto a una relación amorosa (no sexual) entre dos hombres como a una relación amorosa sexual entre un hombre y una mujer. De este modo, a través de Sofronia, se mantiene el autocontrol de los dos hombres frente a las relaciones de amor y deseo (Reeser 2016: 156). Como se ha visto, una serie de circunstancias los separa, regresando Tito a Roma con su esposa y quedando Gisippo en Atenas, pero al final vuelven a reunirse de nuevo en Roma donde Tito le entrega a su hermana como esposa. Champier concluye el relato diciendo que los dos se quedan juntos viviendo el más grande amor que han visto jamás.[20]

Nuestro autor a continuación expone el contexto teórico en el que se puede encuadrar la historia que acaba de contar. Así, siguiendo el *De amore* (Marcel 156: 1.4), expone la relación que existe entre el cuerpo y el alma respecto al amor y reproduce las tres categorías que Ficino establece entre belleza y amor: si el cuerpo es bello, pero el alma no, entonces el amor será débil como una sombra de la imagen de la belleza; si el alma es bella, pero el cuerpo no, amaremos de manera ardiente y firme y, cuando la belleza existe en el cuerpo y en la mente, el amor será apasionado y firme como algo perfecto por todas partes (Kem 2007: 246). Cabe preguntarse la intención de Champier para incluir este comentario, justo después de terminar la historia acerca del poder del amor entre dos hombres. El lector puede entender que el primer tipo de amor queda perfectamente reflejado en la relación que mantiene Tito con Sofronia, cuya belleza física es destacada en el relato, sin otra alusión a virtudes o cualidades que permita apreciar alguna belleza en su alma. Esta relación se mantiene en el plano sexual y su amor es ligero. El segundo tipo de amor puede asociarse, tras leer la historia, con el que existe entre Tito y Gisippo. Se trata de una relación que no se desarrolla en un plano físico, pues en ningún momento se alude a la

---

[19] "Mais gisipus luy monstra qu'il aimoit mieulx sa vie que tout le monde et qu'il aimoit mieulx perdre sa femme que son amy car facillement on peult trouver une aultre femme mais non point ung amy" (Kem 2007: 244).
[20] "Et demourarent tous deux ensemble vivans en plus grand amor qu'il n'avoyent jamais" (Kem 2007: 246). El texto de Champier no deja claro a quiénes se refiere con "tous deux". Pueden ser los dos hombres o las dos parejas, por ejemplo. En el texto latino, Beroaldo precisa que en la misma casa viven Tito con Sofronia y Gisippo con Fulvia: *ipse cum Fulvia; Titus cum Sophronia in eadem domo iucundissime diutissimeque vixerunt in dies magis ac magis gliscente inter ipsos mutua benevolentia* (1492: sin número de página). Además, la versión latina se centra en la adquisición de la ciudadanía romana para Gisippo mediante el matrimonio con Fulvia y en la equiparación social entre ambos protagonistas, que se logra cuando Tito comparte su fortuna con su amigo: *Titus omnes suos tesauros praediaque comunicat* (1492: sin número de página).

belleza física de los dos hombres y sí a la belleza de su entendimiento, a la belleza espiritual. Se trata de un amor ardiente y firme que, como se narra, permite superar todo tipo de circunstancias adversas. De más difícil asociación con las relaciones expuestas en la historia es la del amor perfecto, que se logra cuando la belleza existe en el cuerpo y en el alma. No obstante, si atendemos a la narración de Champier, el más grande amor que han visto nunca aparece cuando viven juntos Tito y Gisippo, casados el primero con Sofronia y el segundo con la hermana de su amigo. Cabe pensar, por tanto, que Champier defiende que este amor perfecto sería la combinación de un amor heterosexual entre un hombre y una mujer, y un amor homosexual entre dos hombres, el primero en el ámbito del matrimonio y orientado a la procreación, y el segundo en el ámbito de la amistad, ajeno a cualquier manifestación de carácter sexual o física, y centrado en el entendimiento. De esta manera supera la idea ficiniana de que el amor verdadero es el que se establece entre dos hombres, al incluir dentro del amor perfecto la relación entre un hombre y una mujer (Reeser 2016: 159).

Tras estos tres relatos, Champier reproduce algunos fragmentos del discurso de Pausanias en el comentario de Ficino (Marcel 1956: 2.8). En concreto, habla del amor correspondido que implica una muerte y dos resurrecciones, pues el hombre que ama muere al abandonarse en la otra persona y resucita cuando se reconoce en el amado y no duda de que es amado. Este pasaje forma parte de la teoría que propone que el amor surge entre los semejantes y por eso el amante se reconoce en la persona amada. Evidentemente el médico de Lyon omite toda referencia a la parte del comentario ficiniano que alude al amor entre hombres[21] y pasa directamente a tratar el amor carnal, siguiendo el *De amore* (Marcel 1956: 7.12). Así describe este amor como una especie de ansia y locura que afecta a los amantes con diversas patologías relacionadas con la bilis. No hay que olvidar que la bilis se localiza en el hígado, que en el cuerpo humano se convierte en la sede del alma concupiscible, según la filosofía de Platón.

Ilustra este tipo de amor con la fábula del dios Febo y su hija Lucilia, que está tomada de Marsilio Ficino, quien en una carta que escribe en 1481 a Lorenzo de Pierfrancesco de Medici incluye esta historia a modo de apólogo.[22] En este re-

---

21 Silver (1993: 278) afirma acerca de este pasaje que el autor de *La Nef* aparentemente perdió una oportunidad de demostrar su erudición, al no señalar que este pasaje del comentario de Ficino y de su propio comentario estaba inspirado en el *Banquete* de Platón (192d–e) donde se habla del amor entre dos hombres. Se trata, más bien, de una omisión intencionada por tratarse de un tema poco acorde con el objetivo y marco teórico de este libro de *La Nef*.
22 En la edición que hizo Anton Koberger de las *Epistolae Marsilii Ficini Florentini* en 1497 esta carta se encuentra en el libro VII, 164r y la fábula en las páginas 166r–v.

lato, el dios Febo, para mantenerla a salvo, ordena a su hija Lucilia que se quede a su lado. Durante el invierno así lo hace, pero al llegar la primavera, llevada por la belleza de las flores, la dulzura de la hierba, el sabor de las frutas y los olores, se adorna con coronas de flores, sus vestidos se llenan de variadas flores y, olvidándose de su padre, se vuelve lasciva y vaga por las ciudades y pueblos, tomando placeres de los jóvenes. Cuando llega el verano y la hierba se seca, sigue marchando por los campos, como solía hacerlo, pero ahora se encuentra con serpientes que la muerden y con insectos que le pican en la cara, manos y pies. Se encuentra cansada y enferma. En este estado se ve obligada a regresar junto a su padre al que, llorando y con grandes lamentos, pide ayuda. Febo, en un primer momento la rechaza y la envía con su madre Venus a la que ha servido en placeres y deseos mundanos, pero, llevado de su amor paterno, la perdona y la cura tras la promesa de que dejará ese comportamiento y los ornamentos voluptuosos, pues ya ha visto que bajo un poco de miel hay mucha hiel. Esta expresión es tomada de Ficino y, tanto para el florentino, como para el médico de Lyon, constituye la enseñanza moral de esta fábula: un breve placer se paga con un gran dolor.

Esta narración de contenido mitológico, en la que se rechaza el amor carnal, es incluida en este libro por Champier para expresar de manera alegórica y con un objetivo claramente edificante, que Lucilia, que es el alma racional, al alejarse de su padre Febo, dios todopoderoso, se vuelve miserable y, abandonando el verdadero amor, se dirige hacia las cosas mundanas. En este proceso termina enfermando de gravedad. Hay una serie de elementos que reflejan en el relato de nuestro autor cómo va cayendo Lucilia, que está llena de belleza, en la lujuria. Cuando se aleja de su padre se deja llevar por sentidos como el olfato, el gusto, o el tacto que, como hemos visto, no son los sentidos que pueden percibir el amor que se asocia a la belleza, sino la lujuria y el deseo carnal, que desemboca en las relaciones sexuales que mantiene con jóvenes de los pueblos cercanos.[23] Asimismo, al igual que sucede en la narración de Ficino, se incluyen elementos que inducen a una clara asociación entre la caída de Lucilia y la de Eva, como son la aparición de la manzana, uno de los frutos que ingiere con gran apetito, y las serpientes que la muerden. Los insectos (moscas) que le pican en los pies y en las manos, que en el texto de Ficino son abejas, también constituyen una clara alusión al ataque al cuerpo por parte de los placeres voluptuosos. Nuestro autor mantiene, como hace Ficino, la asociación, ya presente en los padres de la iglesia (Wadsworth 1976: 194) entre pecado y enfermedad. En

---

[23] Champier hace una pequeña ampliación al texto ficiniano *puella vanior gloriabunda proximas urbes adibat* (1497: 166r) probablemente teniendo en mente la Flora meretriz de Boccaccio y así dice "et s'en allant par les cités et villes prenant ses plaissances avec ses juvenceaulx" (Kem 2007: 250).

esta cuestión y, debido a su formación médica, desarrolla el texto ficiniano. Así, Ficino, alude a la enfermedad de Lucilia como si se tratara de una indigestión,[24] mientras que el médico de Lyon expone con detalle los síntomas de la enfermedad que padece Lucilia: cansancio, fiebre, sed, diarrea, hipo, dolor en el pecho, dificultad para respirar y tos fuerte que son signos de muerte.[25] Esta patología, junto con la apreciación de la gravedad de que tales síntomas indican una próxima muerte, obliga a Lucilia a volver a su padre Febo, que es la luz de vida y creador de la medicina.

La historia de Lucilia le permite a Champier advertir, por una parte, que el amor carnal,[26] esto es, cualquier manifestación de carácter sexual, debe evitarse y no especifica que sean únicamente las mujeres las receptoras de este mensaje, sino "toutes gens"; por otra parte, aconsejar a las damas que deben aspirar al amor verdadero y recíproco. Es precisamente este amor correspondido de carácter divino, que está presente en todas las cosas, pues es un reflejo de Dios, el que lleva a abandonar los placeres terrenales y amar las cosas celestiales y divinas. Es preciso señalar que Champier está haciendo un uso intencionado del *De amore* ficiniano, en concreto, del pasaje dedicado al diálogo de Pausanias[27] para mostrar que el amor ideal, el amor divino, que no es físico, que no es sexual, existe también en el amor heterosexual. De esta forma reproduce casi literalmente todo el pasaje ficiniano, que está dedicado a hombres, pero dirigiéndolo en esta ocasión a las mujeres, "O dames aymés".

Finalmente concluye su libro sobre el verdadero amor con una exhortación, dedicada tanto a los hombres como a las damas,[28] a que huyan de las mujeres

---

[24] *Et aluus inmodico noxiaque cibo tumescens moleste nimis distendebat* (1497: 166a), reflejando en el texto la idea platónica de que el vientre es la sede de las pasiones.

[25] "Elle fut toute lasse et fievre la commença à prendre avec une merveilleuse soifz et flux de ventre et ung singulte avec pleuresie et alaine estroicte et toux terrible qui sont signes de la mort" (Kem 2007: 249).

[26] "ceste amor laquelle toutes gens doivent fuir comme couluvre et fiel couvert de miel" (Kem 2007: 248).

[27] *Vos autem, o amici, hortor et obsecro, ut amorem, rem profecto divinam, totis viribus complectamini. Neque vos illud deterreat, quod de amante quodam Platonem dixisse ferunt. Ille, inquit, amator animus est proprio in corpore mortuus, in alieno corpore vivens.* (Marcel 1956: 2.8)

[28] En el caso de los hombres afirma: "o hommes soyés viriles", mientras que en el caso de las damas las anima a ser "vertueuses, prudentes et pudicques" (Kem 2007: 251). Este pasaje parece contradecir la idea de que esta obra constituye una defensa de la mujer, cuando aconseja a los hombres la virilidad y a las mujeres la virtud y pudicia en relación con el amor y el deseo. No obstante, el autor propone para hombres y mujeres un comportamiento virtuoso, en tanto que el término 'viril' alude a las virtudes masculinas entre las que se incluyen, no solo las que están relacionadas con la parte física tales como la fuerza y el vigor, sino también

jóvenes los primeros y de los hombres jóvenes las segundas, explicando que con 'jóvenes' no solo hace referencia a su edad, sino también a su falta de entendimiento, en el caso de ellas, y de formación en doctrina y sabiduría, en lo que a ellos respecta.[29] En uno y otro caso, los jóvenes se dejan llevar por Venus, por la lascivia, y no están capacitados para sentir el amor ideal, el amor divino. En cuanto a las damas, si quieren ejercitar el placer en la conversación con hombres, aconseja hacerlo con aquellos que traten de cosas honestas dado que las puedan volver mejores, pues hablar es el paso previo a actuar.

Tras este recorrido por el texto del *livre de vray amour* hemos visto que el *De amore* de Ficino es el tratado de referencia, aunque Champier seleccione los pasajes que mejor se adapten a su planteamiento teórico. Así, hace uso sobre todo del discurso de Fedro, pues el origen, los tipos y la utilidad del amor le son muy adecuados a su propósito. También utiliza como fuente el discurso de Pausanias, del cual elimina toda referencia al amor homosexual, pues es un tema que quiere excluir de su interpretación del texto y pensamiento ficinianos. No reproduce el contenido de ningún otro discurso de los que se incluyen en el *Banquete* de Platón, salvo alguna mención aislada y de carácter general que extrae del discurso de Agatón para indicar que las artes se entregaron a los hombres debido al amor, y del de Erixímaco acerca de que el amor innato es el motor del cielo (Kem 2007: 251). Es evidente que otros discursos, como el de Aristófanes, en el que se tratan temas como el del andrógino, figura que puede resultar extraña para un lector de la época, no tienen cabida tampoco en este tratado.

La intención del autor es escribir un libro que pueda ser de utilidad para las mujeres, de manera que sepan distinguir el amor verdadero del amor falso, esto es, del amor carnal y lascivo, que considera una especie de furia o locura. En aras de esta finalidad y dentro del entorno neoplatónico en el que se incluye, para el que sigue el *Comentario al Banquete de Platón* de Ficino, Champier equipara el amor entre dos hombres con el amor entre un hombre y una mujer, alejándolos de su aspecto físico (no hay más que recordar que aconseja huir del amor carnal) para situarlos en el alma. Las almas de hombres y mujeres, a diferencia de sus cuerpos, son iguales, se encuentran al mismo nivel y, al ubicar el amor divino en el alma, las mujeres también pueden sentirlo. Asimismo, a través de las historias ilustrativas de los tipos de amor expone la perspectiva del amor homosexual transformándolo en un amor fraternal, no sexual. En cuanto al

---

aquellas que, como la energía moral e intelectual, conciernen al entendimiento, donde Champier ubica el verdadero amor en los hombres.

29 Champier llama mujeres jóvenes a "lesqulles son jeunes d'eage et d'entendement" y los hombres jóvenes son para él "cellex qui sont jeunes en doctrine et sapience" (Kem 2007: 251–252).

amor heterosexual, al convertir a la mujer en objeto del deseo amoroso que busca la belleza no física, permite a la mujer acceder a lo divino y a la virtud, pero siempre que ese amor, ya no divino, sino humano, esto es sexual, tenga cabida dentro del matrimonio orientado hacia la procreación.

El propósito de Champier es mostrar la utilidad de este libro enseñando a las damas qué es el amor verdadero, qué tienen que hacer para alcanzarlo y en qué forma han de evitar la lascivia para alejarse de los cantos de sirenas que supone el amor carnal.

Bibliografía

Baldassari, Gabriele. 2016. Vicende della fortuna umanistica della novela di Cinone (Decameron V 1). La traduzione di Filippo Beroaldo il Vecchio. *Arnovit (Archivo novelistico italiano). Dal Novellino a Basile*, 1.16, 223–264.
Beroaldo, Filippo. 1492. *Orationes et poemata*. Lugduni: Ioannes Trechsel.
Copenhaver, Brian P. 1978. *Symphorien Champier and the Reception of the Occultist Tradition in Renaissance France*. The Hague: Mouton.
Crawford, Katherine. 2004. Marsilio Ficino, Neoplatonism and the Problem of Sex, *Renaissance and Reformation/Renaissance et Réforme* 28(2),3–35.
Crawford, Katherine. 2010. *The Sexual Culture of the French Renaissance*. Cambridge: Cambridge University Press.
Festugière, André Jean. 1941. *La philosophie de l'amour de Marsile Ficin et son influence sur la littérature française au XVIe siècle*. Paris: J. Vrin.
Ficino, Marsilio. 1497. *Epistolae Marsilii Ficini Florentini*. Nuremberg: Anton Koberger.
Kem, Judy (ed.). 2007. *Symphorien Champier. La Nef des dames vertueuses*. Paris: Honoré Champion.
Kem, Judy. 2019. *Pathologies of Love: Medicine and the Woman Question in Early Modern France*. Lincoln: University of Nebraska Press.
Lebègue, Raymond. 1954. Le platonisme en France au XVIe siècle. En *Actes du Congrès de Turs et Poitiers 3–9 septembre 1953*, 331–351. Paris: Les Belles Lettres.
Marcel, Raymond (ed. y trad.). 1956. *Marsilio Ficino. Commentaire sur le Banquet de Platon*. Paris: Les Belles Lettres.
Meyland, Edouard F. 1938. L'Evolution de la notion d'amour platonique. *Humanisme et Renaissance* 5(3),418–442.
Reeser, Todd W. 2015. Redressing Ficino, Redeeming Desire: Symphorien Champier's *La nef des dames vertueuses*. En Lewis C. Seifert y Rebecca M. Wilkin (eds.). *Men and Women Making Friends in Early Modern France*, 81–98. Burlington: Ashgate.
Reeser, Todd W. 2016. *Setting Plato straight. Translating Ancient Sexuality in the Renaissance*. Chicago: Chicago University Press.
Reeser, Todd W. (ed. y trad.). 2018. *The Ships of Virtuous Ladies*. Ontario: Iter Press Toronto.
Silver, Isidore. 1993. Plato and Ficino in the Work of Symphorien Champier. *Bibliothèque d'Humanisme et Reanissance* 55(2). 271–280.

Tracconaglia, Giovanni. 1922. *Femminismo e platonismo in un libro raro del 1503: "La nef des dames" di Symphorien Champier*. Lodi: Dell'Avo.
Valla, Lorenzo (trad.). 1500. *Herodoti Halicarnasi Historiae*. Venetiis: Christophorus de Pensis.
Villa Ardura, Rocío de la (trad.). 2001. *Marsilio Ficino. De Amore. Comentario al "Banquete" de Platón*. Madrid: Tecnos.
Wadsworth, James B. (ed. y trad.). 1962. *Symphorien Champier. Le livre de vraye amour*. The Hague: Mouton.
Wadsworth, J. B. 1976. Marsilio Ficino's Fable of Phoebus and Lucilia and Botticelli's "Primavera". *Aquila* 3. 190–200.

Miguel Ángel Rábade Navarro
Traducción, recreación y adaptación textual: del *De mulieribus claris* de Boccaccio a *La Nef des dames vertueuses* de Champier

1 Introducción

El propósito del presente estudio es seguir la línea de traslación e influencias que se produce entre distintos tratados sobre mujeres publicados en Francia e Italia desde el *De mulieribus claris* (1361–1362) de Giovanni Boccaccio a la *La Nef des dammes vertueuses* (1503) de Symphorien Champier, en un hiato de tiempo de casi un siglo y medio, en la decisiva época que va del Trecento a los inicios del Cinquecento. Analizaremos, además de la obra del toscano y del lionés, tres más que corren entre ellas: la traducción francesa de Boccaccio de 1401, hecha por un autor que durante mucho tiempo se creyó era Laurent de Premierfait (Ferguson 2007: 408; Bozzolo 2004), traductor del círculo del rey Carlos VI (Monfrin 1963: 180–181), pero hoy considerado anónimo: *Des cleres et nobles femmes*; *La Cité des dames* (1405) de Christine de Pizan, y el *De plurimis claris selectisque mulieribus* (1497) de Filippo Foresti. Estudiaremos las variables formales y de contenido según el tipo de transferencia textual que ha podido existir: traducción, adaptación o recreación, procesos que abarcan todos ellos el concepto de "traducción" en la época estudiada (Monfrin 1963: 161–162; Balliu, 1995; Brucker 1997).

2 *De mulieribus claris* de Boccaccio y la *Querelle des femmes*

Cuando Boccaccio redacta –entre 1361 y 1362, con revisión en 1373– su *De mulieribus claris*, a todas luces la contraparte del *De casibus virorum illustrium* (c. 1355) –que a su vez se inspiró y basó con seguridad en el *De viris illustribus* (1337) con el que Petrarca retomó el antiguo género biográfico– está sentando

Miguel Ángel Rábade Navarro, Instituto de Estudios Medievales y Renacentistas –IEMYR, Universidad de La Laguna

Open Access. © 2022 Miguel Ángel Rábade Navarro, published by De Gruyter. This work is licensed under the Creative Commons Attribution-NonCommercial-NoDerivatives 4.0 International License.
https://doi.org/10.1515/9783110756029-010

involuntariamente las bases para el "debate sobre las mujeres" o *Querelle des femmes*. Aunque el propósito de Petrarca era trasplantar a su época el tópico del *exemplum* (Brown-Grant 1995: 470–471), no podemos olvidar que en su obra no solo aparecen las *virtutes* que deben ser imitadas sino también los *vitia* que deben ser evitados: este elemento censor es adoptado también por Boccaccio desde el propio título del *De casibus* ('vicisitudes', pero también 'desventuras') y terminará por adquirir predominancia, más o menos velada, en muchos pasajes del *De mulieribus* (Brown-Grant 1995). Es esta tendencia del de Certaldo (cargado de una ambigüedad que fue parte de su éxito para provocar respuestas en nuevas obras de variado sesgo), junto con la referencia directa al *Liber Lamentationum Matheoluli* –datado sobre 1295 y traducido al francés sobre 1372– que hace Christine de Pizan en el comienzo de su obra (Curnow 1975: 616–617), lo que lleva a suponer con frecuencia que el punto de partida de la *Querelle des femmes* fuera *La Cité des dames* (1405) (Kelly 1982 o Vargas 2009). Que la fuente de Pizan fuera Boccaccio (desde lo expuesto por Jeanroy [1922]) deja con frecuencia a un lado la importancia que la traducción francesa de 1401 debió de tener sobre Pizan, y las consecuencias que se derivan de ello.

3 La traducción francesa anónima de Boccaccio (*Des cleres et nobles femmes*) y su influencia en *La Cité des dames* de Pizan

La traducción de 1401 es la primera versión que el autor toscano tiene en lengua francesa. Es evidente que –dejando a un lado los posibles lectores en latín en la Francia de la época– la redacción de la obra en lengua vernácula debió de abrir cauces de difusión más extensos. La consideración, pues, de que Pizan leyese o no, o hasta qué punto, la obra latina del italiano, o utilizase sobre todo la nueva versión francesa, es algo que sigue en el aire (Joël Blanchard solo acepta en ella un conocimiento muy limitado del latín como para leer una obra de forma completa [1990: 206], habiendo sido Rosemund Tuve [1963: 296] quien planteara por primera vez la cuestión). Esperamos, en lo que sigue, contribuir a aclarar este punto continuando la línea de un trabajo anterior (Rábade 2018: 219).

Descendiendo a los textos, tomamos como base tres personajes grecolatinos que presentan características para un estudio, aunque limitado, unitario y coherente: se trata de Safo de Lesbos, la poeta griega (s. VII–VI a.C.); Hortensia, la oradora romana, hija del también orador Hortensio (s. I a.C.), y Cornificia, la poeta también romana (s. I a.C.). En fin, tres personajes históricos e intelectuales, que aparecen en los cinco autores estudiados. En cualquier caso, entendemos que solo una comparación hecha y expuesta sobre los textos originales puede aportarnos resultados fiables en cuanto a la filiación de las obras y a sus influencias. Así, hemos prescindido de cualquier traducción moderna, cuyo puntual valor hermenéutico pertenece a un ámbito distinto del que aquí abordamos. Volviendo a los personajes, bien es cierto que en las cinco obras también aparecen otros muchos de carácter mítico, bíblico o de diferentes épocas históricas, pasadas y contemporáneas, según el planteamiento e intereses del autor en cuestión; pero abarcar toda esta tipología nos abriría un abanico imposible de asumir en nuestro trabajo, que requiere unos resultados asumibles, por provisionales que necesariamente sean.

Comenzamos, naturalmente de forma cronológica, oponiendo en primer lugar los textos de Giovanni Boccaccio a los de Christine de Pizan, pero sin dejar de lado –como ya hemos apuntado– la traducción francesa de 1401.[1] Presentamos el texto completo del italiano, por ser el architexto (Kolsky 2005: 4–7) de esta materia biográfica:

XLVII. De Sapho puella lesbia et poeta.[2]

Saphos lesbia ex Mitilena urbe puella fuit, nec amplius sue originis posteritati relictum est. Sane, si studium inspexerimus, quod annositas abstulit pro parte restitutum videbimus, eam scilicet ex honestis atque claris parentibus genitam; non enim illud unquam degener animus potuit desiderasse vel actigisse plebeius.

Hec etenim, etsi quibus temporibus claruerit ignoremus, adeo generose fuit mentis ut, etate florens et forma, non contenta solum literas iungere novisse, ampliori fervore animi et ingenii suasa vivacitate, conscenso studio vigili per abruta Parnasi vertice celso, se felici ausu, Musis non renuentibus, immiscuit; et laureo pervagato nemore in antrum usque Apollinis evasit et, Castalio proluta latice, Phebi sumpto plectro, sacris nynphis choream traentibus, sonore cithare fides tangere et expromere modulos puella non dubitavit; que quidem etiam studiosissimis viris difficilia plurimum visa sunt.

Quid multa? Eo studio devenit suo ut usque in hodiernum clarissimum suum carmen testimonio veterum lucens sit, et erecta illi fuerit statua enea et suo dicata nomini, et ipsa inter poetas celebres numerata; quo splendore profecto, non clariora sunt regum dyademata, non pontificum infule, nec etiam triunphantium lauree.

---

1 Para los textos de Boccaccio usamos la edición de V. Zaccaria de 2013. Para Pizan, la de M. C. Curnow de 1975 (la edición que consideramos más completa, al cotejar el manuscrito D con las variantes de R y de B [Valentini 2021: 200]) y, puntualmente, el ms. 607 BNF. Para la traducción de 1401, el manuscrito 12148 BNF.
2 La fuente clásica es Ov. *Her.* 15, 7. Para el tema de fuentes en Boccaccio, véase V. Zaccaria (2013: XIII–XIV).

Verum — si danda fides est — uti feliciter studuit, sic infelici amore capta est. Nam, seu facetia seu decore seu alia gratia, cuiusdam iuvenis dilectione, imo intolerabili occupata peste, cum ille desiderio suo non esset accomodus, ingemiscens in eius obstinatam duritiem, dicunt versus flebiles cecinisse; quos ego elegos fuisse putassem, cum tali sint elegi attributi materie, ni legissem ab ea, quasi preteritorum carminum formis spretis, novum adinventum genus, diversis a ceteris incedens pedibus, quod adhuc ex eius nomine saphycum appellatur. Sed quid? Accusande videntur Pyerides que, tangente Anphyone lyram, ogygia saxa movisse potuerunt et adolescentis cor, Sapho canente, mollisse noluerunt (pp. 84–85).

De *Des cleres et nobles femmes* y *La Cité des dames* transcribiremos párrafos que sirvan para ejemplificar los diferentes casos de transferencia que se han producido.[3] De la traducción francesa entresacamos lo siguiente:

(. . .) une pucelle de la cite et de la ville de Militene (. . .) de tres grant beaulte (. . .) de corps en contenance et en maintien moult agreable (. . .) en plusieurs ars et sciences moult aduisee et experte asses et parfondement (. . .) admonestee de vif engin et ardent desir par continuelle estude entre les gens bestiaulx et sans science en la grant haultesse de Pernasse la montaigne. Cest assauoir destude parfaicte per ardement et estoit moult benigne entre les ars et les sciences et sen entra en la forest de longtemps plaine de may et de verdure de plusieurs herbes de fleurs diuerses de oudeurs souefues ou reposent et habitent Gramaire logique et la noble rethorique geometrie et arismetique tant chemina quelle vint et arriva en la cauerne et parfondeur dappolin dieu de science et treuua le ruille et le conduit de Castallio la fontaine (. . .) si en faisoit grans melodies auec les nimphes menans dances cest assauoir auec les ruilles darmonie et de musique (42r).

Del texto de Pizan presentamos lo que sigue:

Cy dit de Sapho, la tres soubtille femme pouette et phillosophe. xxx.[4]

(. . .) une pucelle de la cité de Milisene (. . .) Ceste Sapho fu de tres grant biauté de corps et de vis [en] contenance, maintien et parolle tres agreable et plaisant (. . .) en plusieurs

---

[3] Hay que indicar que el orden de los textos corresponde al del original de Boccaccio: Safo (47), Hortensia (84) y Cornificia (86), que es el repetido en la versión de 1401, pero Pizan altera el orden, con intención de mostrar el poder de la mujer en las artes y las ciencias (Dascăl 2011: 41–42), comenzando por Cornificia (I, 28), siguiendo por Safo (I, 30) y concluyendo con Hortensia (II, 36). Hay que tener en cuenta que, en su planteamiento, Pizan da la palabra a la figura alegórica de Razón (*Raison*) en el primer libro y a Derechura (*Droiture*) en el segundo. Los dos primeros personajes pertenecen a las mujeres dotadas *pour les sciences*, mientras que Hortensia y su oratoria son el argumento en favor de que *les estudes sont profitables pour les femmes*. De todas formas, Boccaccio tiene un criterio aproximadamente cronológico (Jeanroy 1922: 94), mientras que el de Pizan es temático (Slerca 1995: 222–223).
[4] Fuente, además de la boccacciana, Ov. *Her.* 15, 3 y 217.

ars et sciences moult aduisee et experte asses et parfondement (. . .) De laquelle dit le pouette Bocace par doulceur de pouetique lengaige ces belles parolles: 'Sapho admonnestee de vif engin et d'ardant desir par contynuel estude entre les hommes bestiaulx et sans science, hanta la haultesce de Pernasus la montaigne, c'est assavoir d'estude parfaitte. Par hardement et osement beneuré s'acompaigna entre les muses non reffusee, c'est assavoir entre les arts et les sciences et s'en entra en la forest de lauriers plaine de may de verdure de fleurs de diverses couleurs odeurs de grant soueftume et plusieurs herbes, ou reposent et habitent Gramaire, Logique et la noble Rettorique, Geometrie, Arismetique. Et tant chemina qu'elle vint et arriva en la caverne et parfondeur de Appolin, dieu de science et trouva le ruyssel et conduit de Castolio la fontaine, et de la harpe a prist le plestron et la touche si en faisoit grans melodies avec les nimphes menans la dance, c'est a entendre avec ruilles d'armonie et d'accort de musique' (pp. 728–729).

De los textos propuestos, la descripción de Pizan coincide, en los siguientes casos, en adaptación formal con la traducción de 1401 (colocamos la traducción francesa siempre en primer lugar):

1) –de tres grant beaulte (. . .) de corps en contenance et en maintien moult agreable (. . .)
–Ceste Sapho fu de tres grant biauté de corps et de vis [en] contenance, maintien et parolle tres agreable et plaisant (. . .)
2) –en plusieurs ars et sciences moult aduisee et experte asses et parfondement
–car en plusieurs ars et science fu tres experte et parfonde (. . .)

No podemos olvidar tampoco que en la presentación del personaje el traductor francés dice *une pucelle de la cite et de la ville de Militene*, con metátesis consonántica, posible errata o error de copia, que refleja Pizan en su *une pucelle de la cité de Milisene*, con cambio además de –t– por –s–, con otro error añadido.

No obstante, veamos el siguiente ejemplo, cotejable en los tres textos (Boccaccio, traducción de 1401 y Pizan, en este orden y siempre en adelante):

- ampliori fervore animi et ingenii suasa vivacitate, conscenso studio vigili per abruta Parnasi vertice celso, se felici ausu, Musis non renuentibus, immiscuit; et laureo pervagato nemore in antrum usque Apollinis evasit et, Castalio proluta latice, Phebi sumpto plectro, sacris nynphis choream traentibus, sonore cithare fides tangere et expromere modulos puella non dubitavit (. . .)
- admonestee de vif engin et ardent desir par continuelle estude entre les gens bestiaulx et sans science en la grant haultesse de Pernasse la montaigne. Cest assauoir destude parfaicte per ardement et estoit moult benigne entre les ars et les sciences et sen entra en la forest de longtemps plaine de may et de verdure de plusieurs herbes de fleurs diuerses de oudeurs souefues ou reposent et habitent Gramaire logique et la noble rethorique geometrie et arismetique tant chemina quelle vint et arriua en la cauerne et parfondeur dappolin dieu de science et treuua le ruille et le conduit de

> Castallio la fontaine (. . .) si en fasoit grans melodies auec les nimphes menans dances cest assauoir auec les ruilles darmonie et de musique.
> – De laquelle dit le pouette Bocace par doulceur de pouetique lengaige ces belles parolles: 'Sapho admonnestee de vif engin et d'ardant desir par contynuel estude entre les hommes bestiaulx et sans science, hanta la haultesce de Pernasus la montaigne, c'est assavoir d'estude parfaitte. Par hardement et osement beneuré s'acompaigna entre les muses non reffusee, c'est assavoir entre les arts et les sciences et s en entra en la forest de lauriers plaine de may de verdure de fleurs de diverses couleurs odeurs de grant soueftume et plusieurs herbes, ou reposent et habitent Gramaire, Logique et la noble Rettorique, Geometrie, Arismetique. Et tant chemina qu'elle vint et arriva en la caverne et parfondeur de Appolin, dieu de science et trouva le ruyssel et conduit de Castolio la fontaine, et de la harpe a prist le plestron et la touche si en faisoit grans melodies avec les nimphes menans la dance, c'est a entendre avec ruilles d'armonie et d'accort de musique'.

Si bien en lo conceptual existe una clara identificación, en el aspecto formal se ha producido una adaptación en la traducción de 1401 que ha terminado en recreación por amplificación. En el caso de Pizan, es evidente que la fuente inmediata y casi literal –con pequeñas variaciones léxicas o gráficas– es de nuevo la traducción francesa, que además ella presenta como texto directo de Boccaccio (*dit le pouette Bocace*),[5] tal como ocurre en numerosas ocasiones y textos diferentes, para apoyarse en la *imitatio* de la *auctoritas*. La amplificación con un *locus amoenus* y la introducción alegórica de *les ars et les sciences* por parte de la traducción francesa son calcadas también por Pizan.

Pero no todo es copia/adaptación en Pizan: cuando no le interesa por el propósito de su obra, elimina o ignora pasajes como el del amor desgraciado, que recoge tanto Boccacio (p. 84) como la traducción francesa (42v), mediante adaptación/recreación y que a ella en nada interesa para la caracterización intelectual de su personaje (Stein 1981: 29).

Pasando a Hortensia, el de Certaldo presenta este texto:

LXXXIV. De Hortensia Quinti Hortensii filia.[6]

> Hortensia Quinti Hortensii egregii oratoris filia dignis extollenda laudibus est, cum non solum Hortensii patris facundiam vivaci pectore amplexa sit, sed eum etiam pronuntiandi vigorem servaverit quem oportunitas exquisivit, et qui sepissime in viris doctissimis deficere consuevit.

---

5 Y ni siquiera podemos argumentar que esté suplantando por interés intelectual al Boccaccio original tras este *Bocace*, porque una vez más hemos de decir que el concepto translaticio de textos incluía el conjunto traducción/adaptación/recreación, y la traducción no dejaba de ser para ellos el "original".
6 Fuente clásica: Val. Max. 8, 3, 3.

> Hec autem triumvirorum tempore, cum matronarum multitudo, exigente reipublice necessitate, intolerabili fere onere pecunie exolvende gravata videretur, nec hominum inveniretur aliquis qui in rem tam incongruam prestare patrocinium auderet, sola ausa est constanti animo coram triumviris rem feminarum assummere eamque perorando tam efficaciter inexhausta facundia agere, ut maxima audientium admiratione mutato sexu redivivus Hortensius crederetur.
>
> Nec infeliciter opus tam egregium a femina sumptum aut executum est; nam, uti nulla in parte fracta oratione aut laudabili sui iuris demonstratione defecerat, sic nec exoptato aliquid a triumviris diminutum est, quin imo concessum libere ut longe amplior pars iniuncte pecunie demeretur, arbitrati quantum sub matronali stola in publicum taciturnitas laudanda videatur, tantum, oportunitate exigente, ornatu suo decora sit extollenda loquacitas. Quo tandem facto, non absque maximo Hortensie fulgore, reliquum, quod minimum erat, a matronis facile exactum est.
>
> Quid dicam vidisse tantum veteris prosapie spiritus in Hortensia afflavisse femina, nisi eam merito nomen Hortensie consecutam? (p. 149).

Del traductor francés recogemos estas coincidencias:

> Comme non pas tant seulement de Hortensien son pere la facunde et engin de vif entendement et courage (. . .) Ceste femme (. . .) en temps des trois hommes (. . .) la neccessité contraignante de la chose publicque (. . .) parler si eloquentment (. . .) de belle parole (. . .) (71v).

De *La Cité des dames* entresacamos lo que sigue:

> [Hortensia II, 36]
>
> (. . .) estudier en la ditte science de retthorique, dont elle tant en aprist que non pas tant seulement, ce dit Bocace, a son pere Ortentius par engin et vive memoire elle ressembla et en toute faconde, mais aussi de bien prononcier et de tout ordre de parleure si bien que en riens il ne la passoit. (. . .) C'est assavoir que, ou temps que Romme estoit gouvernee par trois hommes, ceste Ortence prist a sousterir la cause des femmes et a demener ce que homme n'osoit entreprendre: c'estoit de certaines changes que on vouloit imposer sur elles et sur leurs adournemens ou temps de la nécessité de Romme. Et de ceste femme tant estoit belle la eloquence que, non pas moins voulentier que son pere, estoit ouye et guaigna sa cause (pp. 873–874).

En este caso, un cotejo de los párrafos no nos deja tan clara la fuente principal de Pizan:

- (. . .) cum non solum Hortensii patris facundiam vivaci pectore amplexa sit, sed eum etiam pronuntiandi vigorem servaverit (. . .)
- Comme non pas tant seulement de Hortensien son pere la facunde et engin de vif entendement et courage (. . .)
- (. . .) estudier en la ditte science de retthorique, dont elle tant en aprist que non pas tant seulement, ce dit Bocace, a son pere Ortentius par engin et vive memoire elle

ressembla et en toute faconde, mais aussi de bien prononcier et de tout ordre de parleure si bien que en riens il ne la passoit.

Apenas, en lo formal, coinciden algunas palabras en la misma lengua: *facunde/faconde, engin/engin, vif/vive*, que podrían hablar de la traducción de 1401 como fuente de Pizan, pero igualmente se puede ver una adaptación conceptual de Boccaccio en ambos casos. En un tercer párrafo, el que marca el inicio del meollo del relato, la comparación de los tres textos es aún más llamativa:

- Hec autem triumvirorum tempore, cum matronarum multitudo, exigente reipublice necessitate, intolerabili fere onere pecunie exsolvende gravata videretur, nec hominum inveniretur aliquis qui in rem tam incongruam prestare patrocinium auderet, sola ausa est constanti animo coram triumviris rem feminarum assummere eamque perorando tam efficaciter inexhausta facundia agere, ut maxima audientium admiratione mutato sexu redivivus Hortensius crederetur.
- Ceste femme (. . .) en temps des trois hommes (. . .) la neccessité contraignante de la chose publicque (. . .) parler si eloquentment (. . .) de belle parole (. . .)
- C'est assavoir que, ou temps que Romme estoit gouvernee par trois hommes, ceste Ortence prist a soustenir la cause des femmes et a demener ce que homme n'osoit entreprendre: c'estoit de certaines changes que on vouloit imposer sur elles et sur leurs adournemens ou temps de la necessité de Romme. Et de ceste femme tant estoit belle la eloquence que, non pas moins voulentier que son pere, estoit ouye et guaigna sa cause.

Aquí las coincidencias tanto formales como de desarrollo del contenido son mayores entre Boccaccio y Pizan, y apenas presentes en la traducción francesa. El ensalzamiento de la mujer queda reflejado mejor en Boccaccio, y por ello Pizan puede haber decidido seguir la fuente original. Esto nos hace pensar que quizá no se trate entonces de una cuestión de conocimiento o desconocimiento del latín, sino de elección según el propósito perseguido. Asimismo, se podría considerar también que nuestra autora se acerca en muchos casos más a las recreaciones/amplificaciones del traductor de 1401 por coincidencias de estilo y gusto, dada la contemporaneidad de ambas obras.

Por último, respecto a Cornificia, el *De mulieribus claris* dice:

LXXXVI. De Cornificia poeta.[7]

Cornificia, utrum romana fuerit mulier, an potius extera, comperisse non memini; verum, testimonio veterum, memoratu fuit dignissima.

---

7 Fuente clásica: Eusebio-Jerónimo, 159, 2–5.

Imperante autem Octaviano Cesare, tanto poetico effulsit dogmate, ut non ytalico lacte nutrita, sed Castalio videretur latice et Cornificio germano fratri, eiusdem evi poete insigni, eque esset illustris in gloria. Nec contenta tantum tam fulgida facultate valuisse verbis, reor sacris inpellentibus musis, ad describendum heliconicum carmen sepissime calamo doctas apposuit manus, colo reiecto, et plurima ac insignia descripsit epygramata que Ieronimi presbiteri, viri sanctissimi, temporibus — ut ipse testatur — stabant in pretio. Numquid autem in posteriora devenerint secula, non satis certum habeo.

O femineum decus neglexisse muliebria et studiis maximorum vatum applicuisse ingenium! Verecundentur segnes et de se ipsis misere diffidentes; que, quasi in ocium et thalamis nate sint, sibi ipsis suadent se, nisi ad amplexus hominum et filios concipiendos alendosque utiles esse, cum omnia que gloriosos homines faciunt, si studiis insudare velint, habeant cum eis comunia. Potuit hec nature non abiectis viribus, ingenio et vigiliis femineum superasse sexum, et sibi honesto labore perpetuum quesisse nomen: nec quippe gregarium, sed quod estat paucis etiam viris rarissimum et excellens (pp. 151–152).

De la traducción de 1401 recogemos lo que sigue:

(. . .) tant en lart de poeterie resplendit et fleurit que non pas tant seulement il sembloit quelle feust nourrie du lait de la doctrine dytalie mais du ruisseau fut abreuuee de la fontaine de Castallio (. . .) O tres grande et notable femme qui as laissie office femenin et ton engin as donc et applicqua aux estudes des clercs tres haulx (. . .) lesquelles aussi comme si elles feussent nees es montaignes de sauoir bon et honneur se descouragent et dient que elles ne sont a autres choses bonnes ne proffitables fors pour les hommes acoller enfans conceuoir et nourir (72v).

Y de Pizan lo siguiente:

Commence a parler d'aucunes dames qui furent enluminees de grant science, et premierement de la noble pucelle Corniffie. XXVIII.[8]

(. . .) et non pas tant seullement en la science de poisie fu tres flourissant et experte, ains sembloit qu'elle fust nourrie du lait et de la doctrine de phillosophie (. . .) en compillant plusieurs tres nottables livres, lesquelz livres et dittiez estoyent ou temps de Saint Gregoire en tres grant pris (. . .) Dist oultre celuy Bocace, certiffiant le propos que je te disoye, de l'engin des femmes qui se deffient d'elles meismes et de leur entendement, lesquelles, ansi que se elles fussent nees es montaignes sans savoir que est bien et que est honneur, se descouraigent et dient que ne sont a autre chose bonnes ne prouffitables fors pour acoller les hommes et porter et nourir les enffans. Et Dieu leur a donne le bel entendement pour elles apliquer, se elles veullent, en toutes les choses que les glorieux

---

[8] Fuentes clásicas, aparte de las boccaccianas, Ov. *Trist.* 2, 436 y Macr. 6, 4, 12.

et excellens hommes font. Se elles veullent estudier les choses, ne plus ne moins leur sont communes comme aux hommes, et pueent par labour honneste acquerir nom perpetuel, lequel est aagreable a avoir aux tres excellens hommes. Fille chiere, si puez veoir comment celluy auteur Bocace tesmoingne ce que je t'ay dit, et comment il loe et appreuve science en femme (pp. 723–725).

El cotejo nos deja esto para empezar:

- (. . .) tanto poetico effulsit dogmate, ut non ytalico lacte nutrita, sed Castalio videretur latice (. . .)
- (. . .) tant en lart de poeterie resplendit et fleurit que non pas tant seulement il sembloit quelle feust nourrie du lait de la doctrine dytalie mais du ruisseau fut abreuuee de la fontaine de Castallio (. . .)
- (. . .) et non pas tant seullement en la science de poisie fu tres flourissant et experte, ains sembloit qu'elle fust nourrie du lait et de la doctrine de phillosophie (. . .)

El cambio formal más llamativo es de *ytalico lacte* (Boccaccio) a *lait de la doctrine dytalie* (traducción francesa) y *lait et de la doctrine de phillosophie* (Pizan). Parece evidente una vez más que Pizan recurre a la traducción, aunque tras el error de comprensión reflejado en el texto de 1401, se nos antoja difícil entender que este lo recogiera nuestra autora, "corrigiéndolo" además para dar una versión aún más extraña.

En el siguiente párrafo las coincidencias formales y de desarrollo hacen ver de nuevo que Pizan sigue, aunque no siempre al pie de la letra, la traducción de 1401:

- (. . .) et plurima ac insignia descripsit epygramata que Ieronimi presbiteri, viri sanctissimi, temporibus — ut ipse testatur — stabant in pretio.
- Et plusieurs choses en son temps escrips moult noblement et elle epygramatement et subtillement compilees lesquelles en temps de Saint Hieronime furent moult visitees et aduisees.
- (. . .) en compillant plusieurs tres nottables livres, lesquelz livres et dittiez estoyent ou temps de Saint Gregoire en tres grant pris (. . .).

Bien es cierto, y digno de hacer notar, que nuestra autora recoge directamente el original boccacciano *stabant in pretio* en su *estoyent* (. . .) *en tres grant pris*. Por otra parte, el error, casi errata, de Gregorio por Jerónimo queda, para nosotros, inexplicado, sin que lo hayamos visto tampoco estudiado en otro lugar.

Resta un parágrafo que no podemos dejar de cotejar por su valor ideológico. Veamos los tres textos:

- Verecundentur segnes et de se ipsis misere diffidentes; que, quasi in ocium et thalamis nate sint, sibi ipsis suadent se, nisi ad amplexus hominum et filios concipiendos alendosque utiles esse, cum omnia que gloriosos homines faciunt, si studiis insudare

velint, habeant cum eis comunia. Potuit hec nature non abiectis viribus, ingenio et vigiliis femineum superasse sexum, et sibi honesto labore perpetuum quesisse nomen: nec quippe gregarium, sed quod estat paucis etiam viris rarissimum et excellens.
- (. . .) lesquelles aussi comme si elles feussent nees es montaignes de sauoir bon et honneur se descouragent et dient que elles ne sont a autres choses bonnes ne proffitables fors pour les hommes acoller enfans conceuoir et nourir. Comme toutes les choses que les glorieux et excellens hommes font (. . .) si femmes vouloyent estudier si comme les hommes le possible de sauoir (. . .) Ceste femme par la grant diligence et par son subtil engin a surmonté la feminine fragilité et a elle par labour honeste acquis nom perpetuel.
- Dist oultre celuy Bocace, certifffiant le propos que je te disoye, de l'engin des femmes qui se deffient d'elles meismes et de leur entendement, lesquelles, ansi que se elles fussent nees es montaignes sans savoir que est bien et que est honneur, se descouraigent et dient que ne sont a autre chose bonnes ne prouffitables fors pour acoller les hommes et porter et nourir les enffans. Et Dieu leur a donne le bel entendement pour elles apliquer, se elles veullent, en toutes les choses que les glorieux et excellens hommes font. Se elles veullent estudier les choses, ne plus ne moins leur sont communes comme aux hommes, et pueent par labour honneste acquerir nom perpetuel, lequel est aagreable a avoir aux tres excellens hommes.

En principio, parece que Pizan sigue en casi todo la traducción francesa, pero podemos ver que en el comienzo del párrafo Boccaccio dice *Verecundentur segnes et de se ipsis misere diffidentes* y Pizan, *des femmes qui se deffient d'elles meismes*, frente a la ausencia de esta declaración en el texto de 1401, y parece pues que Pizan sí traduce a Boccaccio. No obstante, en la continuación la autora sigue casi al pie de la letra el texto de la traducción francesa. Dice Pizan: *lesquelles, ansi que se elles fussent nees es montaignes sans savoir que est bien et que est honneur, se descouraigent et dient que ne sont a autre chose bonnes ne prouffitables fors pour acoller les hommes et porter et nourir les enffans*, mientras que el texto de 1401 recoge *lesquelles aussi comme si elles feussent nees es montaignes de sauoir bon et honneur se descouragent et dient que elles ne sont a autres choses bonnes ne proffitables fors pour les hommes acoller enfans conceuoir et nourir*, lo que supone una copia casi total. Bien es cierto que la segunda parte está tomada del texto de Boccaccio *sibi ipsis suadent se, nisi ad amplexus hominum et filios concipiendos alendosque utiles esse*, aunque parece claro que aquí Pizan sigue la traducción francesa, y además hay una errata en esta última (es *montaignes*) que ella reproduce tal cual, lo que nos lleva incluso a pensar en un trabajo por momentos irreflexivo de copista, y que nos señala una vez más que su *Bocace* es por lo general la traducción de 1401 (Desrosiers-Bonin 2008: 300; Swift 2008: 38).

En cualquier caso, no podemos olvidar que el propósito de Christine de Pizan es tomar a Boccaccio como punto de partida de su obra reivindicativa aunque haya de "corregirlo" mientras lo toma como *auctoritas*, estableciéndose ella misma como *auctor*, tema extensamente estudiado (desde Phillippy [1986: 179] hasta Brownlee [2018: 247]; Rábade [2018: 218] o Pelegrí [2019]) e incluso llegando a usar la primera persona gramatical en sus *alter ego* dentro del texto (Ibeas 2020: 255) o alcanzando un punto de *refutatio* velada (Franklin 2006: 3). En todo caso, las correcciones u omisiones sobre sus fuentes están al servicio de evitar cualquier juicio negativo sobre sus personajes femeninos. En el último analizado, tras *des femmes qui se deffient d'elles meismes* añade, sin solución de continuidad, *et de leur entendement*, un término repetido a lo largo de todas sus obras, para ensalzar a sus personajes, con el sentido de 'inteligencia reflexiva y uso de la razón frente al sentimiento', que tuvo ya desde el siglo XII en textos en francés. Del mismo modo, no duda en prescindir de *Ceste femme (. . .) a surmonté la feminine fragilité* del traductor de 1401, que reflejaba el *femineum superasse sexum* del original italiano (Allen 2002: 305). Como hemos dicho ya, Pizan parece estar más cerca del modelo de Petrarca, que hace mayor hincapié en las virtudes; lo cual, conociera o no al florentino (Brown-Grant 1995: 470 y Brown-Grant 2003: 131) es más natural, dado el propósito con que la autora construye esa ciudad para acoger a las mujeres. De hecho, prefiere el método de *notatio*, que refleja lo positivo del personaje, al de la *effictio*, preferido por el de Certaldo (McLeod 1991: 128), decisión que hace que tantas veces se aleje de él mientras parece seguirlo.

4 La influencia de Boccaccio sobre el *De plurimis claris selectisque mulieribus* de Foresti

El agustino Giacomo o Jacopo Filippo Foresti da Bergamo, autor de una especie de crónica universal (*Supplementum chronicarum*, Venecia, 1483) publicó en Ferrara en 1497 (reeditada en París como parte de una compilación en 1521) su obra *De plurimis claris selectisque mulieribus*,[9] siguiendo la línea admonitoria de la *clara mulier* que había iniciado Boccaccio. Se trata de una extensísima galería de 185 vidas, que parte de Eva y llega hasta su propia época. Digamos que sigue dos líneas: la del *De mulieribus claris* de Boccaccio y una contemporánea, que parte de la *Gynevera de le clare done* (c. 1490), obra vernácula del boloñés Giovanni Sabadino degli Arienti (Amiot 2013: 34). Forma parte, de hecho, de la extensa serie de obras sobre *illustres feminae* que, tras Boccaccio, se activa, entre las cortes de Ferrara y Mantua, con el *Libro delle lodi delle done*

---

9 Sobre las dudas respecto al título, véase Bragantini (2020).

(c. 1479-1486) de Vespasiano da Bisticci, y que va a abarcar casi dos siglos completos con textos en latín, italiano y francés (Kolsky 2005: 8-10; Amiot 2013: 35-36). El *De plurimis claris* busca apoyarse en la *auctoritas* de Boccaccio, a partir de sus personajes paganos para mantener una imagen nada innovadora de lo que para Foresti parecía ser la imagen ideal de la mujer, quien además reduce a conceptos muy conservadores y "edificantes" la obra de Arienti, por mucho que le sirviera de inspiración (Kolsky 2005: 6-8). Mantiene casi el mismo orden que Boccaccio, de quien toma sesenta biografías.

Esto es lo que copia a Boccaccio sobre Safo (con la cursiva recogemos diferencias formales respecto a su fuente):

> Saphos (. . .) lesbia (. . .) claris parentibus atque honestis genita (. . .) temporibus quibus (. . .) claruit (. . .) adeo generose mentis fuit ut etate florens et forma non contenta solum litteras iungere *plurimas sed* ampliore feruore animi ingeni*que* viuacitate suasa studio *per*uigili consenso per abrupta parnasi *montis* se felici ausu musis inmiscuit (. . .) illi erecta *fuit* Statua enea et suo nomini dicata *eo quod* inter celebres poeatas [sic] *fuerit* numerata. (. . .) Verum si danda *sit omnibus* fides (. . .) infelici amore *fuit corrupta*. *Quia* seu facecia seu decore seu alia gratia cuiusdam iuuenis dilectione *una* intollerabili peste capta *alias occupata* cum ille suo desyderio *non assentiret*, ingemiscens in eius obstinatam duritiem dicunt versus flebiles *eam* cecinisse. Quos Elegos fuisse *dicunt*. Cum*que* tali sint elegimaterie attributi (31v-32r).

Como vemos, en Safo los cambios son puramente formales, más propios de una búsqueda de mayor corrección lingüística propia de un latín de corte más humanístico (si bien no siempre: *facecia* en vez de *facetia*). Aparecen algunos cambios de orden, verbos con diferente prefijación, grafías diferentes, reestructuración sintáctica, añadido de textos, que no confieren cambio conceptual en la definición del personaje (con la excepción, como mucho, de *fuit corrupta*, de mayor rotundidad semántica), en una especie de copia corregida, que no alcanza a ser adaptación ni mucho menos recreación.

Destacables son, sin embargo, las alusiones eruditas que aporta Foresti, como humanista, sobre las citas de Safo en Ovidio: *De qua Ouidius noster in secundo de tristibus sic meminit dicens: Lesbia quid docuit Sapho nisi amare puellas* (*Tristia* 2, 365) y *Me certi Sapho meliorem fecit amice* (*Remedia amoris* 761). Concluye, asimismo, el texto con una redacción personal sobre la muerte de la poeta: *Illa tamen demum spe omni frustrata, desperata ex leucano faro se precipitem dedit atque interiit*.

En Hortensia (cap. LXII, 45r), sobra transcripción, pues, salvo cambios como los que siguen, la copia del original se puede considerar casi absoluta: algunas grafías (*Horthensius/a, pronunciandi*, ymo), prefijo verbal (per*suevit*) o cambios sintácticos y, a la vez, de orden (*nec hominem inveniretur neminem qui in rem tam incongruam patrocinium prestare auderet*).

Aproximadamente otro tanto se puede decir de Cornificia (cap. LXIII, 45r): cambio de términos (*pigri et negligentes* por *segnes*), orden de palabras (*dogmate effulsit*), cambio sintáctico, quizá influido por corrección o mala comprensión del original (*fratri eiusdem cui pete insigni; si studiis in sudore; etsi honesto; optat paucis*), corrección (*Hieronymi*) o cambio de prefijo verbal (*conscripsit*).

En todo caso, y como ya le ocurrió a Christine de Pizan con una finalidad totalmente contraria, vemos que Foresti copia, al menos en los casos estudiados, casi literalmente a Boccaccio, y realmente no introduce ningún cambio –fuera de los aportes eruditos– que pareciera corregir la ya aludida ambigüedad del toscano hacia un mayor conservadurismo, componiendo más que vidas de mujeres ilustres, vidas ejemplares, como viene a decir Stephen Kolsky (2005: 116 y 119). No negamos que este argumento de Kolsky esté respaldado por otros textos de la obra, pero aquí, como se ve, es inexistente.

5 De Boccaccio a *La Nef des dammes vertueuses* de Champier

Symphorien de Champier es el último vínculo de esta cadena. Personaje complejo, médico del Duque de Lorena y agregado a la universidad de Pavía, fue autor prolífico —y muy leído— de medicina, historia y cuestiones de neoplatonismo, quien, tras publicar en 1502 *La Nef des princes*, en la estela de la *Stultifera Navis* (1494) del alsaciano Sébastien Brant, publicó en 1503 *La Nef des dammes vertueuses*. La obra se enmarca decididamente en el ambiente de la *Querelle des femmes*, pero no deja de ser, de alguna forma, una palinodia de la traducción de *La Malice des femmes* (Champier 2007: 26-28), de Matheolus, que había formado parte de su *Nef des Princes*, y la utiliza, en cierto modo, como réplica a *La Nef des Folles* (1500) de Josse Bade, aunque hay que decir que en ningún momento cita otras obras "feministas" como *La Cité des dames* (Champier 2007: 12-17).

La Nef des dames vertueuses se desarrolla entre una exposición de mujeres ilustres boccacciana, un manual de la bien casada y una erudita exposición sobre personajes míticos en francés y latín. Las tres biografías que estamos cotejando en este trabajo aparecen, como parte de 57 mujeres de la Antigüedad, en el libro primero de la obra (*Les louenges fleurs et defenssoir des dames*).

Veamos, pues, los brevísimos retratos de Champier (que aparecen en un orden aproximado al de Boccaccio y Foresti):

De sapho poetique[10]

Sapho fut d'une isle de grece nommée lesbo: poetique tresnoble et d'une voine merveilleusement doulce et plus ayant de fureur à metres liriques que aultres. **Et trouva ung gendre de metre** que nous avons qui **d'elle est appellé saphique**. Est passa tous ceulx de son temps en ce gendre [genre] de metre. De ceste sapho a feing ovide une epistole à phaon de grand stille et merveilleuse doulceur (p. 73).

De hortensie

Hortensie fille du tresnoble orateur quintus hortensius. Embrassa la façon de prenuncer **la force et vigeur de orer de son pere** si dignement que **quant les trihommes** voulurent contraindre les matrones de romme **à payer pecune intollerable** et qu'il ne **se trouva homme qui leur osast donner aide** ne conseil ne parler pour elles Elle **d'ung constant couraige osa seulle entreprandre la chose et perora de si grand faconde** devant les trishommes que moyennant cela la plusgrand partie de la somme fut ravalée et rabatue ausdictes matrones (p. 85).

De cornificie

Dominant octovien cesar empereur de romme cornificie resplendit par tant grand estude et science de poetrie **qu'elle sembloit estre abrevée du ruisseau de la fontaine castalie**. Car non contante de sa quenoille et fusées incitée par les muses se mist tressouvent **à descripre chançons** et metres **heliconiques. Et escrivit plusieurs** et tresnobles epistoles **que au temps de** sainct **hierosme comme luy mesmes le tesmoigne estoyent en gran pris** dont **elle fut anoblie de pareille gloire** qu'estoit **son frere germain cornificius en celluy temps tresnoble poete** (p. 86).

Hemos señalado directamente en negrita las partes traducidas/adaptadas de Boccaccio. Se puede apreciar, no obstante, que el lionés gusta de rehacer los textos, cosa que se ve sobre todo en Safo, donde el relato es una recreación del toscano –con excepción del aporte erudito sobre la carta a Faón (*Heroidas* 15), coincidiendo con Foresti en las alusiones a Ovidio, aunque no en la obra–, aunque Champier también deja ver la pretensión de mantener una voz propia. Lo mismo ocurre con Hortensia y Cornificia, si bien en estos casos –sobre todo Cornificia– la traducción ocupa un mayor espacio. Respecto a los otros textos franceses, más allá de la coincidencia de lengua (cosa que pudiera llevar a error: *estre abrevée* parece seguir a *fut abreuuée* del traductor de 1401), no hemos encontrado huellas de influencia alguna. Si conoce o no a Pizan (Kem

---

10 Utilizamos la edición de J. Kem (Champier 2007).

2005) o solo la deja de lado, es un extremo que a la vista de los tres textos no nos es dado dilucidar. Igualmente, pese a lo que en la introducción de la edición de Champier (2007) afirma la propia Judy Kem, no existe nada que pueda indicarnos una influencia directa de Foresti, al menos en los personajes de la Antigüedad: la copia cuasi literal que el agustino hace de Boccaccio no nos permite saber si Champier manejó o no su obra.

6 Conclusiones

El cotejo limitado a tres textos de temática y tipología coincidentes nos lleva al resultado parcial de que el *De mulieribus claris* se mantiene como la fuente no solo originaria sino principal en Christine de Pizan, Filippo Foresti y Symphorien Champier; ni la lengua, ni el estilo ni la distancia temporal obstaculizan esta evidencia. Pizan está mediatizada por la traducción francesa de 1401, pero aun así hay rastros claros de que en ocasiones todo apunta a que está traduciendo al de Certaldo. Foresti es, con unas exiguas variaciones, lo que hoy llamaríamos un plagiario, pues en su caso ni siquiera ha lugar a pensar en mediación ninguna. Y en cuanto a Champier, el propósito que se transparenta de escribir sus propios textos no puede ocultar la traducción más o menos elaborada de la obra de Boccaccio, sin llegar apenas a ser una recreación.

Bibliografía

Fuentes primarias

Boccace. 2013. *Les Femmes illustres, De Mulieribus claris*. Texte établi par Vittorio Zaccaria. Traduction, introduction et notes de Jean-Yves Boriaud. Paris: Les Belles Lettres.

Boccace. 1401. *Des cleres et nobles femmes*. Traduction française anonyme. ms. 12148 BNF. Recuperado de: https://gallica.bnf.fr/ark:/12148/btv1b10515437z?rk=21459;2.

Champier, Symphorien. 2007. *La Nef des dames vertueuses*. Éd. critique par Judy Kem. Paris: Honoré Champion.

Curnow, Maureen C. 1975. *The Livre de la Cité des Dames by Christine de Pisan: A Critical Edition*, 2 vols. PhD dissertation. Vanderbilt: Vanderbildt University.

De Pizan, Christine. 1405. *Le Livre de la Cité des Dames*. Ms. 607 BNF. Recuperado de: https://archivesetmanuscrits.bnf.fr/ark:/12148/cc77938x.

Foresti, Jacopo Filippo. 1497. *De plurimis claris sele[c]tisque mulieribus, opus prope divinum novissime congestum*, Ed. Albertus de Placentia, Augustinus de Casali Maiori y Lorenzo de Rossi. Recuperado de: https://bipadiub.contentdm.oclc.org/digital/collection/incunables/id/9000.

Fuentes secundarias

Allen, Prudence. 2002. Gender at the beginnings of humanism. *The Concept of Woman: The Early Humanist Reformation*, 1250–1500, Part 1. Michigan/Cambridge: Eerdmans.

Amiot, Justine. 2013. Le *De plurimis claris selectisque mulieribus* de Jacopo Filippo Foresti: un maillon méconnu de la réception du *De mulieribus claris* de Boccace et du genre des vies de femmes célèbres. *Anabases* 18. 33–45.

Balliu, Christian. 1995. Los traductores transparentes. Historia de la traducción en Francia durante el período clásico. *Hieronymus Complutensis* 1. 9–51.

Blanchard, Joël. 1990. Christine de Pizan: tradition, expérience et traduction. *Romania* 111(441–442). 200–235.

Bozzolo, Carla. 2004. *Un traducteur et un humaniste de l'époque de Charles VI: Laurent de Premierfait*. Préface de Ezio Ornato. Paris: Publications de la Sorbonne.

Bragantini, Renzo. 2020. *De claris scelestisque mulieribus*. Greche e Romane a confronto nella tradizione italiana, tra Medioevo e Rinascimento. En Diane Cuny, Sabrina Ferrara y Bernard Pouderon (eds.). *Les femmes illustres de l'antiquité grecque au miroir des modernes (XIVe–XVIe siècle)*, 153–173. Paris: Beauchesne.

Brown-Grant, Rosalind. 1995. Des hommes et des femmes illustres: modalités narratives et transformations génériques chez Pétrarque, Boccace et Christine de Pizan. En Liliane Dulac y Bernard Ribémont (eds.). *Une femme de lettres au Moyen Âge. Études autour de Christine de Pizan*. 469–480. Orléans: Paradigme (Medievalia, 16).

Brown-Grant, Rosalind. 2003. *Christine de Pizan and the Moral Defence of Women: Reading Beyond Gender*. Cambridge: Cambridge University Press.

Brownlee, Kevin. 2018. Christine transforms Boccaccio: Gendered Authorship in *De mulieribus claris* and the *Cité des dames*. En Olivia Holmes y Dana E. Stewart (eds.). *Reconsidering Boccaccio: Medieval Contexts and Global Intertexts*, 246–259. Toronto: Toronto University Press.

Brucker, Charles. 1997. Pour une typologie des traductions en France au XIVe siècle. En Charles Brucker (ed.). *Traduction et adaptation en France à la fin du Moyen Âge et à la Renaissance*, 63–79. Paris: Garnier.

Dascăl, Reghina. 2011. A Woman for All Seasons: Christine de Pizan. En Reghina Dascăl (coord.). *Episodes from a History of Undoing: The Heritage of Female Subversiveness*, 25–47. Newcastle upon Tyne: Cambridge Scholars Publishing.

Desrosiers-Bonin, Diane. 2008. De l'*exemplum* antique à l'*exemplar* vivant dans *La Cité des Dames* de Christine de Pizan. En Sylvie Steinberg y Jean-Claude Arnould (eds.). *Les femmes et l'écriture de l'Histoire. 1400–1800*, 299–307. Rouen: Publications des Universités de Rouen et du Havre.

Ferguson, Margaret W. 2007. *Dido's Daughters: Literacy, Gender and Empire in Early Modern England and France*. Chicago: Chicago University Press.

Franklin, Margaret. 2006. *Boccaccio's Heroines: Power and Virtue in Renaissance Society*. Aldershot: Ashgate Publishing Company.

Ibeas Vuelta, Nieves. 2020. Conciencia feminista, discurso literario y legitimación auctorial: *Le livre de la cité des dames* de Christine de Pizan. *Çedille* 17. 243–265.

Jeanroy, Alfred. 1922. Boccace et Christine de Pisan: Le *De Claris Mulieribus*, principale source du *Livre de la cité des dames*. *Romania* 48. 93–105.

Kelly, Joan. 1982. Early feminist theory and the "Querelle des Femmes", 1400–1789. *Journal of women in culture and society* 8(1). 4–28.

Kem, Judy. 2005. Symphorien Champier and Christine de Pizan's *Livre de la cité des dames*. *Romance Notes* 45(2). 225–234.

Kolsky, Stephen D. 2005. *The Ghost of Boccaccio. Writings on Famous Women in Renaissance Italy*. Late Medieval and Early Modern Studies 7. Turnhout: Brepols.

McLeod, Glenda. 1991. *Virtue and Venom: Catalogs of Women from Antiquity to the Renaissance*. Ann Arbor: Michigan University Press.

Monfrin, Jacques. 1963. Humanisme et traductions au Moyen Âge. *Journal des savants* 3. 161–190.

Pelegrí, Emily Pilar. 2019. De la infamia a la virtud. Reformulación de *De mulieribus claris* en *Le livre de la cité des dames* de Christine de Pizan. *Exlibris* 8. 65–72.

Phillippy, Patricia A. 1986. Establishing authority: Boccaccio's *De claris mulieribus* and Christine de Pizan's *Le livre de la cité des dames*. *The Romanic Review* 77(3). 167–194.

Rábade Navarro, Miguel Á. 2018. Mujeres sabias: Proba, Cornificia y Safo en Christine de Pizan y su "traducción" del *De mulieribus claris* de Boccaccio. En Milagros Martín y Yolanda Romano (coords.). *Escritoras y personajes femeninos en la literatura. Retos y pluralidad*, 217–225. Granada: Comares.

Slerca, Anna. 1995. Dante, Boccace et le *Livre de la Cité des Dames* de Christine de Pizan. En Liliane Dulac y Bernard Ribémont (eds.), *Une femme de lettres au Moyen Âge*, 221–230. Orléans: Paradigme.

Stein, Judith E. 1981. *The iconography of Sappho 1775–1875*. PhD dissertation. Philadelphia: University of Pennsylvania.

Swift, Helen J. 2008. Haunting Text and Paratext. *Gender, Writing and Performance: Men Defending Women in Late Medieval France* (1440–1538). Oxford: Oxford University Press.

Tuve, Rosemund. 1963. Notes on the Virtues and Vices. *Journal of the Warburg and Courtauld Institutes* 26. 264–303.

Valentini, Andrea. 2021. Quand les linguistes et les philologues s'accordent: l'exemple de quelques manuscrits tardifs du *Livre de la cité des dames* de Christine de Pizan. *Çedille* 19. 197–225.

Vargas, Ana. 2009. *La ciudad de las damas* de Christine de Pizan: obra clave de la querella de las mujeres. En Cristina Segura Graíño (coord.), *La Querella de las Mujeres I. Análisis de textos*, 21–46. Madrid: A. C. Almudayna.

César Chaparro Gómez
Modelos y ejemplos de mujer en la obra de Cornelio Agrippa *De nobilitate et praecellentia foeminei sexus*

1 Introducción

El humanista alemán Enrique Cornelio Agrippa de Nettesheim (1486–1535) es uno de los talentos más sorprendentes y discutidos del siglo XVI y, sin embargo, es de los menos conocidos en nuestro país.[1] Le sucede lo mismo que lo ocurrido a personalidades de gran importancia cultural e histórica, que desaparecieron envueltas en una nube de ridiculez y excentricidad, tras la que el siglo XIX las envolvió, y de la que estudios recientes han comenzado a rescatarlas. En la persona de Cornelio Agrippa están representadas tres de las características más relevantes de muchos de los grandes humanistas europeos de la primera mitad del siglo XVI: viajero, comprometido y polifacético. Una simple ojeada a su no muy larga trayectoria vital lo confirma: tras formarse como jurisconsulto y médico en Colonia, su ciudad natal, su vida es un continuo trasiego por Europa al servicio de los grandes y poderosos personajes de la época. Durante estos infatigables viajes entra, asimismo, en contacto con las grandes figuras intelectuales del momento, estudiando la exégesis de J. Colet, manteniendo relación epistolar con Erasmo de Rotterdam, interviniendo en los debates de la pre-Reforma a favor de J. Reuchlin y de J. Lefèvre d´Étaples y enfrentándose a la Inquisición.[2] De su variada producción literaria, podemos citar entre otras obras: *De occulta philosophia libri tres* (1533), *De incertitudine et vanitate scientiarum et artium* (1527), *Commentaria in artem brevem Raimundi Lullii* (1533) y el pequeño tratado *De nobilitate et praecellentia foeminei sexus* (1529), del que trataremos en esta contribución.

---

[1] El acercamiento a la figura de Cornelio Agrippa y a la obra que nos ocupa vino por nuestra participación en el curso que bajo el título *La mujer en la Europa renacentista y en el Nuevo Mundo* tuvo lugar en el Monasterio de Yuste (Cáceres) del 17 al 19 de julio de 2019, organizado por la Fundación Academia Europea e Iberoamericana de Yuste. Fruto de esa participación es nuestra contribución en un volumen editado por la propia Fundación (Chaparro 2020: 81–107).
[2] Para un conocimiento de la biografía de Cornelio Agrippa se puede consultar la introducción que nuestro colega Manuel Mañas (a quien damos las más sinceras gracias) hizo en su momento del personaje (Mañas 2013). También puede verse, además de la bibliografía citada por el Dr. Mañas, el artículo de Ignacio María Salazar (1988: 123–127).

César Chaparro Gómez, Universidad de Extremadura

∂ Open Access. © 2022 César Chaparro Gómez, published by De Gruyter. This work is licensed under the Creative Commons Attribution-NonCommercial-NoDerivatives 4.0 International License.
https://doi.org/10.1515/9783110756029-011

2 Significado y finalidad del *De nobilitate et praecellentia foeminei sexus*

El origen del *De nobilitate* ("Sobre la nobleza y superioridad del sexo femenino") hay que buscarlo en la lección inaugural que Agrippa pronunció en 1509 en la Universidad de Dôle, en la que comenta el *De verbo mirifico* de J. Reuchlin y que ofrece como obsequio a Margarita de Austria, hija del emperador Maximiliano. Este pequeño tratado pertenece a los tratados más populares de Agrippa. Sus numerosas traducciones así lo atestiguan: en el siglo XVI, se hicieron cinco versiones francesas, dos alemanas, dos inglesas y dos italianas. Esa popularidad se explica por el hecho de que durante el siglo XVI, en pleno Renacimiento, jugó un papel importante la literatura a favor y en contra de las mujeres, que encontró su zénit entre 1541 y 1555 y que constituyó la llamada *Querelle des femmes*.[3]

Es en este contexto en el que ha sido estudiado y analizado el librito de Agrippa. Así, hay autores que afirman que el *De nobilitate* es una adaptación mediocre, incluso un mero plagio de la obra de Rodríguez del Padrón, el *Triunfo de las doñas*. Es más, algún estudioso la ha definido como un "sofisma lamentable que se destruye a sí mismo". Ello está influido por la parcial opinión de que Agrippa era un sofista cuyas *declamationes* no deben ser tomadas en serio. Hoy en día los estudiosos han intentado ir más allá de esa visión tradicional y han puesto de manifiesto el peso filosófico y teológico de la obra de Agrippa (Perrone 2006: 59-80). Sin embargo, a pesar de los esfuerzos hechos por darle a la obra un significado más profundo, su interpretación entre los especialistas permanece ambivalente: el status del tratado como una *declamatio* continúa siendo interpretado en ocasiones como un signo de ambigüedad o simplemente de la falta de seriedad del autor.

---

3 En efecto, el libro de Cornelio Agrippa es un eslabón en la cadena de los escritos, en este caso, a favor de la mujer. Como ejemplos más cercanos a este tratado tenemos, entre otros, el de Christine de Pisan (1364-1430) que fue protagonista en un bien conocido debate literario sobre el *Roman de la Rose* y autora del poema didáctico *Le livre de la cité des dames* (1404), en el que defiende a las mujeres haciendo hincapié en que pueden ser tan competentes como los hombres y que, incluso, pueden superarlos en fidelidad, piedad y habilidades profesionales. Martin Le Franc expresa su admiración por Christine de Pisan en su poema *Le Champion des dames* (1442). Y Juan Rodríguez del Padrón (o de la Cámara) en España, a mediados del siglo XV, escribe una corta pieza en prosa, titulada *Triunfo de las doñas*, en el que se dan cincuenta razones de la supremacía de la mujer.

Para llegar a una comprensión más exacta de la obrita de Agrippa, conviene ahondar en la respuesta a la pregunta ¿qué es una *declamatio* en el Humanismo renacentista y más en concreto en el pensamiento de Cornelio Agrippa? Las reflexiones de Agrippa a este respecto las podemos leer en su *Apología contra las calumnias vertidas con ocasión de su libro acerca de la vanidad de las ciencias*. Son reflexiones precisas sobre la idiosincrasia del género declamatorio; en ellas explicita que la *declamatio* no es un discurso donde el autor profese doctrinas o dicte verdades, sino donde se formula una opinión fundada en argumentos relativos a diversos puntos susceptibles de ser discutidos, utilizando para ello todos los medios oratorios y estilísticos que la retórica pone a su alcance. Se parte, por tanto, del principio de que la *declamatio* es un género retórico que responde a la formulación antigua de la *argumentatio in utramque partem* ("argumentación a ambos lados, en ambos sentidos"). Es decir, la cuestión que se trata, lejos de hacer dogmatismo, está aún por decidir, porque el que escribe una declamación no dicta una sentencia irrefutable ni dogmatiza sobre el tema en cuestión. Esto se puede comprobar en las palabras que cierran este tratado de Agrippa: "Si alguien más escrupuloso en sus investigaciones encontrara algún argumento que yo haya pasado por alto y pensase que debía añadirlo a esta mi obra, lo consideraré no como una refutación que me hace, sino como una contribución".[4] Su propósito, más bien, es el de articular un discurso de contenidos claros donde, manteniendo una de las posturas posibles, pero apoyadas en argumentos racionales, *ejemplos* y autoridades, invita al lector a formarse su propia opinión sobre el tema tratado.

Por otra parte, la forma de razonamiento en esta obra es la defendida por Agrippa para los discursos teológicos. En múltiples pasajes explica inequívocamente que su obra no es un ensayo epideíctico estandarizado o al uso (en este caso, de elogio), en el que los hechos son sacrificados al elogio, sino una argumentación seria que presenta una serie de razonamientos relevantes, testimonios y *ejemplos* que prueban que su punto de vista concerniente a la materia y de los que echa mano, son convincentes. Simultáneamente, Agrippa enfatiza

---

4 Aportamos los textos en español, en una traducción (no publicada) que, salvo ligeras modificaciones, es de Manuel Mañas. Para el texto latino se ha utilizado la edición que de la obra se hizo bajo la dirección de R. Antonioli (1990); en esta edición, cuyo texto latino carece de división en capítulos y parágrafos, hay una traducción al francés y una importante introducción que hemos consultado también. Asimismo, tenemos una traducción, relativamente reciente, que incorpora a su vez una corta introducción y que ha sido realizada por S. Jubany (1999). Al final de cada texto original en español, damos **entre corchetes** la página de referencia de la edición latina. En este caso, el pasaje pertenece al final de la misma [89].

que su argumentación no es exhaustiva y que espera (como apunta al final del libro) un intercambio académico de puntos de vista sobre este asunto.

Finalmente, y dejando a un lado el sesgo que al libro de Agrippa le da el ser una *declamatio*, se puede afirmar que no se trata de una pieza literaria en la que sin más el autor ensaye ideas reunidas en un stock o depósito formado con anterioridad, sino que, en nuestra opinión, es esencialmente un pequeño tratado de claras connotaciones teológicas. En él, nuestro autor expone su interpretación, ciertamente controvertida, del texto bíblico de la creación en el Génesis, más en concreto del nacimiento de la primera mujer y de la economía del pecado original. En esencia su argumentación estriba en el hecho de que la mujer no es, contrariamente a las afirmaciones tradicionales de la Iglesia, es decir de los teólogos y del clero, inferior al hombre, responsable del pecado original, y sometida, más que el hombre, a las tentaciones de la carne, sino que ella es igual a él, superior incluso por los dones del corazón y del espíritu e injustamente reducida a una condición menor en la sociedad por la tiranía y la mala educación. Esta opinión se opondría en todos los ámbitos (divino, legal, natural y eclesiástico) a la tradición de misoginia dominante en la teología y praxis cristianas. En este sentido, encuadraríamos a Cornelio Agrippa en el grupo de teólogos humanistas, exégetas del texto bíblico (a la manera de Erasmo de Rotterdam o el propio Lutero), que por sus conocimientos filológicos –conocimientos del griego y en este caso, también del hebreo– "hincan el diente" en las Sagradas Escrituras, analizan y traducen sus pasajes y los interpretan de forma distinta a como lo hicieron anteriormente los teólogos medievales. Como es natural, el sacudimiento que se produjo en los propios cimientos doctrinales y morales de la Iglesia fue tremendo, con claras repercusiones también sociales y culturales.

3 Modelos de mujer en el *De nobilitate*

Ya se ha apuntado la intención o finalidad última que tiene el opúsculo que Agrippa dedica a la princesa Margarita de Austria: demostrar que Dios creó al hombre y a la mujer iguales. Sin embargo, dejando aparte esa esencial igualdad, la mujer –sigue afirmando Agrippa– supera al hombre en los demás constituyentes del ser humano, afirmación que probará mediante los testimonios de las mejores autoridades, evidencias históricas y argumentos bíblicos y legales. A ello se añadirán numerosos *ejemplos* paradigmáticos, sacados de la Biblia y de la historia pagana, y referidos a las distintas cualidades que la mujer posee y a las funciones que ha desempeñado en los diferentes ámbitos de la vida a lo largo de la historia.

Este objetivo y los medios para conseguirlo aparecerán en varias ocasiones a lo largo del libro. Ya están explícitos en la *Dedicatoria* a Margarita:

> Proclamaré, por tanto, la gloria de la mujer y no silenciaré su honestidad, y tan lejos estoy de avergonzarme del tema escogido y de pensar que voy a ser vituperado por anteponer las mujeres a los hombres, que apenas confío en verme excusado por haber abordado un tema tan sublime con un estilo oratorio más bajo de la cuenta, salvo que la escasez de tiempo y la dificultad del asunto, por un lado, y la equidad de la causa, por otro, me protejan, pues he emprendido esta obra sin ningún afán de adulación y loa y, por ello, he puesto mi empeño, no tanto en adornar las palabras de alabanza con imágenes retóricas y mentiras oficiosas, como en demostrar el asunto en cuestión de forma racional, con autoridades, *ejemplos* y los propios testimonios de las Sagradas Letras y de ambos derechos [48].

Del mismo modo, en la conclusión y resumen del tratado, Agrippa recordará una vez más, cuál ha sido la finalidad de su exposición y los instrumentos utilizados en la argumentación. Entre estos destacan los *ejemplos*:

> Ahora, en fin, para resumir todo lo dicho lo más brevemente posible, hemos declarado la superioridad del sexo femenino a partir del nombre, del orden, del lugar y de la materia; y hemos demostrado abundantemente, con argumentos racionales y con *ejemplos*, qué dignidades ha obtenido la mujer por encima del varón, primero de parte de Dios y luego de parte de la religión, de la naturaleza, de las leyes humanas y de las diversas autoridades [89].

A la vista de estas manifestaciones, la introducción en el texto del *De nobilitate* de *ejemplos* de diferentes mujeres, que han superado a los hombres en acciones dignas de mérito, ha de ser interpretada como un apoyo más de su argumentario: la constatación de la excelencia del sexo femenino. Agrippa no pretende realizar un catálogo de mujeres eminentes, virtuosas, bellas y valientes, ni una relación de sus actuaciones más sobresalientes. De hecho, en un momento de su argumentación –a la par que se excusa por no ser exhaustivo en una relación detallada de mujeres que destacan en diferentes esferas de la vida personal y social– remite a los autores que resultan "clásicos" en este tipo de noticias y que, de una u otra forma, le han servido de fuente. Así dice:

> Podría además pasar revista a innumerables mujeres muy eminentes tanto de la historia antigua como reciente de los pueblos griegos, romanos y bárbaros, pero he querido atender a la brevedad para no inflar excesivamente esta obra. En efecto, sobre ellas escribieron ya Plutarco, Valerio, Boccaccio y otros muchos autores. Tal es el motivo por el que los casos que he callado son más numerosos que los muchos que he citado en alabanza de las mujeres, pues no soy yo tan ambicioso ni orgulloso como para creer presuntuosamente que puedo abarcar con tan pocas palabras las infinitas excelencias y virtudes de las mujeres [82].

Por lo dicho, se puede afirmar que la presencia de ejemplos (*exempla*) o paradigmas de mujeres en el *De nobilitate* corre pareja a los pasos que Agrippa va dando en su argumentación, cuyos puntos importantes ponemos de manifiesto a continuación de forma breve. En una hipotética primera parte del tratado Agrippa pretende justificar razonablemente (él habla de *rationes*) la superioridad del sexo femenino a partir del *nombre* de la primera mujer, del *orden* que ocupa en la creación, del *lugar* en el que fue creada y de la *materia* de la que fue hecha. Pues bien, en el razonamiento sobre el *lugar* de nacimiento, Agrippa echa mano de un testimonio bíblico que alude a la elección del lugar, relacionada con la condición de la mujer: ". . . de forma que cuanto más dignas son las cosas nacidas en un lugar, tanto más nobles se juzgan. Por ello, Isaac ordenó a su hijo Jacob que no tomara esposa de la tierra de Canaán, sino de Mesopotamia, en Siria, pues eran de mejor condición" [54].[5]

3.1 Ejemplos de belleza femenina

Es en la argumentación referida a la *materia* de la que fue creada la primera mujer donde aparece una relación más extensa de mujeres que se han distinguido en este ámbito a través de la historia: la mujer es más noble que el varón porque fue creada a partir de una materia purificada, vivificadora y dotada de alma, mientras que el hombre fue creado de algo inanimado, del vil barro. De ahí que la especial cualidad de la mujer se materialice en la experiencia diaria en dos caminos diferentes. El primero se concreta en que las mujeres son más bellas y hermosas que los hombres; el segundo, en que son más dignas. Belleza y dignidad son las cualidades preeminentes de la mujer.

La belleza, que es la primera de las cualidades derivadas de la materia de la que está creada la primera mujer, es definida por Agrippa como la expresión física de la luz divina reflejada en la esencia de las cosas. Esa gracia y luz divinas encuentran su más pura expresión en el cuerpo de la mujer. La descripción que Agrippa hace del cuerpo femenino contiene los elementos estandarizados de la belleza tal como lo expresan la poesía y la pintura del Renacimiento, así como los criterios neoplatónicos de la belleza, tales son la simetría y las proporciones ideales. Por ello no es de extrañar que las primeras referencias sean las realizadas al ámbito de los amores entre dioses y mujeres, propio de la mitología grecolatina: "Y pasando por alto las historias que los poetas nos han transmitido sobre los amores de los dioses y las mujeres que amaron, como el amor de Apolo por Dafne, el de Neptuno por Salmonea o el de Hércules por Hebe,

---

[5] Gén. 28.6. Las abreviaturas de los libros bíblicos son las utilizadas en la versión que en la BAC se hizo recientemente (Sagrada Biblia 2010).

Yole y Ónfale,[6] y omitiendo también las mujeres que los demás dioses amaron, siendo especialmente numerosas las que el mismo Júpiter amó . . ." [56-57].

Sin embargo, Agrippa concede de inmediato a ese retrato ideal (con sus correspondientes ejemplos paganos) una connotación teológica, ampliándolo con un significativo número de pasajes del Antiguo Testamento en los que el atractivo físico de las mujeres es mencionado.[7] El argumento se redondea con la mención a la belleza de las vírgenes y mártires, y termina con la alusión a la virgen María, cuya hermosura admiran el sol y la luna. Merece la pena dar el texto completo, que, además, constituye un claro ejemplo de cómo presenta Agrippa los modelos femeninos:

> Por ello se lee en el Génesis que los hijos de Dios, viendo que las hijas de los hombres eran hermosas, escogieron a sus esposas de entre aquellas mujeres que quisieron.[8] Leemos también de Sara, la de Abrahán, que fue más hermosa que las otras mujeres de la tierra; más aún, que fue la más hermosa.[9] Del mismo modo, cuando el siervo de Abrahán vio la eximia hermosura de Rebeca, dijo calladamente en sus adentros: "Ésta es la que el Señor ha escogido para Isaac, el hijo de Abrahán".[10] Y Abigail, esposa de Nabal, el peor de los hombres, era tan prudente y cabal como hermosa, y por ello salvó la vida y los bienes de su esposo de la furia de David; y su malvado marido se salvó por la belleza de su esposa. David, en efecto, se dirigió a ella en los siguientes términos: "Vete en paz a tu casa. Ves que he escuchado tus palabras y que he honrado tu cara".[11] Efectivamente, aunque toda belleza puede residir en el espíritu, en la voz o en el cuerpo, Abigail fue hermosa en su conjunto, tanto por la prudencia de su espíritu, como por la facundia de sus palabras y la belleza de su cuerpo, cualidades por las que, una vez muerto su marido Nabal, se convirtió en una de las esposas de David.[12] Y Betsabé fue una mujer hasta tal punto hermosa que David, cautivado por su amor, se casó con ella tras la muerte de su marido y la elevó a la dignidad de reina por encima de todas las demás.[13] Asimismo, la sunamita Abisag, por ser una chica muy hermosa, fue escogida para que se acostara con

---

[6] Sobre los amores de Apolo y Dafne, cf. Ovidio, *Met.* 1.452-582; sobre los de Neptuno y Salmonea, cf. Ovidio, *Am.* 3.6.43 y Propercio 3.19.13; sobre los de Hércules con Hebe, cf. Ovidio, *Met.* 9.400; con Yole, cf. Ovidio, *Met.* 9.140; con Ónfale, cf. Propercio 3.11.17.

[7] Resulta de especial relevancia el acopio y amontonamiento de términos referidos a la belleza y hermosura de las mujeres mencionadas; son repetidos una y otra vez nombres como *pulchritudo, venustas*; adjetivos como *pulchra, speciosa* (la mayoría de las veces en grado superlativo); sintagmas de tipo de *decora facie, venustate corporis, specie pulchra, speciosissimae formae*, etc.

[8] Gén. 6.2.

[9] Gén. 12.11.

[10] Gén. 24.14-16.

[11] I Sam. 25.35.

[12] I Sam. 25.39-42.

[13] II Sam. 11.2-27; 12.24; I Crón. 3.5; Mt. 1.6.

el rey David y devolviera el calor a su cuerpo ya envejecido.[14] Por ello el anciano rey quiso engrandecerla con los máximos honores y, tras la muerte del rey, fue tenida como reina todopoderosa. A este mismo punto se refiere todo lo que se lee sobre la admirable hermosura de la reina Vasti[15] y sobre Ester, que fue preferida a aquélla y más eminente por la extrema belleza y hermosura de su rostro.[16] También sobre Judit leemos que el Señor le concedió una hermosura tan excelsa que todos los que la contemplaban se quedaban llenos de estupor y admiración.[17] De Susana, en fin, leemos que tuvo un físico sumamente delicado y bello.[18] Y también leemos que Job, después de las diversas tentaciones y tribulaciones que soportó, además de los demás premios que mereció por su suprema paciencia, recibió de parte del Señor tres hijas hermosísimas, mucho más encantadoras que las tres Gracias, pues nunca se encontraron en ninguna parte de la tierra mujeres más bellas que sus hijas.[19] Podremos además leer las historias de las santas vírgenes e indudablemente nos quedaremos maravillados al ver la admirable belleza y la vistosísima hermosura, superior a la de las restantes hijas de los hombres, que la Iglesia Católica les atribuye cuando canta solemnemente sus alabanzas.[20] Pero, con mucho, la principal de todas ellas es la inmaculada Virgen María, la madre de Dios, cuya hermosura admiran el sol y la luna [57–59].

Como se ha podido comprobar, las menciones que se hacen en ese extenso elenco de mujeres hermosas, predominantemente del Antiguo Testamento, son muy escuetas y simples (alejadas de las que aparecen en otras obras y catálogos al uso) y, en general, tan solo hacen referencia a la hermosura de su cuerpo, es decir, al aspecto externo que tiene que ver con la materia y forma que configuran su ser femenino.

3.2 Mujeres honestas, piadosas, fuertes y firmes en la fe

Sin embargo y como adelantábamos más arriba, además de la belleza, la mujer, según Agrippa, también recibió una especie de dignidad derivada de la honestidad. El desarrollo de este tópico, que resulta muy importante para Agrippa y, por tanto, es bastante extenso, se realiza en dos direcciones: desde el punto de vista de los dones naturales que posee la mujer y desde los testimonios que nos

---

14 I Re. 1.3–4 y 15.
15 Est. 1.11.
16 Est. 2.17.
17 Jdt. 8.7.
18 Dan. 13.31.
19 Job 42.15.
20 No sabemos a qué mujeres se refiere Agrippa. En las notas de la edición latina de 1990, se afirma que se puede pensar en la Sulamita del *Cantar de los Cantares* (6, 9) y en la mujer del *Apocalipsis* (12,1): una mujer vestida del sol, con la luna debajo de sus pies, y sobre su cabeza una corona de doce estrellas.

proporcionan las Sagradas Escrituras. En este contexto Agrippa habla de ciertas cualidades o dones inherentes a la propia naturaleza de la mujer y derivados de su esencia femenina. Ahí está el hecho –según Agrippa, probado por la experiencia e ilustrado con ejemplos sacados de la Historia Antigua y de la Biblia– de que la mujer siempre atesora mayor piedad (con especial hincapié en la piedad filial) y compasión que el varón y de que a la hora de atender a los enfermos la mujer demuestra mayor destreza y resolución. Un testimonio paradigmático, extraído de las Sagradas Escrituras y otros dos sacados de la literatura clásica proporcionan mayor consistencia al argumento:

> Por ello, como afirman los médicos, el calor de sus mamas, aplicado al pecho de los hombres debilitados ya por una excesiva vejez, despierta en ellos el calor vital, lo aumenta y lo conserva, cosa que ni siquiera a David se le pasó por alto, pues escogió en su vejez a la joven sunamita Abisag para calentarse con sus abrazos [62].[21]

> Una prueba de ello la leemos en Valerio a propósito de una jovencita plebeya que alimentó con su leche a su madre, pues, encarcelada como estaba, si no la hubiera amamantado, habría muerto de hambre: por su piedad filial salvó a la madre, consiguió alimentos perpetuos para ambas y la cárcel fue consagrada como un templo a la piedad [61–62].[22]

> Y si buscamos *ejemplos* de piedad filial, entre otros tenemos la piedad de la vestal Claudia para con su padre[23] y la de aquella jovencita plebeya, antes citada, para con su madre [74].[24]

Seguidamente, y como otro de los dones concedido a la mujer se destaca por parte de Agrippa la posesión de la virtud de la fe. En este caso, la alusión es a un colectivo de mujeres, que sobresalen en el texto bíblico por su comportamiento de fidelidad y desprendimiento:

> También Cristo, al resucitar de la muerte, se apareció primero a las mujeres, no a los varones.[25] Y no es cosa desconocida que tras la muerte de Cristo los varones abandonaron la fe, mientras que no consta en parte alguna que las mujeres se apartaran de la fe y religión cristianas.[26] Además, ninguna persecución de la fe, ninguna herejía, ningún error en la fe brotó nunca de las mujeres. . . [Cristo] fue negado por su querido Pedro, abandonado por los demás discípulos y sólo acompañado por las mujeres a la cruz y al sepulcro [67].[27]

---

21 I Re. 1.1–4.
22 Cf. Valerio Máximo 5.4.7; aquí no se señala que la prisión fuese consagrada como templo de la piedad.
23 Cf. Valerio Máximo 5.4.6. La vestal Claudia fue acusada erróneamente de haber violado su voto de castidad. Ella pudo justificarse por un prodigio que relata Ovidio en *Fastos* (IV, 305-344).
24 Cf. Valerio Máximo 5.4.7.
25 Cf. Jn. 20.11–18; Mc. 16.9–10.
26 Cf. Mt. 26.56 y 28.1.
27 Cf. Lc. 23.27 y 24; Mc. 15.40–41.

Junto a los dones de la piedad y de la fe, Agrippa alude a otra de las cualidades que distingue al sexo femenino sobre el masculino: la fortaleza, a la que se une en muchas ocasiones la astucia y la audacia. En esta ocasión, la exposición se realiza de manera diferente, contraponiendo al representante del sexo masculino con cada mujer, sin mencionar el nombre concreto de esta. Los ejemplos están sacados del texto bíblico, incluyendo el de Cristo. Así, son mencionados Adán, Sansón, Lot, David, Salomón, Job, el apóstol Pedro y, como hemos dicho, el propio Cristo. Todos estos personajes son superados por las mujeres en fortaleza y astucia.[28] En algunos casos, la mujer utiliza técnicas seductoras, que se hallan en los límites de la iniquidad; por ello, Agrippa introduce un *excursus* en el que, apoyándose en el testimonio de las Sagradas Escrituras, alaba el comportamiento de las mujeres que, en palabras suyas, "alguien podrá decir que mira más al oprobio que a la alabanza del sexo femenino". Por otra parte, resultan contundentes las palabras con las que cierra este *excursus* justificativo:

> Id ahora vosotros, varones fuertes y robustos, las cabezas de la Escolástica, impregnadas de la diosa Palas y unidas por tantos flecos del birrete,[29] y demostrad con otros tantos *ejemplos* la tesis contraria a la mía: que la iniquidad del varón es mejor que las buenas acciones de la mujer [70].

Aunque aparece en páginas posteriores, Agrippa dedica unas líneas a las mujeres que, firmes en su fe y con desprecio de la muerte, han sufrido el martirio; o mujeres que han demostrado, aparte de su piedad, su valentía en la defensa de la fe, llegando a convertir al Cristianismo a pueblos enteros: "¿Y acaso Teodelina, hija del rey de los bávaros, no convirtió a los longobardos; y Greisila, hermana del emperador Enrique I, no convirtió a los húngaros; y Clotilde, hija del rey de los burgundios, no convirtió a los francos; y cierta mujer apóstol, de ínfima condición, no convirtió a los íberos[30]? ¿Acaso todas ellas, una a una, no convirtieron a innumerables pueblos a la fe de Cristo?" [77].

---

28 Alusión a Juana, "la mujer Papa que engañó (a la Iglesia) con una egregia impostura".
29 Cf. Erasmo, *Stult. laus* 53.
30 Teodelina (o Teodelinda), bávara, católica e hija del duque de Baviera, se casó en el año 590 con Autario, rey de los lombardos. Pronto quedó viuda y, siguiendo los consejos del papa Gregorio I, escogió para casarse en 591 al duque de Turín, Agilulfo, primer rey longobardo; Teodolinda, emprendió la conversión de sus súbditos con ayuda del papa Gregorio I. Gisela (en el texto Greisila) de Baviera, casó con el rey Esteban de Hungría (ca. 975-108), a condición de que dicho rey propagara el catolicismo en su reino. Clotilde (santa) se casó con Clodoveo, convirtiendo al cristianismo a su esposo y a todo el pueblo franco. La mujer apóstol citada podría ser Egeria (siglo IV), supuestamente de la provincia romana de *Gallaecia*, aunque no cuadra lo de su "ínfima condición".

3.3 Modelos de mujeres castas y fieles en el matrimonio

Agrippa finaliza este apartado referido a la dignidad y honestidad de la mujer, con la "obligada" mención al amor conyugal y al mantenimiento de la castidad y el pudor, que no son quebrantados por las mujeres ni siquiera a la hora de la muerte. En este caso, el humanista alemán echa mano de modelos archiconocidos de mujeres, citados "en los libros de historia de los hebreos, de los griegos y de los bárbaros", además de los ejemplos extraídos de la historia romana:

> Innumerables son hasta la fecha las ilustrísimas mujeres que con su insigne pudor superaron muy mucho a todos los varones también en amor conyugal, por ejemplo: Abigail, esposa de Nabal;[31] Artemisia, la mujer de Mausolo;[32] Argia, la esposa del tebano Polinices;[33] Julia, la mujer de Pompeyo;[34] Porcia, la de Catón;[35] Cornelia, la de Graco;[36] Mesalina, la de Sulpicio;[37] Alcestis, la de Admeto;[38] Hipsicratea, esposa de Mitrídates, rey del Ponto;[39] y también Dido, la fundadora de Cartago;[40] la romana Lucrecia;[41] y Sulpicia, la

---

31 Cf. I Sam. 25.
32 Su dolor a la muerte de Mausolo fue evocado por Cicerón, *Tusc.* 3.75 y recogido por A. Gelio en *Noches Áticas*, 10.18.
33 Estacio cuenta en *Tebaida* 12.296 el dolor de Argia, hija del rey Adrasto y esposa de Polinices, mientras que busca los restos de su esposo, a los que rinde los honores fúnebres con Antígona.
34 Hija de Julio César y de Cornelia (cf. Valerio Máximo 4.6.4; Plutarco, *Pomp.* 53.3-4.): murió al ver ensangrentado el abrigo de su marido. Lo creyó muerto, mientras que solo había sido salpicado de la sangre de otro.
35 Porcia es hija de Catón, no su esposa. El marido de Porcia es Bruto. Ella, al saber que su esposo había sido vencido y muerto en Filipos, a falta de puñal para matarse, se tragó unos carbones encendidos (cf. Valerio Máximo 4.6.5). Agrippa parece tener una confusión entre Marcia, mujer de Catón y Porcia, su hija, mujer de Bruto. Tanto una como otra pueden ser citadas como ejemplos de amor conyugal. Para la primera, Plutarco, *Cato Minor*, XXV y Lucano, *Farsalia* II. Para la segunda Plutarco, *Brutus* (particularmente XIII, XV y XXIII).
36 Cornelia es la madre de los Gracos; aunque es sobre todo célebre como madre, Cornelia dio prueba de su amor conyugal haciendo suyas las ideas democráticas de su marido Sempronio y permaneciendo fiel a su acuerdo (cf. Valerio Máximo 4.2.3, 4.4. *prol.*, 4.6.1, 6.7.1).
37 No identificada. Las dos Mesalinas conocidas son célebres tanto una como otra por los escándalos de sus vidas (cf. Jerónimo, *Adv. Iov.* 1.46).
38 La devoción conyugal de Alcestis es la materia de una tragedia de Eurípides que lleva su nombre (cf. Valerio Máximo 4.6.1).
39 Hipsicratea, esposa de Mitrídates, rey del Ponto, a quien siguió en el campo de batalla, vistiendo como soldado y compartiendo sus pruebas como un veterano: ejemplo legendario de amor conyugal desde Valerio Máximo a Petrarca (cf. Valerio Máximo 4.6.*ext*.2).
40 Dido es citada aquí por su fidelidad a la memoria de su marido Siqueo. Cf. Virgilio, *Aen.* 1. 347-368; 724-726; 6.474.
41 Lucrecia se entrega a la muerte, no pudiendo soportar haber sido violada por Tarquinio; su acción fue referida frecuentemente por los historiadores latinos.

mujer de Léntulo.[42] Incontables son también otras cuya lealtad a la virginidad y a la castidad no pudo ser quebrada ni siquiera con la muerte; se presentan como ejemplos la caledonia Atlanta, la volsca Camila, la griega Ifigenia, Casandra y Criseida.[43] Se suman a ellas las vírgenes lacedemonias, espartanas, milesias y tebanas [73-74].

En el ámbito del amor conyugal tiene cabida, en opinión de Cornelio Agrippa, otra de las cualidades que sobresalen en el sexo femenino, como es la generosidad, llevada a límites de permisividad "excesiva" en el seno del matrimonio: "Y es que las mujeres, por su pudor y castidad, son mucho más continentes que los varones. Leemos de ellas que, por haber sido estériles, a menudo se abstuvieron de acoplarse con sus maridos y les llevaron a otras mujeres a la cama, tal y como hicieron Sara, Raquel, Lea[44] y otras muchas estériles, que llevaron a sus criadas a la cama de sus maridos para que les dieran descendencia" [72-73].

3.4 Oficios y menesteres ejercidos por mujeres: sacerdocio, profecía, magia . . .

Un apartado importante en el *De nobilitate* de Cornelio Agrippa lo constituye el referido a los oficios o menesteres que las mujeres pueden realizar de manera tan solvente como los hombres, así como en el ejercicio de algún tipo de virtud. De esta manera se expresa nuestro autor: "Pero para que nadie albergue dudas de que las mujeres pueden hacer todas las cosas que los hombres hacen, lo demostraremos con *ejemplos* y desvelaremos que nunca ha habido ninguna acción egregia realizada por los varones en algún tipo de virtudes que no haya sido también ejercida con igual brillo por las mujeres" [77]. En este sentido, están las

---

42 Sulpicia había sido escogida en el año 114 (a. C.) como la esposa romana más virtuosa, para presentar a Venus la estatua que el oráculo había ordenado ofrecer a la diosa a fin de que esta inspirara más pudor a las mujeres. Otra Sulpicia vivió a finales del siglo I (d. C.) y compuso un poema sobre el amor conyugal, que cita Marcial con elogio (X, 35) pero esta era mujer de Caleno (cf. Valerio Máximo 6.7.3).
43 Atlanta (o Atalanta) es llamada por Agrippa "caledonia" porque participó en la caza del jabalí de Calidón, en el curso de la cual jugó un papel importante; Artemisa (Diana) era su patrona y ella permaneció virgen. Camila, reina de los Volscos, combatió al lado de Turno (cf. Virgilio, *Aen.* XI, 535 ss.); protegida por Artemisa, a la que su padre había dedicado cuando era todavía una niña, hizo un voto a la virginidad. Criseida, hija del sacerdote troyano Crises, al comienzo de la Ilíada; la fuente probable de Agrippa parece Jerónimo, *Adv. Iov.* 1.41. Ifigenia, hija de Agamenón y Clitemnestra, ofrecida en sacrificio por su padre a Artemisa. Casandra, hija de Príamo y Hécuba.
44 Sobre Sara, cf. Gén. 16.2; sobre Raquel, cf. Gén. 30.3; sobre Lea, Gén. 30.9.

mujeres que han ejercido el sacerdocio, principalmente en el ámbito pagano: "Brillaron en el sacerdocio antiguamente, entre los gentiles, Melisa, sacerdotisa de Cibeles[45] . . . Asimismo, Hipecaustria fue sacerdotisa de Minerva;[46] Mera, de Venus;[47] Ifigenia, de Diana;[48] y mujeres fueron las sacerdotisas de Baco, famosas bajo múltiples nombres, como Tíades,[49] Ménades,[50] Bacantes,[51] Elíades,[52] Mimalónides,[53] Edónides,[54] Euíades,[55] Basárides,[56] Triatérides"[57] [77]. También se habla de María, hermana de Moisés, de la mujer papisa y de las monjas y abadesas, "a las que la antigüedad ha rehusado llamar sacerdotisas".

Tras las sacerdotisas, se relacionan las profetisas. Estas aparecen en dos momentos del *De nobilitate*. En el primero, mezcla de profecía y fe en Dios (en los personajes bíblicos), se mencionan las sibilas según el testimonio de Lactancio, Eusebio y Agustín;[58] María, hermana de Moisés;[59] Olda, esposa del tío de Jeremías;[60] Judit, Rut y Ester; Sara, esposa de Abraham;[61] Rebeca;[62] la viuda

---

45 Melisa, hija del rey de Creta, fue la primera sacerdotisa de Cibeles (cf. Lactancio, *Inst.* 1.22.20).
46 Hipecaustria no es un nombre propio. Se trata del título que se le daba a una sacerdotisa de Minerva en la ciudad de Soli (Cilicia) por ciertos sacrificios que hacía para apartar las desgracias públicas (cf. Plutarco, *Aet. Graec.* 3 (Mor. 292A).
47 Cf. Estacio, *Theb.* 8.478.
48 Ifigenia, sacerdotisa de Artemisa (Diana) en Táuride.
49 Cf. Plutarco, *Mul. Virt.* 13 (Mor. 249E–F); Aristófanes, *Nub.* 603 ss.; Sófocles, *Ant.* 1149–1152.
50 Cf. Marcial 11.84.11.
51 Cf. Ovidio, *Fast.* 6.507.
52 Cf. Ovidio, *Her.* 4.47.
53 Cf. Ovidio, *Ars* 1.541; Estacio, *Theb.* 659.
54 Cf. Lucano 1.675.
55 Cf. Horacio, *Carm.* 1.18.9; 3.25.8.
56 Cf. Sidonio Apolinar, *Carm.* 5.496–497; 9.209–210.
57 Cf. Estacio, *Theb.* 4.729. Esta retahíla de nombres y tipos de Ménades puede haber sido tomada de Celio Rodigino, *Antiq. Lect.* 16.2; también la encontramos en Ravisio Téxtor, *Epithetorum epitome*, s.v. *Bacchae*.
58 Cf. Lactancio, *Inst.* 7.16; Eusebio de Cesarea, *Oratio Constantini ad Sanctorum Coetum* 18; Agustín, *Civ.* 18.23. La creencia en las sibilas es general al principio del siglo XVI. Sinforiano Champier le dedica el tercer libro de su *Nef des Dames Vertueuses*, Lyon, 1503.
59 Debe ser Miriam, la hermana de Aarón, cf. Éx. 15.20.
60 Se trata de Holda, esposa de Salum (cf. II Re. 22.14 ss.; II Crón. 34.22 ss. Agrippa comete aquí otro error: la profetisa Olda no es la mujer del tío de Jeremías.
61 Gén. 21.12.
62 Gén. 25.23.

de Sarepta;[63] Isabel, esposa de Zacarías;[64] la profetisa Ana;[65] las cuatro hijas de Felipe;[66] la samaritana;[67] la cananea;[68] y la mujer que sufría flujo de sangre;[69] Marta, hermana de María;[70] María Magdalena;[71] y Priscila.[72] En el segundo se añaden a estos ejemplos, los de Casandra y Débora y los testimonios más recientes de Brígida e Hildegarda.[73]

A continuación, se citan las magas: "Asimismo, en la magia, ciencia inexpugnable de los buenos o malos genios, además de otras que hubo, Circe y Medea efectuaron prodigios mucho más admirables que el propio Zoroastro, por más que muchos lo consideren inventor de este arte"[74] [78].

Hay también mujeres que han destacado en el mundo de la filosofía, la oratoria y la poesía:

> Asimismo, en filosofía fueron famosas Téana, la esposa de Pitágoras y, en fin, también su hija Dama, célebre por haber explicado las oscuras opiniones de su padre.[75] Igualmente,

---

[63] Cf. I Re. 17.8–24; Lc. 4.26.
[64] Lc. 1.45.
[65] Lc. 2.36.
[66] Hch. 21.9.
[67] Cf. Jn. 4.1–32.
[68] Cf. Jn. 4.1–32.
[69] Cf. Lc. 8.43–48; Mt. 9.20–22; Mc. 5.25–34.
[70] Cf. Jn. 11.14–37.
[71] María Magdalena sirve y sigue a Jesús, que le había liberado de siete demonios (Lc. 8.2); está en el Calvario (Mt. 27.55–61; Mc. 15.40; Jn. 19.25); junto al sepulcro de Jesús (Mt. 28.1-8; Mc. 15.47, 16.1–8; Lc. 24.10; Jn. 20.1); se le aparece Jesús resucitado (Mc. 16.9; Jn. 20.11–17); anuncia la resurrección a los apóstoles (Lc. 24.10; Jn. 20.18).
[72] Cf. Hch. 18.24–28.
[73] Sobre la profetisa Casandra, cf. Virgilio, *Aen.* 5.636; Débora, cf. Gén. 35. Brígida puede ser Santa Brígida de Kildare o Irlanda (ca. 451-525), monja, abadesa y fundadora de varios conventos; o Santa Brígida de Suecia (1303-1373), viuda de un rey de Suecia, célebre por sus revelaciones; religiosa y mística sueca, fundadora de la orden que lleva su nombre. Santa Hildegarda de Bingen (1098-1179), abadesa benedictina, célebre por sus visiones, nacida en Bermesheim, es conocida como la Sibila del Rin y profetisa teutónica.
[74] Cf. Diógenes Laercio 1.2 y 8. Sobre ello, cf. Agrippa, *De occult. phil.* 1.41. Agrippa recuerda en su *De occulta Philosophia* (1, 41) la metamorfosis de los compañeros de Ulises en medio de otros testimonios sobre el poder de magos y magas. Él cita entre estos no solo a Virgilio, Lucano y Apuleyo, sino también una anécdota digna de respeto pues se debe a San Agustín, que cuenta haber escuchado decir que existe en Italia magas que transforman a los hombres en bestias de carga para llevar sus enseres y los devuelven a su forma humana cuando han terminado su trabajo.
[75] Cf. Diógenes Laercio 8.42.

Aspasia y Diotima, discípulas de Sócrates,[76] y Mantinea y Filesia de Axíoco, ambas discípulas de Platón.[77] Plotino, en fin, ensalza a Gémina y Anficlea.[78] Lactancio alaba a Temista.[79] La Iglesia Cristiana salta de gozo con Santa Catalina, pues ella sola superó sobradamente en todo tipo de ciencias a los sabios de su época.[80] Y no debe olvidársenos en este lugar Zenobia, discípula del filósofo Longino, que por su amplia y brillante destreza literaria recibió el apelativo de Efinisa, cuyas obras sacrosantas las tradujo al griego Nicómaco...[81] Pasemos a la oratoria y a la poesía, donde se nos ofrecen Armesia, apodada Andrógina,[82] Hortensia,[83] Lucrecia,[84] Valeria,[85] Copiola,[86] Safo, Corina,[87] la romana Cornificia,[88] Erinna de Telos o Lesbos, que fue apodada "la epigramista".[89] Y en Salustio se cita a Sempronia[90] y, entre los jurisconsultos, a Calpurnia[91] [78-79].

---

76 Aspasia de Mileto, famosa por su belleza, fue consejera de Pericles. Diotima, sacerdotisa de Mantinea, es de quien Sócrates toma su concepción del amor (cf. Platón, *Conv.* 201d).
77 Agrippa parece confundir y mezclar los nombres. Posible alusión a Axiótea de Fliunte y Lastenia de Mantinea, ambas discípulas de Platón (cf. Diógenes Laercio 3.46 y 4.2).
78 Cf. Porfirio, *Vita Plotini* 9.
79 Cf. Cicerón, *Fin.* 2.68; Lactancio, *Inst.* 3.25. Mujer de un filósofo epicúreo de Lamsaco. Epicuro le había dedicado una obra.
80 Quizás Santa Catalina de Alejandría (siglo IV) o Santa Catalina de Siena (1347-1380), Doctora de la Iglesia Católica.
81 Casio Longino (ca. 213-273 d.C.) fue un retórico y filósofo neoplatónico, consejero de los gobernantes de Palmira (Siria), Septimio Odenato y Zenobia. Apoyó a Zenobia en su intento de obtener la autonomía de la ciudad, pero el nuevo emperador Aureliano hizo fracasar dicho empeño, perdonando luego a Zenobia, pero ejecutando a sus consejeros, entre ellos a Longino. Nicómaco tradujo cartas de Zenobia (cf. Vopisco, *Historia Augusta*, *Vit. Aurel.* 27.6). Boccaccio cita a una Zenobia, discípula de Longino (cf. *De claris mulieribus* 100.14).
82 Cf. Valerio Máximo 8.3.1. Armesia es una variante de los manuscritos por Maecia, de la que Valerio Máximo escribe "*Maesia Sentinas (= de Sentinum o Sassoferrato) rea causam*...
83 Cf. Valerio Máximo 8.3.3; Boccaccio, *De claris mulieribus* 84. Hija del orador Hortensio, rival de Cicerón.
84 Las distintas ediciones transmiten bien Lucrecia, bien Lucera. Puede tratarse de la Luceia que, como la Copiola, citada después, eran famosas actrices de mimo (cf. Plinio, *Nat.* 7.158). Lucrecia, esposa de Tarquinio Colatino, célebre por su virtud.
85 Cf. Plutarco, *De claris mulieribus* 14 (*Mor.* 250A). Valeria, hija de Diocleciano (Plin. 7, 16, 15). Un defecto de nacimiento fue presagio de desgracias.
86 Galeria Copiola es una actriz de intermedios o entremeses (*emboliaria*) en Roma (cf. Plinio, *Nat.* 7.158).
87 Corina es una poetisa griega que rivalizó con Píndaro (cf. Pausanias 9.22.3).
88 Cornificia es hermana del poeta y orador Cornificio y autora de notables epigramas conservados aún en época de Suetonio (cf. Suetonio, *De poet.* 22).
89 Erinna es una poetisa contemporánea de Safo, autora de epigramas, conservados algunos en la *Antología Griega* 6.352, 7.710 y 712.
90 Salustio (*Cat.* 25) dice de ella: *litteris graecis et latinis docta, psallere, saltare elegantius quam necesse est probae.*
91 Calpurnia puede ser la culta mujer de Plinio el Joven, *Epist.* 6.4, 6.7, 7.5.

Asimismo, las mujeres son las mejores educadoras y, como maestras del hablar bien, son las que mejor enseñan las primeras letras a los niños: "¿No fue su madre, Cornelia, la que modeló la elocuentísima lengua de los Gracos?[92] ¿Y a Siles, hijo del Aripitis, rey de la Escitia, no le enseñó la lengua griega su madre, que era natural de Istria?[93] Y los niños nacidos en las colonias introducidas en pueblos extranjeros, ¿acaso no han conservado siempre la lengua de sus madres?". En resumen, concluye Agrippa: "¿Y qué decir del hecho de que las mujeres, por su sola naturaleza, parecen superar fácilmente a los expertos de todas las disciplinas . . ., sean estas la poesía, la dialéctica, la aritmética, la música, la astrología o la medicina? Ahí están los ejemplos del propio Sócrates que, siendo ya muy viejo, no rechazó aprender aun algo de una mujer, Aspasia,[94] igual que tampoco el teólogo Apolo vaciló en ser instruido por Priscila"[95] [79-80].

Igualmente, las mujeres han sido inventoras de cosas, fundadoras de imperios y ciudades y excelentes guerreras:

> Respecto a los inventos de las cosas, sirven de ejemplo Isis, Minerva y Nicóstrata.[96] En la fundación de imperios y ciudades, podemos citar a Semíramis, que ocupaba el reino de todo el mundo, a Dido y a las Amazonas.[97] En las contiendas guerreras, podemos citar a Tomiris, reina de los masagetas, que venció al rey persa Ciro;[98] y también a Camila, del pueblo volsco,[99] y a Valisca, de Bohemia,[100] ambas reinas poderosas; asimismo, a Pande,

---

[92] Cf. Cicerón, *Brut*. 104; Quintiliano, *Inst*. 1.1.6.
[93] Cf. Herodoto 4.78. *Istrinei mater*: *Istrinei* no es un nombre, sino que quiere decir "originaria de Istria o Istropolis, colonia griega".
[94] Cf. Plutarco, *Vit. Pericl*. 34.3-6; Platón, *Menex*. 236b, 237e-238b; Ateneo 576d, 569F, 589d-e.
[95] Cf. Hch. 18.24-26.
[96] Para los egipcios la diosa Isis es la inventora de la agricultura. Minerva es inventoras de la guerra (cf. Cicerón, *Fin*. 3.53) y de todas las artes en general. Nicóstrata es considerada inventora de las letras latinas y muy erudita en las griegas, además de ser la parca que presidía el nacimiento (cf. Plutarco, *Romulus*, 21).
[97] Semíramis, reina de la antigua Asiria. Dido, reina de Cartago. Las Amazonas es un pueblo legendario de mujeres guerreras de la mitología clásica.
[98] Tomiris (siglo VI a.C.), reina de los masagetas, pueblo escita al oriente del Mar Caspio. Ciro quiso casarse con ella, pero, al verse rechazado, invadió el país de Tomiris, que acabó venciendo al rey persa (cf. Herodoto 1.205-214).
[99] Camila crece con su padre, el rey Metabo, en los bosques virilmente, pero con gran belleza y encanto. En el libro XI (vv. 555-560) de la *Eneida* es aliada de Turno, rey de los rútulos, y asesinada por el etrusco Arrunte.
[100] El nombre de Ulasca (Vlasca) o Valasca, es citado por Silvio Piccolomini en su *Historia Bohemica* (1532) como una moderna amazona de Bohemia. El obispo Olao Magno (siglo XVI) en su *Historia de gentibus septetrionalibus* (1558 o 1562) cita en la página 166 a Libusa, Valisca y Visna como mujeres guerreras entre los vándalos.

de los indos,[101] a las amazonas, a las Candaces[102], a las mujeres de Lemnos, de los focenses, de Quíos y de Persia [81].

Como regidoras de imperios y ciudades, las mujeres a lo largo de la historia y en diferentes lugares han dado muestra de las virtudes o valores propios de los buenos regentes, como son la prudencia y el patriotismo: ellas han sido las que "devolvieron la salvación al conjunto de su nación cuando esta se encontraba ya en la situación más desesperada". En cuanto a la prudencia están los ejemplos de Opis, que fue incluida entre las diosas;[103] Plotina, esposa de Trajano;[104] Amalasunta, reina de los ostrogodos;[105] Emilia, la mujer de Escipión;[106] Débora, mujer prudentísima, esposa de Labidot; Atalía, que ejerció la justicia en Jerusalén;[107] Semíramis, que juzgó a los pueblos durante cuarenta años;[108] todas las reinas Candaces de Etiopía, que reinaron con suma prudencia y poder;[109] Nicaula, reina de Saba,[110] y una mujer muy sabia en Tecoa, que puso en aprietos al rey David con sus preguntas,[111] sin omitir a Abigail y Betsabé.[112] Entre las mujeres patriotas que salvaron a sus pueblos de la destrucción figuran la viuda Judit; Ester, esposa del rey Asuero; Veturia, madre de Coriolano;[113] Artemisia, que capturó la flota a los rodios;[114] y "una joven muy noble, que en el año 1428, cuando el reino de Francia estaba ocupado por los

---

101 Cf. Plinio, *Nat.* 6.76.
102 Cf. Hch. 8.27.
103 Cf. Virgilio, *Aen.* 11.836–867; Ovidio, *Met.* 9.498. Ninfa del séquito de Diana. Virgilio evoca la venganza de Camila.
104 Cf. Plinio, *Paneg.* 83.5–8; Espartiano, *Historia Augusta, Hadr.* 2.10; 4.1, 4, 10; 5.9; 12.2. Plinio hace de ella grandes elogios en el Panegírico de Trajano, pero su virtud fue objeto de sospecha por Dión y Espartiano en la *Historia Augusta*.
105 Amalasunta (ca. 495–535), hija de Teodorico, fue reina de los ostrogodos y madre de Atalarico.
106 Tercia Emilia, hija de Paulo Emilio y esposa de Escipión el Africano, madre de Cornelia, famosa por su fidelidad conyugal (cf. Valerio Máximo 6.7.1).
107 Cf. II Re. 11.1–3 y II Crón. 22.10–12.
108 Cf. Diodoro Sículo 2.4–22.; 3.1–3; Luciano, *De dea Syria* 14, 33 y 34; Porfirio, *Abst.* 3.17; Atenágoras, *Legat. pro Christ.* 76.
109 Cf. Hch. 8.27.
110 Cf. I Re. 10.1; Mt. 12.42.
111 Cf. II Sm. 14.2. Math. 12, Luc. 11.
112 Cf. I Sam. 25.32–36; I Re. 1.17 y 29–31.
113 Cf. Livio 2.40.1.
114 Se trata de Artemisia II de Caria (siglo IV a.C.) mujer de Mausolo. Los rodios decidieron conquistar la capital de Caria, Halicarnaso, y ocuparon el puerto del este, pero sin poder ver lo que pasaba al oeste. Así, Artemisia los sorprendió, capturó su flota y les obligó a rendirse. Se dirigió entonces a Rodas con los navíos capturados y, pensando que los suyos volvían a casa,

ingleses, los venció en muchísimos combates y restituyó al rey de Francia su reino cuando ya estaba perdido.[115]

Si hasta este momento los ejemplos aducidos por Agrippa se refieren, en general, a mujeres concretas de la Biblia y de la historia pagana, acercándose al final de la obra y para demostrar que la mujer es el sostén del género humano y la salvadora de los pueblos y naciones, el humanista alemán aduce modelos colectivos del comportamiento de la mujer. Así son resaltadas las virtudes de las mujeres sabinas, el valor de las matronas romanas frente a los volscos, o las acciones de las mujeres persas en la guerra que Ciro sostuvo contra Astiages. Igualmente, son incluidas las leyendas sobre las costumbres que mantenían los pueblos de Getulia, Bactres y Galecia, así como las de los cántabros, escitas, tracios, galos y celtas, costumbres que ponen de manifiesto la nobleza, dignidad y superioridad del sexo femenino [86–87].

En otro orden de cosas y diríamos que "rizando el rizo", Agrippa vincula las denominaciones de las virtudes y de las partes importantes de la tierra al sexo femenino: "A ello se suma incluso el hecho notable de que también el orbe de las tierras toma sus denominaciones de nombres de mujeres, a saber, de la ninfa Asia[116]; de Europa, hija de Agénor[117]; de Libia, hija de Épafo, que también se denomina África"[118] [75].

4 Reflexión final

Como hemos ido viendo a lo largo de estas páginas, Cornelio Agrippa, en la elaboración del *De nobilitate* y siguiendo la estructura de una *declamatio* humanística, introduce en los diferentes pasos de su exposición distintos argumentos en los que apoya su tesis principal: la mujer no es, contrariamente a las afirmaciones tradicionales de la Iglesia, inferior al hombre, sino igual; incluso más, la

---

los rodios no opusieron resistencia. De este modo, los carios ocuparon de nuevo Rodas (cf. Vitruvio 2.8.14–15. Cf. Cic. *Tusc.* 3, 75).
115 Se trata de Juana de Arco (1412–1431), también conocida como la Doncella de Orleans. Su ejemplo ya había sido aducido por Christine de Pisan en su "Poème à la Pucelle" y evocada como una nueva amazona.
116 Cf. Herodoto 4.45.
117 Europa, mujer fenicia de Tiro, fue seducida por Zeus transformado en toro y la llevó a Creta; sin embargo, según Herodoto, fue secuestrada por los cretenses (cf. Apolodoro, *Bibl.* 2.1.5, 2.5.7, 3.1.1 ss., 3.4.2; Diodoro Sículo 4.60.3, 5.78.1; Ovidio, *Met.* 2.833–875; Herodoto 1.2).
118 Cf. Herodoto 4.45; Apolodoro, *Bibl.* 2.1.4; Higino, *Fab.* 149, 157 y 160; Pausanias 4.23.10.

mujer –sigue afirmando Agrippa– supera al hombre en los demás constituyentes del ser humano. Tal afirmación que vertebra la obra del humanista alemán se verá probada, según el caso, por los testimonios de las mejores autoridades, evidencias históricas, argumentos bíblicos y legales y *ejemplos*.[119] Es en este último ámbito en el que, de manera muy escueta en la presentación y mezclando paradigmas bíblicos y profanos, Agrippa proporciona una sucesión, bastante desordenada en ocasiones, de modelos de mujeres nobles y preeminentes en los distintos ámbitos tratados.

El propio Agrippa es consciente de que el elenco de modelos y *ejemplos* de mujer que han aparecido a lo largo de su *declamatio*, como una apoyatura más de su razonamiento, es tan solo una muestra ínfima de la totalidad de mujeres excelentes y brillantes que, sin embargo, por la tiranía ejercida con ellas a través de la historia, han sido relegadas a un rincón oscuro de la historia. Por eso termina diciendo: "¿Quién será capaz de hacer un censo completo de las infinitas alabanzas de las mujeres, a quienes les debemos todo nuestro ser y la conservación del género humano, pues sin ellas moriría irremediablemente en poco tiempo, y de las cuales depende toda familia y Estado?" [82].

Bibliografía

Agrippa, Enrique Cornelio. 2013. *Declamación sobre la incertidumbre y vanidad de las ciencias y las artes*. Estudio, traducción y notas de Manuel Mañas Núñez. Cáceres: Universidad de Extremadura.
Agrippa, Henri Corneille. 1990. *De nobilitate et praecellentia foeminei sexus*. Edition critique d'après le texte d'Anvers 1529, sous la direction de R. Antonioli. Genève: Libraire Droz.
Agripa, Enrique Cornelio. 1999. *De la nobleza y preexcelencia del sexo femenino*. Traducción de Santiago Jubany e introducción de Núria García. Mataró: Ediciones Indigo.
Boccaccio, Giovanni. 2010. *Mujeres preclaras*. Edición y traducción de Violeta Díaz-Corralejo. Madrid: Cátedra.
Chaparro Gómez, César. 2020. *Sobre la nobleza y superioridad del sexo femenino*, de Cornelio Agrippa (1486–1535): un importante eslabón en la lucha contra la misoginia. En Rosa María Martínez y César Chaparro (coords.). *La mujer en la Europa renacentista y en el Nuevo Mundo*, 81–107. Badajoz: Fundación Academia Europea e Iberoamericana de Yuste.
Perrone Compagni, Vittoria. 2006. L'innocenza di Eva. Retorica e teologia nel *De nobilitate foeminei sexus* di Agrippa. *Bruniana & Campanelliana* 12(1). 59–80.

---

[119] El término *exemplum* (en singular y plural) aparece en una docena de veces a lo largo de la obrita de Agrippa.

Plutarco. 1987. *Obras morales y de costumbres* III (*Moralia*): *Virtudes de mujeres*. Introducción y notas de Mercedes López Salvá y María Antonia Medel; traducción de Mercedes López Salvá. Madrid: Cátedra.

Salazar, Ignacio María. 1988. Ante el quinientos aniversario del nacimiento de Cornelio Agrippa de Nettesheim. En *Filosofía y Ciencia en el Renacimiento. Actas del Simposio celebrado en Santiago de Compostela, del 31 de octubre al 2 de noviembre de 1985*, 123–127. Santiago de Compostela: Universidad de Santiago de Compostela.

Valerio Máximo. 1988. *Los nueve libros de hechos y dichos memorables*. Edición de Fernando Martín Acera. Madrid: Akal.

Dulce Mª González Doreste
La ambigüedad de Semíramis en los repertorios de *Vies des femmes illustres* de los siglos XV y XVI

1 Introducción

Si bien persisten en los siglos XV y XVI muchos de los prejuicios sobre los que se apoyan épocas anteriores para confirmar la inferioridad de la mujer, una nueva realidad se impone en cuanto al papel que esta debe jugar en el marco de una sociedad francesa que aspira a tener un papel predominante en la cultura europea. En ese sentido, el final del siglo XV y la primera mitad del XVI, momento de transición entre un sistema feudal obsoleto y el surgimiento del Estado moderno, marcan un momento definitivo en la evolución de la condición femenina y en las relaciones entre hombres y mujeres. Factores de tipo político, social y religioso influyen en la revalorización del papel de la mujer, especialmente en el plano intelectual y político con la aparición de brillantes escritoras y grandes damas que imponen su poder como Luisa de Saboya, Ana de Francia, Margarita de Navarra, Catalina de Médicis o Margarita de Valois, emergiendo de esta forma un nuevo ideal femenino, no sin dificultades (David-Chapy 2016 y 2017). Ante estos cambios sociales y políticos, en los que, tan solo aparente y coyunturalmente, una élite de mujeres de la nobleza ocupa parte del espacio público, se alzan voces, surgidas sobre todo en medios clericales, que alertan del peligro que ello supone para el orden social establecido. Desde los centros de poder femenino, especialmente en la corte de Borgoña, se les dará réplica desde mediados del siglo XV con la proliferación de una literatura consagrada a la mujer (Clavier 2018: 6). La presencia de las mujeres en la esfera pública y el apoyo que reciben por parte de los humanistas, el abundante número de mujeres escritoras y editoras, así como el desarrollo de la imprenta, favorecen la aparición y difusión de textos de todo tipo con discursos de alabanza o vituperio a las mujeres, que darán nuevo vigor a la conocida *Querelle des femmes* a finales del siglo XV y a lo largo del siglo XVI.

Las convenciones de los discursos misóginos o filóginos se explicitan en las modalidades argumentativas y en los modelos femeninos ofrecidos por cada autor, que, aun siendo reiterativos y, en ocasiones, contradictorios entre sí, no

Dulce Mª González Doreste, Instituto de Estudios Medievales y Renacentistas – IEMYR, Universidad de La Laguna

∂ Open Access. © 2022 Dulce Mª González Doreste, published by De Gruyter. [CC BY-NC-ND] This work is licensed under the Creative Commons Attribution-NonCommercial-NoDerivatives 4.0 International License.
https://doi.org/10.1515/9783110756029-012

dejan de ser un vehículo didáctico de relevancia que revela la intencionalidad de los autores dentro del contexto que los anima. A través de la manipulación ideológica de estos *exempla*, comunes a la mayoría de los textos, sus autores desgranan las cualidades que deben ser cultivadas por las damas, así como los defectos y vicios que deben despreciar, seleccionando, en función de sus propósitos, los pasajes de la biografía que les conviene resaltar, ocultar o reformular (Breitenstein 2018).

El caso de la paradigmática y controvertida reina Semíramis ilustrará las intenciones de los autores de nuestro corpus a este respecto, así como sus estrategias y la versatilidad del modelo.

2 *Vies des femmes illustres* de los siglos XV y XVI

Le Champion des Dames

Martin Le Franc, un normando a caballo entre las postrimerías de la Edad Media y la Edad Moderna (1410–1461), fue doctor en Teología, preboste de la iglesia de Lausana, secretario de los Papas Félix V y de su sucesor, Nicolás V, y cercano a la corte de Borgoña por su estrecha relación con el duque Felipe de Borgoña, personaje central de la Guerra de los Cien Años. Redacta *Le Champion des Dames* entre 1441–1442, cuando aún está en la memoria la polémica surgida por la reacción de los intelectuales a la segunda parte del *Roman de la Rose*, especialmente la de Cristina de Pizán, que compone *La Cité des Dames* en respuesta a los propósitos misóginos de Jean de Meun. Le Franc retoma varios personajes de la obra de Jean de Meun, entre ellos Malebouche, como uno de los principales adversarios de Franc Vouloir, y alaba la sapiencia de Cristina en el libro IV.[1]

La obra es un largo poema de carácter alegórico, compuesto de veinticinco mil versos, distribuidos en cinco libros. En el prólogo, Le Franc dedica a Felipe de Borgoña su composición, escrita por encargo de Verdad para que diera testimonio de la "glorieuse victoire de Franc Vouloir" en la cruel guerra que Malebouche emprendió contra Amor y las damas.

---

[1] "Aux estrangiers pouons la feste / Faire de la vaillant Cristine / Dont la vertu est manifeste / En lettre et en langue latine. / Et ne debvons pas soubs courtine / Mettre ses œuvres et ses dis, /Affin que se mort encourtine / Le corps, son nom dure toudis" (T. IV 1999: 178).

Le Franc no solo pretende defender a las damas de las injurias vertidas contra ellas por "les gens de l'Esglise", sino que, además, *Le Champion des Dames* es la primera obra, a decir de Angenot, que afirma su superioridad en todas las virtudes sobre los hombres (1977: 30).

No es casual que la obra surja en la corte de Borgoña, marcada por el prestigio del poder femenino, especialmente por la figura de Isabel de Portugal, esposa del Duque. Tanto es así, que Clavier estima que la publicación de *Le Champion* está en el origen de la aprobación y el reconocimiento del trabajo realizado en la corte por Isabel (2016: 167).

La nef des dames vertueuses

En el prólogo de la obra, de carácter alegórico, dama Prudencia, en la que se identifica a Ana de Francia (Breitenstein 2008: 274), exhorta al autor, Symphorien Champier (1471–1539) a continuar la labor emprendida para honrar a nobles y príncipes en *La nef des princes* (1502), haciendo esta vez la loa de las mujeres y sus virtudes. A ello se emplea en el primero de los cuatro libros que componen *La nef des dames vertueuses* (1503), que titula "Les Louenges fleurs et deffensoir des dames", dedicado a la "tresnoble et tresvertueuse princesse Anne de france dame et duchesse de bourbon et d'auvergne" (2007: 55), dedicatoria que pudo ser interesada, pues Champier buscaba obtener el mecenazgo de los Borbones para así poder dedicarse con más desahogo a su carrera literaria (Kem, en Bouchet 2007: 12). No fue así, a pesar del éxito de la obra, que tuvo tres ediciones, en 1503, 1515 y 1531' y la extensa genealogía de la familia que incluye en la obra antes de la dedicatoria. El segundo libro es un tratado sobre el matrimonio[2] destinado a las mujeres en la línea de los *Enseignements d'Anne de France à sa fille Susanne de Bourbon*, a quien también está dedicado el de Champier; las profecías de las sibilas, traducidas al latín por Lactancio y "en rethorique Françoise par maistre simphorien Champier" ocupan el tercer libro, con dedicatoria a Ana de Francia. Finalmente, el cuarto libro, titulado "de vraye amour", es un sermón laico sobre el *Banquete* de Platón que ofrece igualmente a la duquesa de Borbón.

---

[2] Este libro, escrito en francés, contiene numerosas notas marginales en latín, destinadas a un lectorado masculino, para tratar temas médicos que conciernen a la fisiología de los hombres (Kem, en Champier 2007: 33 y Breitenstein 2016: 245).

La supuesta defensa que Champier hace de las mujeres en este libro se contradice con la misoginia de la que he hecho gala en su anterior obra, *La nef des princes*, donde incluye la traducción del texto de Matheolus, *La malice des femmes*, una compilación de finales del siglo XV, elaborada a partir de versos tomados de *Les lamentations de Matheolus*,[3] obra que tanta desazón causó a Cristina de Pizán y que está en el origen de la redacción de *La cité des dames*.[4] El primer libro comienza con una introducción en la que su autor justifica su elogio a las mujeres frente a los que las señalan por su malignidad y las vituperan, basándose en que en ellas "est toute pitié, toute miséricorde, toute amour, toute doulceur, et toute religion" (2007: 58-59). Seguidamente, esboza brevemente la biografía de cincuenta y siete mujeres de la Antigüedad, "dames anciennes décorées tant par l'éloquence des historiographes que par les divins vers et figments poetiques" (2007: 64), tomadas en buena parte del *De claris mulieribus* de Boccaccio, aunque evitando a las mujeres que considera de moralidad más dudosa. Le sigue el grupo de figuras bíblicas y de santas, copiadas en su mayoría de *La légendé dorée*, y finaliza enumerando a otras mujeres ilustres que, aún sin haber alcanzado la categoría de santas, son dignas de consideración por lo extraordinario de sus vidas y de sus obras.

Les Vies de Femmes Célèbres

La información sobre su estado religioso la ofrece el mismo autor, Antoine Dufour, (+1509) en el prólogo de la obra: "je frère Anthoine Dufour, docteur en théologie, de l'ordre des Frères Prescheurs, general inquisiteur de la foy" (1970: 1). Nació en Orléans, entró en la orden de los dominicos e hizo estudios de teología en París, donde recibió el título de doctor. Fue también predicador oficial de la corte y confesor real (Brown 2011: 32). La obra data de 1504. En el prólogo se lamenta de su hartazgo por ver que la mayoría de los hombres injurian a las mujeres "tant de langue que de plume", como Boccaccio y Teofrasto entre otros, y de que tampoco encuentre entre los libros antiguos ninguno que hable de ellas

---

[3] El *Liber lamentationen Matheoluli* o *Matheolus* fue escrito a finales del siglo XIII y tuvo una gran repercusión en los siglos XIV y XV. Fue traducido al francés por Jean Lefevre en 1380.

[4] En las primeras líneas del libro, Cristina expresa así el desconcierto que le produjo la lectura de la obra de Matheolus : "Mais la lecture de ce livre, quoi qu'il ne fasse aucunement autorité, me plongea dans une revêrie qui me bouleversa au plus profond de mon être. Je me demandais quelles pouvaient être les causes et les raisons qui poussaient tant d'hommes, clercs et autres, à médire des femmes et à vitupérer leur conduite soit en paroles, soit dans leurs traités et leurs écrits" (1986: 36).

con buen juicio y ciñéndose a la realidad, sobre todo en la época contemporánea en la que abundan las mujeres "bonnes et sages". Por este motivo, recibe el encargo de la "treshaulte, trespuissante et tresexcellente dame et princesse ma dame Anne de Bretaigne" de traducir la presente obra "en maternel langage",[5] constatando la ignorancia de esta lengua culta entre las mujeres. De esta forma, Dufour se erige en defensor de las damas y emprende la redacción de estas biografías para refrenar la lengua de los que solo mienten e inventan. Si bien solo quiere honrar a las mujeres que han destacado por su virtud, no duda en incluir algunas mujeres licenciosas, a las que excusa de antemano porque sufrieron la influencia de hombres perversos. Las enseñanzas que se deducen de sus relatos indican la voluntad de ofrecer una obra de carácter moral y edificante, a la que imprime también un estilo oratorio con la retórica hiperbólica propia de los sermones. Su galería de mujeres se compone de noventa y una biografías que solo atienden a un criterio cronológico, por lo que es la Virgen María, quien la encabeza, seguida de Eva y cierra Juana de Arco. Se trata, pues, de modelos a imitar o, en el caso de los ejemplos negativos, de reprobar sus acciones y mostrar el grado de decadencia moral al que puede llegar la mujer que cae en el vicio.

La Louenge du mariage et recueil des histoires des bonnes, vertueuses et illustres femmes

Pierre Lesnauderie (1450–1522) disfrutó de dos estados, civil y religioso; primero, como hombre de leyes, dedicando gran parte de su vida a la Universidad de Caen,

---

[5] En la reseña a la edición de Jeanneau, Omer Jodogne afirma que el libro que traduce Dufour es la obra, o parte de ella, de Jacopo Filippo Foresti de Bérgamo (1434–1520), *Opus de claris selectisque plurimis mulieribus*, editada en Ferrara en 1497 y reeditada en París por Simón de Colines, en 1521, en el compendio *De Memorabilibus et claris mulieribus aliquot diversorum scriptorum opera*, edición que corrió a cargo de Ravisius Textor (1977: 548). A pesar de que Dufour declara tomar sus modelos femeninos de la obra de Boccaccio, recupera todas las mujeres descritas por Foresti en la obra citada y en el mismo orden. Al final de la biografía de Semíramis, Foresti incluye una descripción de la inscripción del aqueménida y de la apertura de la tumba del rey Darío, anécdota retenida por Dufour, inexistente en el texto de Boccaccio. Dufour incluye una frase final en la biografía de Semíramis, recordando al lector que fue asesinada por su propio hijo, detalle subrayado también por Boccaccio pero omitido por Foresti. Este relato de Semíramis muestra cómo Dufour combina pasajes traducidos de las dos fuentes latinas (Renk 2015: 3 y Amiot, 2013: 38–39). Dadas las fuentes utilizadas, no es de extrañar que la imagen que proyecta Dufour de la heroína sea muy negativa, insistiendo en la naturaleza lujuriosa del personaje.

de la que llegó a ser Rector, y, una vez fallecida su esposa, como eclesiástico en la diócesis de Lisieux. De igual modo que Champier, Lesnauderie redactó en 1523 *La Louenge*, obra abiertamente consagrada a cantar las excelencias del matrimonio y de la que existen cuatro ediciones más (Breitenstein 2016: 251), después de haber compuesto un texto de carácter misógino, a principios del siglo XVI para el mismo destinatario, "Maistre Zacharie, Le Gouez, son voisin, familier et disciple", la *Epístola incitatiua ad uitam contemplatiuam actiuamque fugiendam*. En este libro, el autor le aconseja seguir el camino de la vida contemplativa y huir del matrimonio, vida activa, considerado fuente de todas las desdichas que pueden acontecer al hombre, debido a todos los defectos inherentes a la condición femenina, probando de este modo la superioridad del hombre y las bondades del celibato. En este texto se ponen de manifiesto todas las taras del sexo femenino, tachando a las mujeres de infieles, tentadoras, mentirosas, libidinosas, etc., llegando a compararlas con animales peligrosos como la serpiente, el león o el dragón (Shanonn 2018). Se hace, pues, difícil comprender, al mismo tiempo que poco creíble, el cambio radical de apreciación sobre la mujer y el matrimonio del que Lesnauderie hace gala en *La Louenge*, donde apremia a su joven amigo a abandonar el celibato y buscar una buena esposa. A pesar de tener un dedicatario masculino, Lesnauderie, al igual que Dufour, escribe este libro en francés para que "les femmes l'entendent" (f° 1), prueba de que el autor intenta esta vez llegar también a un público femenino (Breitenstein 2016: 252–253). Como Champier y Dufour, no desea hablar de las mujeres perversas, pero no oculta que de ellas provienen muchos de los males que asolan el mundo. Sin embargo, al igual que Champier, del que reproduce casi todo su prólogo, las exculpa por su ignorancia de las sagradas escrituras, que les impide responder a estos ataques misóginos, y las hace vulnerables ante los hombres, como corderos frente al lobo (f° IIIv). Se pregunta por qué no se han narrado antes sus virtudes y buenas obras y él mismo se propone enmendar su error, pues habiendo escrito otro libro sobre las malas mujeres, quiere ahora demostrar que no todas son así, sino que la gran mayoría son "sages, prudentes, bonnes, chastes, devotes, aulmosnieres et liberalles" (f° VI).

El libro está dividido en siete capítulos; el primero dedicado a las excelencias del matrimonio. En el segundo comienza su catálogo de ilustres mujeres, ahí se encuentran las que destacan por su sabiduría, prudencia y devoción. El tercero está dedicado a las mujeres cultivadas, escritoras, religiosas e inventoras. Las que sobresalen por su espíritu caritativo, la paciencia y la generosidad ocupan el cuarto y en el siguiente se encuentran las que han practicado obra de caballería, han dado prueba de fortaleza y han llevado a cabo grandes hazañas. El sexto es para las mujeres castas y buenas esposas y se cierra el libro con un último capítulo que contiene ejemplos de las distintas formas de amor, tomado casi íntegramente del cuarto libro de *La Nef* de Champier.[6] Así pues, la obra, aunque escrita para un hombre, no difiere de otras de este corpus en cuanto a su proyección moral y los valores que transmite a través de los *exempla* destinados a su lectorado femenino.

Le Palais des Nobles Dames

Jean Du Pré fue un hombre de armas con clara vocación de escritor. Introduce su obra (1534), de carácter alegórico, con un breve texto en el que presenta a grandes rasgos su estructura ("treize parcelles ou chambres principales"), subraya la procedencia heterogénea de cada una de las historias comprendidas en cada una de sus divisiones ("histoires tant grecques, hebraïcques, latines que françoises") y manifiesta su intención de ensalzar a las mujeres retomando biografías legendarias, redactándolas en francés y con un cuidado estilo poético ("ensemble fictions et couleurs poetiques concernant les vertus et louanges des Dames")[7] (2007: 91–92). Además, da visibilidad tanto a la figura autorial ("composé en rithme Françoise par noble Jehan Du Pré, Seigneur des Barthes et des Janihes en Quercy"), como pone de relevancia la poderosa identidad de su dedicataria[8] y de su familia, "tres illustre et tres haute Princesse Madame Marguerite de France, Royne de Navarre, Duchesse d'Alençon, seur du tres chrestien Roy Françoys, à present regnant" (2007: 91). Sobre todos estos aspectos presentados sucintamente en esta página liminal, el autor abundará en distintas partes de la obra. De este modo, sigue a esta pequeña introducción, una descripción detallada del orden del libro, que comienza con una epístola a la reina, en la que se declara firmemente comprometido en la *Querelle* como defensor de la honestidad de las damas. Le sigue un largo listado de sus fuentes y, manteniendo la metáfora arquitectónica que articula su obra, la lista de las mujeres que habitan en cada una de las partes del palacio, agrupadas en función de sus diferentes virtudes y cualidades. Como Bouchet, Du Pré recurre al sueño alegórico en el que el autor, por orden de Nobleza Femenina, se adentra en el Palacio haciendo la narración de lo que encuentra durante su recorrido por las distintas estancias. Antes,

---

[6] Los préstamos de Lesnauderie a la obra de Champier no se reducen al señalado, sino que, como determina Breitenstein, alcanzan a la biografía de sesenta y tres figuras femeninas que toma del libro primero de Champier y redistribuye en su obra, algunas copiadas literalmente (2016: 252).
[7] A lo largo de la obra, Du Pré despliega su conocimiento de las formas poéticas empleadas por los retóricos, combinando sabiamente baladas, rondós, virelais y canto real.
[8] A la que también emplaza en el espacio de la Sala entre las mujeres eruditas.

cuenta el autor cómo Nobleza le reprocha que no ponga toda la erudición adquirida por sus lecturas al servicio de una obra meritoria como la de defender a las nobles damas de sus calumniadores.

Brenda Dunn-Lardeau señala que Du Pré se mantiene en una visión de la mujer que encaja con la perspectiva tradicional, que celebra como principales virtudes femeninas la belleza, la castidad, la fidelidad y la templanza. No obstante, también admite que una de sus principales aportaciones es el reconocimiento de la nobleza femenina tanto en el papel que ejerce en el ámbito privado como en el público (2011: 73). Esa admiración a las cualidades de la mujer, fuera del ámbito doméstico, puede explicarse por el respeto y la consideración que el autor, al igual que Bouchet –cuyos textos, como señala Breitenstein, se inscriben en la realidad política del momento– profesa a las habilidades políticas de Luisa de Saboya (2016b: 45).

Controverses des sexes Masculin et Femenin

Gratien du Pont, señor de Drusac (1500–1545), miembro de la nobleza tolosana, formó parte de la magistratura municipal y real, ejerciendo funciones de carácter jurídico. Angenot califica a Drusac como "Le plus notoire des antiféministes dans la première moitié du XVIe siècle" y considera que las *Controverses* (1534), fueron escritas con la intención de contrarrestar el discurso filógino y apelar a la sensatez de sus contemporáneos (1977: 39).[9] En su época, las *Controverses* suscitaron numerosas reacciones y Drusac fue blanco del ataque de varios escritores, algunos de los cuales forman parte de nuestro corpus. Veinte años más tarde de la aparición de la obra de Drusac, Billon dice de él que era hombre de "robbe courte [. . .] et de sagesse plus courte et d'une peau de malavisié iusques aux piedz vestu" y considera que su libro está "tout semé de venimeuses ronces et mesdi-

---

9 Céline Marcy, en la introducción a su edición, atribuye los ataques y el descrédito sufridos por Drusac por parte de sus contemporáneos y la crítica posterior a un desconocimiento de la biografía del autor y del contexto en el que se gesta su obra, así como a unas lecturas superficiales de la misma. Insiste, especialmente, en que en el conflicto entre Drusac y Étienne Dolet, el primero se llevó la peor parte, pues las biografías de Dolet han hecho de Drusac el adalid del movimiento antifemenino en Tolouse y enmarcan la detención y la expulsión de Dolet, ejecutada por Drusac, dentro de la *Querelle des Femmes*, concediendo a Dolet la defensa de las mujeres de Toulouse (2017: 37). Tatiana Clavier no comparte esta posición, ni cree que la misoginia de Drusac se deba a un ejercicio de retórica, sino que hay que asociarla a una postura ideológica, señalando que "Drusac instruit exclusivement à charge le dossier de l'incapacité et de l'infériorité des femmes, et cherche ici à fonder son discours en rejetant toutte protestation, conscient qu'il s'y expose" (2018 : 17).

santes picques" (1555: 18), para después añadir que merecería ser condenado a prisión junto con Boccace, Nevizan et Rabelais, por vilipendiar a las damas. El éxito de las *Controverses* es indiscutible si nos guiamos por las al menos nueve reediciones que recibió su obra desde 1534 hasta 1541 (Marcy 2007: 53) y su eco se prolongó, al menos hasta 1564 en que aparece el *Anti-Drusac* de La Borie. Las *Controverses* están dedicadas a su pariente "Monsieur Maistre Pierre du Faur, Maistre des Requestes ordinaires du Roy nostre sire, Protecteur de vertu et vray zelateur de Justice" (2017: 321) y experto en retórica, por lo que podrá apreciar su obra, recalca Drusac, escrita en "Rythme Françoyse" (2017: 325). A esta epístola dedicatoria, le sigue otra, con el mismo acento misógino que la obra que alaba, escrita por Guillaume de la Perriere, quien desvela el nombre del autor, oculto hasta ese momento, deduciendo que Drusac ha querido permanecer en el anonimato para "esviter les brocardz et blasons d'aulcunnes meschantes femmes, lesquelles de leur naturelle inclination, sont negligentes à bien parler, et promptes à mesdire" (2017: 327). No acaban con esta segunda epístola los apoyos que recibe Drusac, pues le sigue un poema latino escrito por Bertrand Helie y otras dos epístolas firmadas por Bernard d'Estopinhan y Étienne de Vignalz, que le animan a no temer la furia femenina ni la contestación de los envidiosos porque su obra dice la verdad sobre las mujeres. A continuación, presenta una larga lista con todas sus fuentes y en una última pieza liminar, "L'epistre de l'autheur aulx dames", se dirige a las damas honestas y se disculpa ante ellas por si algunos de los propósitos vertidos contra el género femenino las ha podido ofender, añadiendo en su defensa que de esta manera ha pretendido enaltecer sus virtudes por el contraste con los vicios de las malas mujeres. Añade que, en todo caso, sus argumentos no son propios, sino que han sido expuestos por otros autores mencionados en su texto. Pero, para hacerse perdonar, promete que en poco tiempo pretende redactará otra de la, que "ne serez mal contentes / Ains seurement: trestoutes bien contentes" (2017: 378), que, al parecer, no llegó a escribir.

La obra consta de tres libros: el primero introduce el cuadro alegórico en el que se va a desarrollar y comienza con la aparición de Sexo Masculino' que exige al autor que repare su honor apoyándose en los textos de teología, derecho y filosofía que él bien conoce. Comienza así una larga serie de alegatos contra el sexo femenino para demostrar su inferioridad y justificar la autoridad que los hombres deben ejercer sobre ellas. En el segundo libro, después de quejarse de los embates sufridos por el acoso de los soldados de Venus, emprende una larga diatriba sobre el matrimonio, en la que se insiste en la incapacidad jurídica y en la inferioridad moral e intelectual de la mujer, cuyo estatus social está sujeto a la autoridad del padre o del esposo. El libro tercero contiene el catálogo de mujeres célebres por sus vicios. Prestará especial atención a los pecados del orgullo, la soberbia y, especialmente, la lujuria.

Le jugement poétic de l'honneur femenin

Jean Bouchet (1476-1557), a pesar de su erudición y de su cercanía a Gabrielle y Renée de Bourbon y de Margarita de Navarra (Armstrong en Bouchet 2006: 12), no consiguió un mecenazgo en la corte, por lo que tuvo que desempeñar su oficio de procurador en Poitiers, al tiempo que cultivaba su carrera de hombre de letras. *Le jugement poétic* (1538),[10] del que solo hubo una edición, se enmarca también en el género del sueño alegórico. En las páginas liminares se encuentra una Apología (2006: 169-192), dedicada a Jeanne de Laval, esposa de François de la Trimoille, en la que Bouchet expresa su estupefacción porque algunos hombres no solo hablen mal de las mujeres, sino que escriban sin fundamento en contra "du noble sexe femenin". Ello, según explica, le ha dado pie a introducir esta Apología, que ya fue presentada al rey Francisco I en honor de su difunta madre y prima de la dedicataria, la "tresillustre et tres noble dame, Madame Loÿse de Savoye", pero también para gloria de otras ilustres damas. Antes de desgranar su argumentos a favor de las mujeres, Bouchet advierte que no pone el honor de las mujeres por encima del de los hombres, sino que su intención es "monstrer que le sexe femenin est à honnourer en son ordre, et qualité, comme le masculin" (2006: 170). Se muestra partidario de la instrucción de las mujeres y le escandaliza que se les prohíba leer libros escritos en francés. A este respecto, Angenot reconoce en Bouchet un eslabón intermedio en la *Querelle* (1977: 48), un espacio de negociación, según Adrian Armstrong (2003: 228), que reconoce lo paradójico de su discurso, concediendo que, si bien en líneas generales Bouchet rehabilita el estatus de las mujeres, también cae en tensiones y contradicciones, que vienen dadas en buena medida por la utilización de fuentes diferentes y por el principio compositivo del autor, que practica la acumulación y multiplica los argumentos y ejemplos (Bouchet 2006: 30-38).

Le Traverseur es el seudónimo que adopta Bouchet en muchas de sus obras, aquí interviene como narrador homodiegético con esa denominación. A él acude Fama, en los primeros versos de su composición, para anunciarle la muerte de Louise de Savoie. Más tarde, ante sus muestras de dolor, Muerte le consuela asegurándole que su fama la hará inmortal ocupando un lugar de honor en el palacio consagrado a las mujeres virtuosas. En este punto comienza el sueño en el que Le Traverseur acompañará a Mercurio a trasladar la efigie de la reina hasta el "Palais de Cleres Dames". De esta manera, la figura de la reina es omnipresente a lo largo de toda la obra, ocupará un lugar de honor en el palacio y será celebrada especialmente por su contribución a la paz.

---

10 Sobre los problemas de datación de la obra ver Armstrong en Bouchet (2006: 18-24).

Le fort inexpugnable de l'honneur du sexe féminin

François de Billon (1522–1566), sobrino del obispo de Senlis, Artus Fillon. Conocemos por él mismo que acompañó a Roma, en calidad de secretario personal, al cardenal Guillaume du Bellay y que allí compuso su obra. Billon defiende a las damas del asedio de los misóginos desde un fuerte militar y entabla una simbólica guerra dialéctica, mediante un léxico marcadamente castrense, que se materializa en el propio título de la obra. La metáfora alcanza a toda la composición de *Le fort inexpugnable de l'honneur du sexe féminin* (1555). Así, el fuerte se compone de cuatro bastiones y una torre, dedicados cada uno de ellos a las cualidades morales de las damas y a las Princesas que representan esos valores. El primer bastión es el de "Force et Magnanimité", cuya defensa está a cargo de Catalina de Médicis. En el segundo, "Chasteté et Honnêteté", la dedicatoria es para la muy casta Margarita de Francia, Duquesa de Berry. Del tercero, "Clémence et libéralité", su valedora es la virtuosa Margarita de Borbón, Duquesa de Nevers; el cuarto, "Devotion et pieté", está bajo el mando de la piadosa Anna de Ferrara, Duquesa de Guise. La Torre, situada en medio de los cuatro bastiones, está destinada a la "Invention et composition des femmes" y asociada a Juana de Albret. Estas cinco divisiones forman la primera parte del libro, a la que se añade, al principio, una "Escarmouche" en la que se identifican las doctrinas de los principales detractores de las mujeres. La segunda parte del libro, la "Contremyne", retoma el tratado latino *De nobilitate et præcellentia foeminei sexus* de Cornelius Agrippa[11] en quince capítulos para terminar de demostrar la magnificencia de las mujeres.[12]

En la dedicatoria, Billon declara que con su obra quiere engrandecer la reputación del sexo poco apreciado, enaltecer la divina grandeza de la corona gala y recomendar la virtud en aras del bien común (f° A IIJ). Siguiendo con la metáfora continuada de la guerra, encarcela a los tres viejos capitanes que "ont bien osé dresser en campagne d'Ecriture grandes batailles au deshonneur de tout l'honorable Sexe Femenin". Uno de ellos es el florentino "Ian Bocace", por su libro titulado *Le Laberinte d'Amour*, que Billon encuentra indigno de su elegante estilo. La emprende también con el autor anónimo, "quelque bon Pantagrueliste", del falso tratado *La Louenge des Femmes*. Su segundo prisionero es

---

[11] Sobre la influencia de Cornelius Agrippa en la obra de Bouchet ver el artículo de Breitenstein (2011).
[12] El texto está jalonado en sus márgenes por dibujos artísticos, "culs-de-lampe", que representan mosquetazos y cañonazos, señalando los razonamientos más ingeniosos del autor y los puntos álgidos de la narración.

Jean de Nevizan, autor de la obra *Sylva Nuptialis*, considerado un "libelle diffamatoire", que fue la causa de su expulsión "a belles pierres" de Turín por las damas piamontesas. El tercero, es Drusac. Termina así confesando que de tal escaramuza no pudo obtener botín alguno, pues estaba solo en la batalla e iba armado tan solo del "Compas et de la Plume" para defenderse de una armada de pantagruelistas, seguidores de Rabelais, "un medecin renommé en tout point de Literature", que vertió tantas ofensas contra las mujeres por haber perdido la memoria de todos los bienes que hicieron en el pasado.

De la bonté et mauvaistié des femmes

De noble condición fue al parecer Jean de Marconville, lo que le permitió retirarse a sus señoríos para dedicarse a la lectura y a la reflexión; si bien en la dedicatoria de su obra se nombra como "Jean de Marconville, escuyer" (2000: 29).

Gabriel Pérouse, que incluye a Jean Marconville "parmi les misogynes les plus décidés", afirma con contundencia, que "la plus evidente originalité (peut-être non dépourvue d'humour?) du Sr de Marconville est d'avoir réuni, d'une unique plume et dans un même volume, une dissertation «pour» et une dissertation «contre», alors que ce sont généralement deux écrivains qui se partagent la tâche" (2000 : 295). En efecto, como el propio título indica, la obra de Marconville está escrita en espejo, con dos partes opuestas y en cada una de ellas, modelos femeninos tradicionales que dan testimonio con sus biografías de la bondad o de la maldad de las mujeres. Sin embargo, influenciado por la lectura de las *Histoires prodigieuses* de Boaistuau,[13] Marconville imprime a sus biografías un carácter portentoso por su excentricidad y singularidad, provocando en su lectorado un sentimiento de admiración o de horror.

Escrita en 1563, la obra está dedicada "A Damoyselle Jacqueline Courtain, dame de Loyselet, fille de grande expectation", hija de Jacques Courtin, Consejero del Rey. Según relata, sabiendo del gusto por la lectura de la joven, a la que apenas conoce, compuso este compendio de virtudes y vicios de las mujeres siguiendo el orden de algunos historiógrafos que reunieron buenos y malos ejemplos para que los unos fueran imitados y los otros repudiados. Hace constar

---

[13] Sobre las fuentes de Marconville, Richard A. Carr, autor de la edición que seguimos, afirma que, a lo largo de toda la obra, Marconville reenvía a fuentes que no ha consultado, citándolas a través de otras lecturas o sin ni siquiera mencionarlas, lo que Carr denomina las "sources muettes". Entre ellas, afirma sin temor a exagerar, las mas importantes son las compilaciones y traducciones del humanista bretón Pierre Boaistuau (2000: 11).

también en la dedicatoria que muchos se escandalizarán de ver mencionadas a Pasifae, Mesalina o Semíramis "et d'autres semblables cloaques et esgoutz de toute infamie, la memoire desquelles l'on ne peult eveiler sans ignomie, d'autant que leur vie a esté si contaminée, pollue et souillée de toutes villenies que les sainctes aureilles de ceulx qui l'entendent en sont offensés". Su intención es que la lectura de esas vidas ignominiosas haga felices a aquellas damas que no se dejan arrastrar por impulsos y apetitos descontrolados (2000: 30). Para Marconville la virtud más apreciada en la mujer es la castidad: "vertus aucunes sont plus commandables et plus dignes de louanges que les autres, comme chasteté en la femme est princesse de toutes les autres vertus" (2000: 29). Marconville se erige así en un dúctil moralista, filógino en la primera parte de su obra, misógino en la segunda ; una cuestión de gusto, como ironiza Clavier: "En tout état de cause, Marconville rend manifeste que chaque position était défendable, affaire de goût, d'opinion ; que les arguments pouvaient se retourner comme des gants" (2018: 22).

3 Semíramis en los siglos XV y XVI

Breves antecedentes

Se debe a Diodoro de Sicilia (S. I a. JC) el relato completo de la biografía en su *Bibliothèque Historique* para el que se basó en versiones anteriores de las que solo ha sobrevivido la del historiador Ctésias (S. IV a. JC) y la del desconocido Athénaios, citado por Diodoro, que es muy breve y escueta. Será Ctésias quien siente los fundamentos del relato y proporcione los rasgos míticos que van a perdurar a lo largo de los siglos. Su lado maléfico toma consistencia sobre todo en los primeros siglos bajo la influencia de los valores del cristianismo, que hacen de ella un símbolo de la depravación y del crimen y nace la leyenda de su naturaleza incestuosa gracias a Pablo Orosio (S. IV).

En la Edad Media varios son los escritores y los textos franceses que retoman esta figura legendaria como es el caso del *Roman d'Alexandre* donde la vemos, dentro de la moda orientalista, como una virtuosa reina, de riqueza y de belleza extraordinarias. Fuera de la literatura francesa, Dante, Boccaccio ou Chaucer hacen de ella el prototipo negativo de la reina lujuriosa. Las dos visiones antitéticas podemos encontrarlas en los dos catálogos colectivos medievales, fuentes de varios de los tratados de nuestro corpus: *De claris mulieribus* de Boccaccio y *La Cité des dames* de Cristina de Pizán.

Boccaccio atribuye a Semíramis un origen noble y le otorga su admiración por sus innumerables y extraordinarias hazañas guerreras. Le reconoce igualmente su destreza y su inteligencia para gobernar su extenso reino. Pero añade que no lo hubiera podido llevar a cabo sin utilizar las artimañas femeninas, "une fourberie féminine" al hacerse pasar por su hijo, "comme si elle voulait montrer que ce n'est pas le sexe mais le courage qui dispose au pouvoir" (2013: 8). Sus hazañas quedan ensombrecidas por su desmesurada lujuria y por el incesto con su propio hijo Nimias, "chose plus bestiale qu'humaine" (2013: 9)

Cristina de Pizán hace de Semíramis un ejemplo de fortaleza e inteligencia, reclamando que no se lleven a engaño quienes piensan que la debilidad física es común a todas las mujeres. Sigue muy de cerca la obra de Boccacio, omite sin embargo aquellos detalles que enturbian su imagen y la desposeen de los méritos que tan noble y valientemente ganó: "Ses exploits furent tels que les livres ne font état d'aucun homme dont le courage eût été plus grand ou les actes plus mémorables ou plus prodigieux" (1986: 70). Tampoco da crédito a la leyenda de su vida libertina, la atribuye a malévolas habladurías. Justifica el incesto por estar permitido por la ley natural y porque solo su hijo era digno de su noble lecho.

Los autores de las *Vies des femmes illustres* de nuestro corpus comparten con sus antecesores la doble tradición de la figura de Semíramis, especialmente la lujuriosa, enfatizada por Boccacio en *De claris mulieribus* y la valerosa e inteligente de *La Cité des dames* de Cristina de Pizán. Cada uno de ellos tomará los rasgos que más le convenga de su biografía y dará su particular versión del personaje, lo que hará de Semíramis una figura poliédrica, de múltiples facetas, como veremos a continuación:

La sabia y poderosa de Le Franc

Le Franc es, dentro de los autores de nuestro corpus, el que hace el retrato más positivo y feminizado de Semíramis, la "sage et puissant" (1999: 74) reina de Babilonia, incluyéndola en el capítulo dedicado a las mujeres que han gobernado sabiamente en el mundo, obteniendo honor y gloria. La presenta como una gobernante pacificadora que ha logrado la expansión de su estado, pues cuenta que, después de la muerte de su marido, reinó tan sabiamente y con tanta firmeza que mantuvo su país en paz y lo extendió hasta Etiopía. Todo ello sin necesitar los consejos de su marido. En cuanto a la adopción de la apariencia de su hijo, Le Franc la justifica por una especie de regencia, ya que su hijo era todavía joven para gobernar. Su travestismo no implica la pérdida de sus rasgos femeninos ni la masculinización de su carácter, pues Le Franc puntualiza que el joven era "petit et tendre / Et lui ressembloit proprement" (1999: 74). La reconoce como fundadora de la ciudad de Babilonia e imputa a su sucesor Sardanapalo el hundimiento del reino por sus costumbres lascivas, de las que paradójicamente es acusada Semíramis por otros autores.

La reina legendaria de Champier

Aunque la obra de Boccaccio es su fuente principal para la construcción del relato de la biografía de la reina, Champier omite todos los detalles relativos a su conducta sexual. No añade ningún rasgo original a su biografía, a excepción de que no le concede, al igual que Lesnauderie, ser la única persona que logró penetrar en la India, hazaña que también llevó a cabo un hombre, Alejandro el Grande (2007: 71)

La alocada y lujuriosa de Dufour

Nos parece oír la voz atronadora del inquisidor Dufour adoctrinando a las mujeres al contrastar la lubricidad y depravación de la pagana reina de los Asirios con la prudencia y la virtud de Sara, que reúne todas las cualidades de la mujer cristiana. Dufour no puede ignorar el ingenio de Sémiramis, gracias al cual conservó los territorios conquistados por su marido, aun siendo "une jeune folle", pero la convierte en una soberana sin escrúpulos que, al descubrirse su personalidad, encubierta bajo la apariencia de su hijo, dicta leyes para permitir que las mujeres pudieran tomar las armas y entregarse a todos los placeres sin temor a ser censuradas. Reconoce que, si no llega a ser por su lujuria desenfrenada, que alcanzó hasta su propio hijo, hubiera podido ser digna de elogios y alabanzas. Pero pesa más su extrema maldad, que la conduce a un trágico final: morir a manos de su propio hijo (1970: 23–24).

La valerosa guerrera de Lesnauderie

Como ya hizo en el capítulo primero, Lesnauderie ensalza en el quinto las virtudes guerreras de la reina de Asiria, su valor y su bravura, al ejercer "loeuvre de chevalerie" (fº XLII). Reconoce que Semíramis fue alabada por sus hazañas, aunque lo imputa a que todos creían que era su hijo quien las consumaba, "car chascun cuydoit proprement delle que ce fust son filz" (f° XLII). Recoge de Valerio el episodio de la trenza y en su epitafio, en primera persona, Semíramis dice ser celebrada por haber sometido a hindús, bárbaros y etíopes y por combatir a los rebeldes con sus cabellos despeinados.

La portentosa biografía de Jean Du Pré

Sin duda es el autor que mejor partido ha sacado a la figura de Semíramis, deteniéndose en todos los aspectos de su legendaria biografía. En primer lugar, la sitúa en la "Basse-court" (2007: 115), lugar custodiado por Palas, diosa de las armas, por lo que en él se concentran las "dames armigeres". Semíramis irrumpe en dicho recinto subida a lomos de un elefante, triunfante y magnífica, ante los ojos fascinados del autor. Añade que contestó "virilement", a la carta enviada por el rey de la India Estaurobate, donde la amenazaba con crucificarla si la apresaba: "Combatre fault, de faict non de parolle". La menciona también en la "Première Chambre", donde se reúnen las damas que han dado nombre a las tres partes del mundo (2007: 146). Du Pré la saca a colación por considerarla artífice de la construcción de Babilonia, una de las maravillas del continente africano. En la "Sixiesme Chambre", el autor descubre a las damas celebradas por su diligencia y frugalidad. Uno de los tapices de la estancia narra el nacimiento y la prodigiosa infancia de la famosa Semíramis, alimentada por los pájaros con la leche y el queso que robaban a un pastor (2007: 288–289). También ocupa un sitio en el "Pavilon de Justice" uno de los tres que se encuentra en el "Jardin", donde se reúnen las damas que han ejercido justicia. Semíramis merece su lugar por haber gobernado juiciosamente a los asirios a los que dictó sabias leyes. Du Pré da voz a Semíramis que cuenta cómo, identificándose en todo con el sexo viril al tomar la personalidad de su hijo, sometió a Babilonia cuando se rebeló contra ella y la castigó sutilmente, dictando después "loix salutaires / dans la cité, concernans la police". Por todo ello, autor no encuentra razones para pervertir "l'ordre decent" y no elogiar a esta dama por las virtudes que la adornan (2007: 333–334).

La criminal lujuriosa de Drusac

Se podría decir que Drusac ha vertido toda su virulencia en la figura de Semíramis, pues hace recaer en ella todas las maldades sin reconocer ni una sola de sus cualidades; lo que otros escritores han considerado virtudes de la reina, el las convierte en deméritos o las tergiversa. Semíramis peca de orgullosa y soberbia debido a que, después de la muerte de su marido, quiso emular su gloria y sobrepasarla, para lo que, vestida con sus prendas, se hizo pasar por un hombre, haciendo la guerra y sembrando discordia por todas partes, hasta que su hijo tuvo edad de gobernar y libró al pueblo de su tiranía (2017: 671).[14] También engrosa la lista de las mujeres lujuriosas, la coloca entre las "paillardes incestueuses" por sus relaciones con su hijo Nino y por promulgar una orden para que no fuera delito el incesto en cualquiera de sus formas (2017: 723).[15] Sólo le faltaba el título de homicida que Drusac le otorga también por haber puesto en prisión y posteriormente haber ordenado asesinar a su marido para usurpar el trono real (2017: 733), además la culpa de la muerte de su madre, Decerto, que se suicida al conocer los crímenes de su hija (2017: 751).[16]

La guerrera sospechosa de Bouchet

En la primera mención a Semíramis en *Le jugement* se la cita junto con otras mujeres que hicieron la guerra, ligándola a su marido y reconociendo su bravura, que queda ensombrecida por una alusión a su vida depravada: "Vaillante fut: mais le feu de Venus / À deshonneur en fin ses faits expouse" (2006: 228). Más tarde, después de haber pasado revista a los epitafios de las "dames Hebraïques", el Traverseur descubre los de las mujeres "Ethniques", siendo el primero de ellos el de la reina Semíramis. En el epigrama, donde Semíramis se expresa en primera persona, introduce una explícita y voluntaria masculinización de la heroína, que dice haber ocultado su condición femenina adoptando vestimentas masculinas por acomodarse mejor a su espíritu guerrero (2006: 255).

La sin par entre los hombres de Billon

Semíramis se encuentra en el primer bastión, entre las damas instruidas por Palas. En su biografía (155: 44-45), Billon refiere que gobernó trescientos dos años después del Diluvio. Sometió a Etiopía e impuso su escudo de armas e insignias, con el motivo de una paloma,[17] bajo el que combatió a Estaurobate.

---

14 Las fuentes citadas son Pablo Orosio, Diodoro y Justino.
15 Drusac cita como fuentes a Justino y a Boccaccio.
16 Cita como fuente a Lodovicus Caelius Rhodiginus (1469-1525), *Lectionum antiquarum* (libros 30, 23 y 5)
17 Aquí Billon señala que su fuente es Jeremías (Hiéremye).

Entre sus hechos heroicos Billon destaca la recuperación de la ciudad de Babilonia[18] y compara a Semíramis con el rey de Francia en la batalla de Landrecy y con el Condestable Montmorency cuando fue a apagar la rebelión de Burdeos en los primeros años del reinado del rey Enrique. Subraya que liberó la ciudad "vaillament (& non sans combat, dont elle fut forcée)", por lo que añade a su figura un aspecto pacificador. Para dar autoridad y testimonio de veracidad, Billon cita al "tresantique Berose de Caldée" que escribió en favor de esta dama que en su tiempo excedió "tous les mortelz en Gestes martiaux, en Triumphes, en Victoires et en Richesses: Et de plus, qu'il ny avoit Homme a elle comparable". También la emplaza en la Torre, donde moran las mujeres inventoras y letradas. En este caso, su puesto lo ocupa por ser la primera mujer que hizo uso de los navíos, urcas y carracas (1555: 22). Es esta la única vez en nuestro corpus que se alude a tal episodio en la biografía de Semíramis para dar prueba de su inteligencia e inventiva.

La ingeniosa de Marconville

Marconville hace un pobre retrato de la reina. Celebra el ingenio de Semíramis para burlarse de la desmesurada avaricia de los hombres y para ello recurre a la célebre anécdota de la inscripción de su tumba y la apertura de la misma por el rey Darío. Y en cuanto a su bravura, la pone en inferioridad con respecto a las proezas de Juana de Arco (2000: 76). Sin embargo, más tarde la incluye entre las mujeres de fuerza sobrehumana que lucharon viril y valientemente contra poderosos ejércitos (2000: 128).

4 Conclusión

Hemos visto que los autores de nuestro corpus se hacen eco de la tradición medieval y recuperan la figura de Semíramis para hacer de ella un modelo que recoge las virtudes que deben ser propias de una soberana o encarnan, a través de una selección de rasgos de su biografía legendaria, aquellos que consideran más reprobables de la condición femenina. Este es el caso de Dufour y Drusac, que la convierten en una figura abyecta, enfatizando su leyenda de mujer lujuriosa e incestuosa, e incluso criminal. Otros autores, que se declaran abiertamente defensores del honor y la dignidad femenina, hacen un retrato positivo de la reina

---

[18] Su fuente es Justino, según señala

de los asirios pero atribuyendo su valor y sus conquistas a una masculinización del personaje y dejando caer sobre ella la sospecha de una vida depravada. Du Pré trasluce una especial fascinación por el personaje, del que muestra todas las facetas de su biografía, lo engrandece, y aunque resalta su virilidad, celebra sus cualidades de buena gobernanta y legisladora y suaviza su espíritu belicoso, quizá para evocar en ella el papel pacificador que jugó su admirada Luisa de Saboya, elogiada también por Bouchet, a quien en parte se debe la firma del Tratado de Paz de Cambrai, también llamado de Paz de las Damas (1529). Billon hace también un retrato positivo de la guerrera Semíramis, cuyo valor nunca fue superado por ningún hombre. Además, admira su inteligencia y su inventiva, aspecto que es el único en señalar. No obstante, será Le Franc, el más antiguo de los autores de nuestro corpus, quien haga el retrato más elogioso y feminizado de Semíramis. La rehabilitación de la dignidad femenina emprendida por Le Franc pasa inevitablemente por una nueva concepción de las relaciones entre los hombres y las mujeres y la posición de estas dentro del matrimonio. Llama la atención que esta nueva perspectiva venga de la mano de un clérigo joven que destaca por su amplitud de miras, su espíritu independiente y sus extensos conocimientos. Guiado por la razón, apuesta por una concepción del amor y del matrimonio que sea fuente de felicidad para ambos cónyuges y no prisión para la mujer, a la que "costume et education / les abolist, rompt et esmye" (Libro II 1999: 66) y para las que reivindica también un papel en el espacio público. La Semíramis de Le Franc simboliza todos los valores dignos de una princesa, de la sabia gobernante que supo mantener su reino en paz, quizás los que ve representados en las nobles damas de la corte de Borgoña, a las que seguramente quiera agradar para obtener sus favores, convirtiéndose en su "champion" intelectual.

En definitiva, los catálogos colectivos que hemos analizado muestran una Semíramis de dos caras: la de la heroína capaz de todas las proezas, de la conquistadora de países remotos, de la reina que sabe gobernar mejor que un hombre, de la arquitecta constructora de una ciudad utópica, pero también la de la mujer diabólica, regicida, lasciva, incestuosa, cruel, ambiciosa, la antimodelo de la mujer virtuosa, que acumula todos los vicios que la sociedad patriarcal atribuye al género femenino. En general, para la mayoría de los autores, su legitimación viene dada, no tanto por su condición femenina, sino por su excepcionalidad, al hacer de ella una mujer más viril que los propios hombres, dotada de virtudes masculinas que no corresponden a su sexo. Por el mismo motivo se reprueba su comportamiento sexual y se niega su maternidad, impensable en una mujer que ha abandonado el espacio doméstico que le correspondía.

Bibliografía

Fuentes primarias

Billon, François de. 1555. *Le fort inexpugnable de l'honneur du sexe femenin*. Paris, Jan d'Allyer.
Bouchet, Jean. 2006. *Le jugement poetic de l'honneur femenin* [1538]. Ed. Adrian Armstrong. Paris: Honoré Champion.
Champier, Symphorien. 2007. *La nef des dames vertueuses* [1503]. Ed. Judy Kem. Paris: Honoré Champion.
De Pizan, Christine. 1986. *La Cité des Dames*. Trad., introd. Éric Hicks y Thérèse Moreau. Paris: Stock.
Du Pré, Jehan. 2007. *Le Palais des nobles Dames* [1534]. Ed. Brenda Dunn-Lardeau, Paris: Honoré Champion.
Du Pont, Gratien. 2017. *Les Controverses des Sexes Masculin et Femenin* [1534]. Ed. Céline Marcy. Paris: Classiques Garnier, "Textes de la Renaissance" 204.
Dufour, Antoine (1970), *Les vies de femmes célèbres* [1504]. Ed. G. Jeanneau. Paris: Droz.
Le Franc, Martin. 1999. *Le Champion des dames* [1441–1442]. Ed. Robert Deschaux, 5 vols. Paris: Honoré Champion.
Lesnauderie, Pierre. 1523. *La louenge de mariaige et Recueil des hystoires des bonnes, vertueuses et illustres femmes*. Paris: François Regnault.
Marconville, Jean de. 2000. *De la bonté et mauvaistié des femmes* [1563]. Ed. Richard A. Carr. Paris: Honoré Champion.

Fuentes secundarias

Álvarez Jurado, Manuela. 2001. Didactismo y erudición femenina en el Renacimiento francés. *Alfinge. Revista de Filología* 13(13). 7–24.
Amiot, Justine. 2013. Le *De plurimis claris selectisque mulieribus* de Jacopo Filippo Foresti : un maillon méconnu de la réception du *De mulieribus claris* de Boccace et du genre des vies de femmes célèbres. *Anabases* 18. 33–45.
Armstrong, Adrian. 2003. Les femmes et la violence dans *Le Jugement Poetic de l'honneur femenin* (1538). En Jennifer Britnell y Nathalie Dauvois (dirs.). *Jean Bouchet: Traverseur des voies périlleuses (1476–1557)*, 209–228. Paris: Classiques Garnier.
Breitenstein, Renée-Claude. 2008. *La rhétorique encomiastique dans les éloges collectifs de femmes imprimés de la première Renaissance française (1493–1555)*. Thèse de doctorat. Montréal: Université McGill.
Breitenstein, Renée-Claude. 2011. Traduction, transferts culturels et construction des publics dans deux éloges collectifs de femmes de la première moitié du XVIe siècle. *Études françaises* 47(3). 91–107.
Breitenstein, Renée-Claude. 2016. Tensions fécondes dans la construction de publics féminins à l'aube de la Renaissance française: les exemples de *La Nef des dames vertueuses* de Symphorien Champier et de *La Louenge de mariage et recueil des hystoires des bonnes, vertueuses et illustres femmes* de Pierre de Lesnauderie. En Cynthia J. Brown y Anne-

Marie Legaré (dirs.). *Les femmes, la culture et les arts en Europe entre Moyen Âge et Renaissance*, 241–257. Turnhout: Brepols.

Breitenstein, Renée-Claude. 2016b. Représentations de la guerre dans les éloges collectifs de femmes du XVIe siècle. *Tangence* 111. 29–50.

Breitenstein, Renée-Claude. 2018. Célébrer les femmes entre éloge et défense : stratégies d'accréditation dans trois éloges collectifs de femmes imprimés au tournant des XVe et XVIe siècles. *Exercices de rhétorique* 11 [En ligne]. https://doi.org/10.4000/rhetorique.633.

Brown, Cynthia J. 2011. Dédicaces à Anne de Bretagne: éloges d'une reine. *Études françaises* 47(3). 29–54.

Clavier, Tatiana. 2016. *La construction des identités de genre à la Renaissance à travers les discours didactiques, édifiants et polémiques imprimés à la Renaissance (1483–1594)*. Thèse de doctorat. Lyon: Université de Lyon.

Clavier, Tatiana. 2018. Modalités de diffusion et rhétoriques des discours misogynes et misogames imprimés à la Renaissance. *GLAD!* 4 [En ligne]. https://doi.org/10.4000/glad.934.

Coderch, Marion. 2011. "Escapando de la molicie mujeril": virtudes femeninas y atributos de género en los tratados de defensa de las mujeres (siglos XIV y XV). En Cristina Segura Graiño (coord.), *La Querella de las Mujeres III. La Querella de las Mujeres antecedente de la polémica feminista*, 75–90. Madrid: Al-Mudayna.

David-Chapy, Aubrée. 2016. *Anne de France, Louise de Savoie, inventions d'un pouvoir au féminin*. Paris: Classiques Garnier.

David-Chapy, Aubrée. 2017. Deux princesses engagées pour le roi et la couronne: Anne de France y Louise de Savoie. En Nicolas Le Roux y Martin Wrede (dirs.). *Noblesse oblige. Identités et engagements aristocratiques à l'époque moderne*, 137–150. Rennes: Presses universitaires de Rennes.

Dunn-Lardeau, Brenda. 2011. Les xylographies du *Palais des nobles Dames* (Lyon, 1534): un renfort pour "la querelle des honnestes femmes". *Études françaises* 47(3). 71–90.

Jodogne, Pierre. 1977. C.R. Dufour, Antoine: *Les vies des femmes célèbres*. *Revue belge de philologie et d'histoire* 55(2). 547–550.

Marcy, Céline. 2007. Note d'autorité et trésor d'invention dans *Les Controverses des sexes masculin et féminin* de Gratien du Pont. *Littératures Classiques* 64. 53–73

Pérouse, Gabriel-André. 2000. Jean de Marconville, *De la bonté et mauvaiseté des femmes* éd. critique établie et annotée par Richard A. Carr. *Bulletin de l'Association d'étude sur l'humanisme, la réforme et la renaissance* 51–52. 295–296.

Renck, Anneliese Pollock. 2015. Les Vies des Femmes Célèbres: Antoine Dufour, Jean Pichore, and a Manuscript's Debt to an Italian Printed Book. *Journal of the Early Book Society for the study of manuscripts and printing history* 18. 158–180.

Serrano, Florence. 2009. *Le triumphe des dames* traduit par Fernand de Lucène et les *Cent Nouvelles nouvelles* au cœur de la Querelle des Femmes bourguignonne. *Réforme, Humanisme, Renaissance* 69(1). 55–71.

Shannon, Kathleen. 2018. *Analyse de l'Epistola incitativa ad vitam contemplativam activamque fugiendan de Pierre de Lesnauderie*. Mémoire présenté comme exigence partielle de la Maîtrise en Histoire. Québec: Université du Québec.

Índice onomástico

Aarón 171
Abdie (profeta) 83
Abigail 165, 169, 175
Abisag 165, 167
Abraham 165, 171
Adán 41, 168
Admeto 169
Adrasto (rey de Argos) 82, 169
África /Libia 176
Agamenón 5–7, 9–21, 170
Agatón 128, 138
Agénor 176
Agilulfo, duque de Turín 168
Agripa (sibila) 108, 119, 121
Agustín (san) 41, 45, 48, 95–96, 100, 109, 117, 119, 121, 127, 128, 171–172
Aimeric de Peguillán 63
Alain Chartier 77
Alberto (san) 42–43
Albunea (sibila) 109
Alcestis 128, 169
Alcibíades 128
Alejandro Magno 43, 88, 109, 193
Alfonso el Magnánimo 46
Alfonso I de Aragón 66, 68
Alfonso II 61
Alfonso IV de Portugal 71
Alfonso IX 66–67
Alfonso Martínez de Toledo 45
Alfonso VII 61, 63–64, 66–69
Alfonso VIII 60–66, 69
Alfonso X 62, 70, 71
Alonso Ortiz 51
Álvaro de Luna 36–37, 50, 121
Álvaro Pelayo 41
Amalasunta 175
Amaltea / Almatea / Almathea (sibila) 108–109, 111, 117, 121
Ambrosio (san) 48, 127
Ana (hija de Fanuel) 83, 90, 172
Ana (santa) 53
Ana de Austria 94
Ana de Ferrara 189

Ana de Francia /Anne de France 45, 51, 85, 93, 94, 96, 106, 117, 179, 181
Anacreonte 120
Anaitis 115
Andrés de Miranda 51
Andrés el Capellán 44–45
Andrómaca 17
Anficlea 173
Anne de Montmorency 196
Antenor 11
Antígona 17, 169
Antoine Dufour 182–184, 193, 196
Antón de Montoro 46
Antonio (marido de Fulvia) 29
Antonio Giraldino 51
Apiano 28–33
Apio 111
Apolo (dios) 109–111, 115, 164–165
Apolo (teólogo) 174
Apolodoro de Atenas 176
Apolodoro de Eritrea 109
Apuleyo 172
Aquiles 10–11, 128
Argia 82–83, 90, 169
Ariarates 85
Aripitis 174
Aristipo de Cirene 130, 132
Aristófanes 128, 138, 171
Aristóteles (pseudo) 43
Aristóteles 42, 44, 95, 96, 99, 100–102, 113
Armengol VII 64–65
Armesia / Maecia 173
Arnaut de Tintinhac 64
Arrunte 174
Artemisa 170–171
Artemisa /Artemisia / Arthemisia (esposa de Mausolo) 82, 90, 128–129, 169, 175
Artus Fillon 189
Asia (ninfa) 176
Aspasia de Mileto 173–174
Astiages 176
Asuero 175
Atalarico 175

Atalía 175
Atenágoras 175
Atlanta 170
Atreo 14–15, 17
Augusto (emperador) 110, 119
Aulo Gelio 96, 128, 169
Aureliano 173
Autario 168
Averroes 96, 103
Avicena 96, 102
Axiótea de Fliunte 173

Baco / Liber 115, 171
Baccio Baldini 119
Baptiste de Mantou 96
Bárbara (santa) 53
Battista Guarino 96
Battista Mantovano 106
Beatriz Bernal 47
Beatriz de Silva 47
Beatriz de Suabia 70
Beatriz de Este 67
Beatriz Galindo 47
Beda 119
Beda (pseudo) 119
Belus 115
Benedicto (canónigo) 110
Berenguela de Barcelona 60–61, 66–71
Berenguela de Castilla 60
Bernard d'Estopinhan 187
Bernart de Ventadorn 64
Bernart Marti 64
Beronice 85
Beroso de Caldea 196
Berta de Toscana 67
Bertrand de Born 64
Betsabé 54, 86, 165, 175
Blanca de Castilla 84
Brígida (santa) 172

Caleno 170
Calisto (joven noble en *La Celestina*) 46
Calpurnia 173
Camila 170, 174–175
Capaneo 80
Carfania 36

Carlos de Borbón 94
Carlos VI / Charles VI 77, 141
Carmenta 87
Carvajal 46
Casandra 10, 12–14, 16–17, 19, 21, 170, 172
Cástor (dióscuro) 18
Catalina (santa) 53, 118, 173
Catalina de Aragón 51
Catalina de Médici / Catalina de Médicis 94, 179, 189
Catón 169
Celio Rodigino 171, 195
Ceneo 85
Chrétien de Troyes 77
Christine de Pizan / Christine de Pisan 45, 76–78, 82, 85, 87, 89–90, 93–95, 107–108, 110–111, 121, 141–152, 154–156, 160, 176, 180, 182, 191–192
Christophorus de Pensis 128
Cibeles 171
Cicerón 27–28, 37, 78, 95–98, 120, 128, 169, 173–174
Cimea / Cimeria (sibila) 109
Cimón 128–131
Cina 30, 32
Circe 172
Ciro 109, 174, 176
Claudia 167
Clemente de Alejandría 111
Clemente Sánchez de Vercial 44
Clitemnestra 5–7, 9–10, 12–15, 17–20, 170
Clodoveo 168
Clotilde (santa) 168
Constanza de Borgoña 67
Coón 11
Corina 173
Coriolano 175
Cornelia 33, 169, 174–175
Cornificia 142, 144, 148, 154–155, 173
Cornificio 149, 173
Cremes 132
Criseida 170
Crises 170
Crisipo 109
Crisótemis 18

Cristo 45, 48, 108, 113, 116, 118–119, 121–122, 167–168
Ctésias 191
Cumana / Cumea (sibila) 109, 111, 117, 121

Dafne 164–165
Dama 172
Daniel 121
Dante 96, 191
Darío (rey) 183, 196
David 86, 95, 121, 165–168, 175
Débora 172, 175
Decerto 195
Deifobe (sibila) 121
Délfica (sibila) 109, 117, 121
Demófile (sibila) 109, 111
Denis (don) 71
Deyanira 17
Diana 170–171, 175
Dido 77, 87, 99, 169, 174
Diego de Deza 51
Diego de San Pedro 46
Diego de Valera 49
Diego López de Haro 66
Diocleciano 173
Diodoro Sículo / Diodoro de Sicilia 114–115, 175–176, 191, 195
Diógenes Laercio 95, 99, 132, 172–173
Dión Casio 175
Diotima 173
Dulce de Foix 64
Dulce de Provenza 67, 69, 71
Duque de Baviera 168
Duque de Borbón 94, 112
Duque de Lorena 154

Egeria 168
Egidio Romano 47
Egisto 12–13, 17–20
Electra 10, 16–19
Elías 83
Eliseo 83
Elizabeth (santa) 84, 90
Emeria 121
Emilia / Tercia Emilia 175
Eneas 11, 87, 99
Ennio 115

Enrique I 168
Enrique II 61, 196
Enrique Cornelio Agrippa de Nettesheim 108, 159–174, 176, 177, 189
Enrique de Castilla 70–71
Épafo 176
Epicuro 7, 173
Er 86
Erasmo de Rotterdam 52, 96, 159, 162, 168
Eratóstenes 109
Erinna de Telos / Erinna de Lesbos 173
Eritrea (sibila) 108–110, 112–114, 116–118, 121
Erixímaco 128, 138
Escipión 175
Espartiano 175
Esquilo 10, 12–17
Estacio 11, 96, 169, 171
Estaurobate 194–195
Esteban de Hungría 168
Ester 48, 54, 166, 171, 175
Estevan da Guarda 71
Estrabón 96, 98, 111
Étienne de Vignalz 187
Étienne Dolet 186
Eurídice 128
Eurípides 13, 21, 109, 169
Europa (hija de Agénor) 176
Europa (sibila) 108, 119, 121
Eusebio de Cesarea 111, 148, 171
Eva 41, 49–50, 136, 152, 183
Evadne 80
Evandro 87
Ezequiel 121

Fauno 115
Febo 135–137
Fedra 13, 17, 21
Fedro 128, 138
Felipe de Borgoña 180
Félix V (papa) 180
Femónoe (sibila) 109–111
Fernando II de León 62, 64, 66–67
Fernando III 63, 70
Filesia de Axíoco 173
Filippo Barbieri 108, 112, 116–122
Filippo Beroaldo 129–134

Filippo Foresti 110, 141, 152-156, 183
Filónoe 18
Flavio Josefo 96-98
Flavio Vopisco 173
Flora 136
Florencia Pinar 47
Folquet de Marsella 64
Franc Vouloir 180
Francesc Eiximenis 49
Francisco I 188, 196
François de Billon 186, 189, 195-197
François de la Trimoille 188
François Rabelais 78, 187, 190
François Robertet 117
Frigia (sibila) 109, 118, 121
Frontino 96
Fulvia (esposa de Antonio) 29-30
Fulvia (esposa de Gisippo) 134

Gabiro 115
Gabrielle de Bourbon 188
Galeno 42, 95, 103
Galeria Copiola 173
Galeso 129, 131
García de Navarra (rey) 63
Gelmírez (arzobispo) 66
Gémina 173
Geoffrey Chaucer 191
Geoffroy de La Tour-Landry 48-49
Geoffroi de Monmouth 63
Gerbert de Gavald 67
Giovanni Boccaccio 34-36, 46, 78, 80, 82, 87, 89-90, 93-94, 107-108, 110-111, 117, 121, 128-129, 131, 136, 141-146, 148, 150-156, 163, 173, 182-183, 187, 191-193, 195
Giovanni Sabadino degli Arienti 152-153
Giraut de Bornelh 63-64
Gisela de Baviera / Greisila 168
Gisippo 128, 131-135
Glauca 115
Gómez Manrique 46
Gonçal'Eanes do Vinhal 71
Gonsalvo de Toledo 93
Gontrodo 63
Graco / Gayo Graco 33, 169
Gratien Du Pont (señor de Drusac) 186-187, 190, 194-196

Gregorio (san) / Gregorio I 95, 150, 168
Guilhem de Peitieu 59
Guillaume de la Perriere 187

Haly Rodoam 96
Haly Abbas 96
Hebe 164, 165
Hecatomno 128
Hécuba 17, 170
Heinrich Kramer 42
Helena 15, 17-18, 49
Helespóntica / Helespontia / Elespontia (sibila) 109, 112, 118, 121
Heráclides del Ponto 109
Hércules 17, 164-165
Hermes Trimegisto 113, 127
Herífile / Erífila /Erífile (sibila) 109-111
Herifilia/ (sibila) 121
Herófile / Herófile / Herophila / Erofila (sibila) 109, 111, 112
Heródoto 128-129, 174, 176
Higino 176
Hildegarda de Bingen 172
Hipecaustria 171
Hipócrates 95, 103
Hipólito 13, 21
Hipsicratea 169
Holofernes 88
Homero 8, 11-12, 109, 128
Horacio 96, 100, 171
Hortensia 27-37, 142, 144, 146-147, 153, 155, 173
Hugo de Parma 96

Ifigenia 7-10, 14, 16-23
Ifigenia (personaje en el *Decamerón*) 128-131, 170-171
Ifianasa 9, 18
Inés de Aquitania 67
Ioannes Trechsel 131
Ion de Quíos 16
Ionius 87
Isaac 164-165
Isabel (esposa de Zacarías) 172
Isabel de Aragón 51, 71
Isabel de Baviera 45
Isabel de Portugal 180

Isabel de Villena 47
Isabel La Católica 50
Isaías 121
Isidoro de León 63
Isidoro de Sevilla 96, 99, 100, 109–111, 113, 115, 120–121
Isis 82, 90, 115, 174

Jacob Sprenger 42
Jacob 49, 164
Jacqueline Courtin 190
Jacques Courtin 190
Jacques de la Rouge 128
Jacques Lefèvre d´Étaples 159
Jacques Robertet 117, 129
Jasbas 87
Jean Bouchet 185–186, 188–189, 195, 197
Jean de Marconville 190–191, 196
Jean de Meun 180
Jean de Nevizan 187, 190
Jean Du Pré 185–186, 194, 197
Jean Gerson 45
Jean Lefevre 182
Jean Robertet 105, 108, 112, 116–119
Jeanne de Laval 188
Jeremías 121, 171, 195
Jerjes 129
Jerónimo (san) 28, 34, 41, 48–49, 51–53, 96, 98, 111, 148 (Eusebio-Jerónimo), 150, 169, 170
Jesucristo / Jesús 84, 113, 116, 118, 172
Joan, conde de Prades 49
Job 48, 166
Joel 121
Johannes Reuchlin 159, 160
John Colet 159
Jonás 121
Josse Bade 95, 154
Juan de Aragón 51
Juan de Flores 46
Juan del Encina 46
Juan Luis Vives 37, 52, 96
Juan Rodríguez del Padrón 46, 160
Juan II 46
Juan XXII 41
Juana de Albret 189
Juana de Arco 176, 183, 196

Juana de Castro 67
Juana de Ponthieu 70
Juba 115
Judá 86
Judit /Judith /Judich 54, 87–88, 166, 171, 175
Julia / Julie (esposa de Pompeyo) 89, 169
Julio César 30, 32, 37, 89, 169
Juno 115
Júpiter 115, 127, 165
Justino 195–196
Juvenal 43, 96

La Borie 187
Labidot 175
Lactancio 96, 98, 105, 108–122, 171, 173, 181
Laertes 12
Laódice (Electra) 18
Laodice (esposa de Ariarates) 85
Lastenia de Mantinea 173
Laudine 77
Laura Cereta 36
Laurent de Premierfait 141
Lea 170
Leda 18
Lelia 33
Léntulo 170
León Hebreo 125
Leonor Centellas 47
Leonor de Aquitania 59–60, 71
Leonor de Castilla 60, 63
Leonor de Plantagenet /Aliénor 60–63, 66, 70, 71
Leonor López de Córdoba 47
Leta 34, 48
Lia 49
Liber / Baco 115, 171
Libia / África 176
Líbica (sibila) 117, 121
Libusa 174
Lígdamis de Halicarnaso 128
Lino 113
Lisímaco 130
Livio Andronico 13, 16
Longino 173
Lorenzo de Médici 125
Lorenzo de Pierfrancesco de Medici 135
Lorenzo Valla 128

Lot 49, 168
Lucano 82, 96, 111, 169, 171-172
Lucas (evangelista) 83
Lucera / Luceia 173
Luciano 175
Lucilia 135-137
Lucio Acio 13, 16
Lucio Marineo Sículo 51
Lucrecia 169, 173
Lucrecio 7-9, 19
Luis de Laval 119
Luis IX de Francia / Louis IX 48, 84
Luis XI 112
Luisa de Saboya 94, 179, 186, 197
Lutero 162

Macrobio 96
Malaquías 121
Malebouche 180
Mantinea 173
Marcabru 69
Marcial 96, 170-171
Marciano Capella 111
Marco Bruto 28, 129, 169
Margarita de Austria 160, 162-163
Margarita de Borbón 189
Margarita de Borgoña 45
Margarita de Navarra 179, 188
Margarita de Provenza 48
Margarita de Valois /Margarita de Francia 185, 189
María (reina) 46, 49
María (Virgen) 44, 46, 49-50, 52, 53, 116-117, 165-166, 183
María de Médici 94
María Magdalena / Magdalena (santa) 49, 53, 172
Mario 30, 32
Marta (santa) 49, 172
Martín de Córdoba 50
Martin Le Franc 95, 160, 180-181, 192-193, 197
Masilio Ficino 94, 96, 98, 105-106, 114, 116, 122, 125-128, 131-132, 134-138
Matheolus / Matheolulus / Mateolo 45, 95, 105, 117, 142, 154, 182
Mausolo / Mausoleo 82, 128-129, 169, 175

Maximiliano (emperador) 160
Medea 7, 17, 19, 172
Mégara 17
Melisa 171
Menelao 19
Mera 171
Mercurio 188
Mesalina 191
Mesalina (esposa de Sulpicio) 169
Mesia 36
Metabo 174
Minerva 115, 171, 174
Miqueas 121
Miriam 171
Mitrídates 85, 169
Moisés 86, 128, 171

Nabal 165, 169
Neptuno 115, 164-165
Nerón 81
Nevio 109
Nicanor 109
Nicaula 175
Nicolás V (papa) 180
Nicómaco 173
Nicóstrata 87, 174
Nimias 192
Nino / Ninus (rey) 88, 195
Nuño Pérez de Lara 62

Octaviano / Octavio 110, 132, 149
Olao Magno 174
Olda / Holda 171
Olivier de la Marche 46
Ónfale 165
Ope 115
Orestes 10, 16-19
Orfeo 113-114, 116, 127-128
Orígenes 96, 100
Orosio 96, 195
Oseas 121
Osiris 115
Ovidio 44-45, 96-97, 100, 113, 116, 153, 155, 165, 167, 171, 175, 176

Palas 168, 194-195
Pande 174

Parménides 113
Pasifae 191
Pasimundo 130
Patroclo 128
Paula (santa) 84, 90
Paulo Emilio 175
Pausanias 110–111, 128, 135, 137–138, 173, 176
Pedro (san) 167–168
Pedro Alfonso 43
Pedro de Ampudia 51
Pedro Elías (arzobispo) 66
Pedro Gracia Dei 51
Pedro I de Castilla 67
Pedro II de Borbón 93, 94, 96
Pedro Mártir de Anglería 51
Pedro Torella 46
Peire d'Alvernha 64, 69
Peire Rogier 64
Penélope 89–90
Pericles 173
Pero da Ponte 70
Pero Garcia Burgalês 71
Perseo de Citio 115
Pérsica (sibila) 117, 121
Persio 96
Petrarca 118, 141–142, 152, 169
Pierre Boaistuau 190
Pierre du Faur 187
Pierre Lesnauderie 183–185, 193
Pietro d'Abano 103
Pisón 109
Pitágoras 113, 128, 172
Platón 94, 96, 98–102, 105–106, 113–114, 125–128, 132, 135, 137–138, 173–174, 181
Plauto 96, 99–100, 103
Plinio (el Joven) 173, 175
Plinio (el Viejo) 42, 78, 96, 111, 173, 175
Plotina 175
Plotino 128, 173
Plutarco 94, 120, 163, 169, 171, 173–174
Plutón 115
Polemón de Efeso 13
Polinice / Polinices 83, 169
Pólux (dióscuro) 18

Pompeya Paulina 80–81
Pompeyo 30, 32, 89, 169
Poncio de Cabrera 68
Porcia 80–81, 129, 169
Porfirio 173, 175
Poseidón 12
Príamo 12, 170
Priscila 172, 174
Propercio 165
Prudencia (dama) 94, 106, 181
Ptolomeo 96

Quintiliano 28, 33–34, 96, 174
Quinto Hortensio Hórtalo 28, 33–34, 36, 142, 173
Quinto Servilio Cepión 28–29
Quirino 115

Rabano Mauro 109, 121
Raimbaut d'Aurenga 64
Raimon Berenguer II 64
Raimon Vidal 65–66
Ramón Berenguer III 67, 71
Raquel 49, 170
Ravisio Téxtor 171, 183
Rea 115
Rebeca 49, 54, 165, 171
Renée de Bourbon 188
Reyes Católicos 46, 51
Rhazès 96
Rica de Polonia 64
Ruth / Rut 49, 171

Sabino 115
Safo de Lesbos / Sapho 5, 120, 142–146, 153, 155, 173
Salmonea 164–165
Salomón 48, 86, 95, 168
Salum 171
Salustio 173
Samia (sibila) 109–111, 118, 121
Sancha (infanta) 68–69
Sancho III 69
Sansón 95, 168
Santiago de la Vorágine 110, 118
Sanxa Ximeniç de Arenós 49

Sara 54, 88, 165, 170–171, 193
Sardanapalo 193
Sarepta / Sareptane 83, 172
Satán 41
Saturno 113, 115, 127
Sébastien Brant 79, 93, 154
Segundo 44
Semíramis 77, 88–89, 174–175, 179–180, 183, 191–197
Sempronia 173
Sempronio (criado en *La Celestina*) 46
Sempronio 169
Séneca 10, 13, 15–18, 81–82, 96, 100, 113
Septimio Odenato 173
Sidonio Apolinar 171
Sila 30, 32
Siles 174
Silio Itálico 96, 100
Silvio Piccolomini 174
Simaquía (sibila) 112
Simón de Colines 183
Siqueo 169
Sócrates 44, 113, 128, 173–174
Sófocles 13, 171
Sofronia 132–135
Solino 110
Solón 109
Sozomeno 118
Suero de Ribera 46
Suetonio 173
Sulpicia 169–170
Sulpicio 169
Susana de Borbón 93–94, 96, 100, 103, 106
Susana 54, 166
Symeria (sibila) 117
Symphorien Champier 46, 75, 78–91, 93–104, 105–108, 110–117, 119–122, 125–139, 141, 154–156, 171, 181–182, 184–185, 193

Tamar 86
Tántalo 16, 18
Tarquinio Colatino 173
Tarquino (el Antiguo) 109
Tarquinio (Sexto) 169
Téana 172

Temista 173
Teodelina / Teodelinda 168
Teodor (doncella) 44
Teodorico 175
Teofrasto 182
Terencio 96, 99–100
Teresa Fernández de Traba 62
Tertuliano 41
Tiberio 33
Tiburtina / Tiburte (sibila) 109–110, 119, 121
Tiestes 12, 14, 16–18
Timandra 18
Tindáreo 18
Tiro 176
Tito Livio 32, 96, 175
Tito 128, 131–135
Tobías 88
Tomás (santo) 42
Tomás Becket 62
Tomiris 174
Trajano 175
Turno 170, 174

Ulises 10, 12, 90, 172
Urano 115
Urias 86
Urraca 63, 69

Valeria 173
Valerio Máximo 28–29, 33–37, 78, 81–82, 88–89, 96, 100–101, 163, 167, 169–170, 173, 175, 194
Valisca / Ulasca / Vlasca / Valasca 174
Varrón 109, 111, 113
Vasti 166
Venus 7, 49, 115, 136, 138, 170–171, 187, 195
Vespasiano da Bisticci 153
Veturia 85, 175
Vincent de Beauvais 48
Virgilio 96, 99, 103, 111, 113, 115–116, 120, 169, 170, 172, 175
Visna 174
Vitruvio 176
Vulcano 115

Yocasta 17
Yole 165
Yvain 77

Zacarías 121, 172
Zenobia 173

Zenón 115
Zeus 18, 176
Zoroastro 113, 127, 172

www.ingramcontent.com/pod-product-compliance
Lightning Source LLC
Chambersburg PA
CBHW020231170426
43201CB00007B/393